Tatjana Hofmann

Krim – Erkundungen am Rand Europas

Tatjana Hofmann

Krim – Erkundungen am Rand Europas

Mit Fotografien von Alexander Barbuch

EDITION
Noack & Block

Umschlagabbildung: © Alexander Barbuch

Die Druckvorstufe dieser Publikation wurde vom Schweizerischen Nationalfonds zur Förderung der wissenschaftlichen Forschung unterstützt.

ISBN 978-3-86813-149-9

Herstellung durch Edition Noack & Block
in der Frank & Timme GmbH,
Wittelsbacherstraße 27a, 10707 Berlin.
Gedruckt auf säurefreiem, alterungsbeständigem Papier.

www.noack-block.de

Inhalt

Dieses Buch entstand zwischen 2014 und 2021. Es hat versucht, die Krim als einen einzigartigen multikulturellen Ort an Europas Rand zu zeigen, der unabhängig von seiner staatlichen Zuordnung nachhaltigen Frieden verdient – eine nunmehr historische Erkundung, mit all ihrem Optimismus und all ihren Irrtümern. Weder die Autorin noch die erwähnten Personen wünschten einen Krieg – weder den, der 2014 noch den, der 2022 begonnen hat. Gewidmet ist es all jenen, die gern zum Forum gefahren wären, und meiner Familie.

Manifest

Wir hatten vor, auf die Krim zu fahren, zum nächsten *geopoetischen Bosporusforum*, das ursprünglich 2017, dann 2019 und noch etwas später 2020 stattfinden sollte. Wir wollten seine internationalen Akteure kennenlernen, sein künstlerisches Programm filmen, Teilchen des Zeichens werden, welches das Forum setzt. Dieses Kunst- und Konferenzfestival belebt, so sein Ziel seit Anfang der 1990er Jahre, mit alten und neuen Mythen die vielschichtige Kultur geografischer Räume. Konkret legt es wenig bekannte Bedeutungen der Krim frei, findet und erfindet sie, überschreibt die Konfliktkrim mit Humor und Hoffnung, mit Begegnungen statt Gegnerschaften. Ukrainische, russische, belarussische Autoren und Künstlerinnen beteiligten sich an diesen Zusammenkünften, vor allem in den 1990er Jahren. Das Forum kam zunächst im Turnus von zwei Jahren zustande, zuletzt mit immer längeren Abständen. Vielleicht findet es nie wieder statt. Sollte es aber, fanden wir.

Wir, das sind Cyril Venzin und ich. Cyril filmt, produziert Filme mit seiner Denkbilder-Firma und stellt Honig in Obersaxen her. Ich träume, spaziere, bin still, höre zu, schreibe auf, lese und forsche. Eine Krimtschanka, die seit 1993 nicht mehr auf der Krim gewesen ist. Bis ich im Rahmen meiner und unserer Erkundung ab 2015 ein paar Mal hingeflogen bin. Unserem Vorhaben, unseren Problemen und den Zeitumständen entspringen der Film *Die Krim zwischen Kunst und Krise* und dieses Buch.

1 Cocktailbar, Koktebel, Alexander Barbuch 2013.

Der Organisator des Bosporusforums Igor Sid bezweckte seit 1993 mit seiner Plattform für geopoetische Aktionen eine Alternative zu schwelenden politischen Kämpfen zwischen Ukrainern, Krimtataren, Russen, zwischen nationalen und imperialen Ideologien. Gemeinsam betriebene Kunst und Diskussion, die universellen Werte der Poesie und der Skepsis sollten zwischen die Ressentiments treten. 2015 erfolgte das vorerst letzte Treffen; es ist mein erstes erwachsenes Wiedersehen mit der Krim gewesen.

Seitdem fehlen dem Organisator die Kraft, die Kapazitäten, die Gesundheit. Covid-19 und die sozialen Folgen der Annexion im Frühjahr 2014 rauben ihm wie auch vielen Teilnehmenden die Motivation. Während unseres Projekts stoßen wir trotz aller Widrigkeiten immer wieder auf Interesse, auf Interessenten und auf Gesprächsbedarf – vielleicht findet das Bosporusforum doch statt?!

Sid selbst sagt über seine Arbeit in den Gesprächen, die wir mit ihm geführt haben, Folgendes:

»Geopoetik bezeichnet jegliche Arbeit mit Landschaften und Mythen.«

»Die Geopoetik der Krim war von Anfang an auf die Erschaffung neuer Mythen gerichtet.«

»Die Politik hat die literarische Anziehungskraft der Krim für sich genutzt.«

»Die Autoren des Krim-Klubs diskutierten in Moskau in den 1990er und 2000er Jahren über die Krim, aber jetzt befinden sie sich auf verschiedenen Seiten der Barrikaden. Sie sprechen nicht mehr miteinander. Ich kriege von beiden Lagern eins auf den Deckel.«

»Hätten die Ukrainer krimfreundliche Texte geschrieben, hätten sie die Halbinsel lieben gelernt, dann wäre sie nicht aus der Ukraine ausgetreten.«

Seit 2014 wächst die Dringlichkeit des Bosporusforums parallel zu seinem Aufschub – seit dem Krieg im Donbass, seit jeder neuen Bedrohung. Die Enzianzeitung schreibt im regelmäßigen Turnus seit 2014, Russland habe sich die Krim einverleibt. Die Einverleibung bedeute, dass Russland bald wieder eine Region besetzen werde, angreifen und gegen den Willen der Bevölkerung verschlingen. In Antizipation dessen müssten Maßnahmen seitens der NATO erfolgen, die Ukraine stärker an die Europäische Union gebunden werden ... Treibt die Rhetorik der Entrüstung über die Annexion von 2014 die Aufrüstung voran? Wird die Annexion der Krim nur als imperiale Machtpolitik gedeutet und nicht auch als ein kriminterner Wunsch akzeptiert, wird sie als Argument für den nächsten Kriegseinsatz westlicher Armeen im Osten dienen? Gegen das Werfen der Krim in Kriege wandte sich Sids Forumsprojekt.

Die Kontinuität der Konflikte um die Krim und nun die Krim als Beleg für Russlands Kriegsgier – diese Rhetorik fegt über die Positionen der Menschen auf der Halbinsel hinweg. Sie sind nicht sonderlich gesellschaftsfähig, aber doch ein Phänomen, das seine Daseinsberechtigung hat. Ein Phänomen, das Symptom der noch andauernden

Transformation sein könnte und als solches ernst zu nehmen wäre. Eines komplexen Veränderungsprozesses, bei welchem lokale Identität stabilisierend wirkt, und bei welchem sie als solche erzeugt und bestätigt wird.

Wie war das noch mal? Die Bevölkerung proklamierte 2014 mehrheitlich ihre Unabhängigkeit von der Ukraine. Dies drückte sie bei einem Referendum aus, dem ein freier Charakter von vielen Kommentatoren abgesprochen wurde. Vor dem Referendum entsandte Moskau zusätzliche Soldaten auf die Krim.[1] Eine öffentliche Diskussion über das Ob und Wie des Übertritts zur Russischen Föderation, ein Abwägen der Argumente dafür und dagegen, hat gefehlt. Ich lese: Im Resultat waren 97 Prozent für eine Angliederung an Russland, obwohl viele *irregularities* gemeldet wurden. Daraufhin hatte das Parlament in Simferopol den Antrag auf Aufnahme der Krim in die Russische Föderation gestellt, erfolgreich.

2 Feier des ersten Jahrestages des »Krimfrühlings«, Simferopol, Alexander Barbuch 2015.

Kiew erkannte die Abstimmung nicht an, die USA und die Europäische Union verhängten Sanktionen gegenüber russischen Politikern und der Krimregierung. Liberale, auch in Russland, verurteilen diese Abstimmung. Sie verurteilen auch das Bemühen darum, die Befürwortung auf der Krim nachzuvollziehen. Eine Ablehnstimmung in Bezug auf die Region entwickelte sich zum Maß des Liberalseins. Aber so kann man das nicht sagen.

Die Geschichtsschreibung sagt, neben sehr viel anderem, dass die Krim als Volksrepublik von 1917 bis 1918 existierte und 1991 autonome Republik im Bestand der Sowjetunion wurde. Nach der formalen Auflösung der UdSSR wurde sie Ende 1991 in die damals gegründete Ukraine eingegliedert. Zuvor, Anfang 1991, stimmten 93 Prozent der lokalen Bevölkerung für eine Gründung der Autonomen Sozialistischen Republik Krim in der Sowjetunion. Letztere löste sich im August 1991, nach dem Putsch in Moskau, auf. So fand sich die Halbinsel als Republik im neuen Staat Ukraine. Die anschließende Unabhängigkeitsbewegung endete 1994 damit, dass Kiew den Posten eines Präsidenten der autonomen Republik Krim abgeschafft hatte. Die junge Ukraine lehnte Föderalismus ab, doch die Halbinsel bestand auf ihrem besonderen Status und erhielt 1998 sogar eine eigene Verfassung, ähnlich wie Südtirol 1948 und 1972.

Viele Menschen, die wir auf der Krim kennengelernt haben, sagen, sie hätten ihr Recht auf Meinungsfreiheit und Mitbestimmung gebraucht. Uns interessiert ihr Bezug zur Krim, zum Bosporusforum, zueinander und zur Literatur über die Krim, zu dem sogenannten Krim-Text. Wir sind weder Menschenrechtler noch Richter.

Ich kann wie Sid die Positionen beider Parteien nachvollziehen, kann mich in beide einfühlen, möchte zwischen beiden vermitteln. Möchte, dass es nicht so naiv klingt, wie es vielleicht ist. Doch besser frau gibt sich die Doppelperspektive (nicht den Doppeladler) als Aufgabe auf, als von vornherein aufzugeben.

Um eine Doppelperspektive bemüht sich meine Schreibweise. Sie versteckt ihre Mühen nicht. Sie möchte auch ganz viel: Sie möchte fürs Verstehen einstehen und für das Mehrdeutige, einem Forum gleich die Vielstimmigkeit ermöglichen, auch Widersprüche. Vielleicht kitten sie ein paar der politischen, sozialen, materiellen Brüche.

Vielleicht nervt ihr Reimeleim gehörig, hartnäckig – so lange, bis die Krim mit ihren Stimmen gehört wird.

Cyril und ich starteten unsere Recherche aus Neugierde auf Sids Kulturprojekt. Wir beendeten sie mit der Einsicht, dass der ständige Aufschub des Festivals in ein Scheitern mündet, das es sich genauso lohnt zu verstehen. Mag das Forum auch nicht, wie zuletzt geplant, im Jahr 2020 Kulturschaffende aus der Ukraine und aus der Russischen Föderation versammelt haben (genau diese Zusammenkunft hätten wir gern dokumentiert), so finden mögliche Teilnehmende auf den Buchseiten und im Film zueinander. Sie begegnen einander, treffen alte, mögliche und unmögliche Kollegen. Neben dieser trotzigen Komponente vermerken wir eine traurige: Nach und nach verlagerte sich der Fokus unseres Projekts von konstruktiven künstlerischen Aktionen zur Dokumentation einer streitgetränkten Kommunikation. Und die scheint bequem zu sein, ob in öffentlicher oder in privater Hinsicht. Die Zugehörigkeit der Krim bestimmt alle Sätze über sie, die ausgesprochenen wie die verschwiegenen.

Dieses Nichtstattfinden geopoetischen Miteinanders spricht mit. Die Pause des Forums wirft uns auf unsere Position zurück: Ist es einfacher, sich dem Dialog zu entziehen, anstatt sich auf die Krimkrise und die dahinterstehende Ukraine-Russland-Krise einzulassen?

Geopolitik erklärt die Halbinsel zum Ding, Zankapfel, Zündstoff. Ohne die Geopoetik zu verklären, erklärte sie die K. immerhin zur Bühne, zum Gesprächsangebot. Aber seltsamerweise verstummten diese Bemühungen und auch die um 2010 herum begeisterte Aufnahme der Geopoetik an westeuropäischen Universitäten. Dabei hätte ein Revival solcher Lektüren nach 2014 die Krim zur Plattform erklären können, die Künstler und Wissenschaftler aus Ost- und Westeuropa einlädt. Die zur Präsenz hätte einladen können statt zur Ignoranz. Auch das Pausieren der Geopoetik – oder ihr Ende – dürfte ein Symptom sein, ein gesetztes Zeichen.

3 Blick auf das Tal mit Bachtschissaraj, Alexander Barbuch 2014.

Das Ende der Geopoetik als aktives, kommunikatives Handeln wirft die Nostalgikerin in Bibliotheken zurück, dort wartet der Krim-Text. Es wirft zurück ins heimelige Zuhause, in die deutsche Sprache, in alles, was Recht ist. Dort stört die Übersetzung aus dem Russischen. Sie liegt auf der Lauer, besonders bei der Übersetzung unserer auf Russisch geführten und gefilmten Interviews mit Sid, ehemaligen Teilnehmenden und einigen Museumsmitarbeiterinnen, mit denen wir auf der Suche nach Intelligenzija gesprochen haben. Et voilà, das Bosporusforum zeigt sich nur noch auf dem Bildschirm, inklusive der VHS-Videoaufnahmen von alten Aktionen und Akteuren. Allein schon die Beschäftigung mit dem Forum provoziert zur Positionierung (warum dieses krimfreundliche Thema?) und zur erkenntnisleitenden (zeithistorischen, politischen, aber auch biografischen, sozialen, emotionalen) Begründung.

Beweggründe notieren – im Schreibprozess freilegen, was die eigene Position charakterisiert, welche Faktoren zu welchen Annahmen führen. Die Form fragt mit: Wie mit Gesprächsverweigerern und rhetorisch Versierten sprechen, wie die diskursive Macht verteilen, wie dialogisch schreiben, wie multiperspektivisch präsentieren?

Dieser Reportageroman übersetzt ansatzweise meine Erinnerungen in *Sewastopologia* (Berlin 2014, St. Petersburg 2017) in Erlebnisse. Dort habe ich meine Kindheit in Sewastopol als ein Statement im Krimdiskurs evoziert – als eine Perspektive, die es sonst nicht gegeben hat. Nebenbei habe ich einen abgeschnittenen Teil meines Ichs an die Orte meines Erwachsenseins (Berlin und Zürich) angeschlossen. Das war einfacher geschrieben als durchlebt. Ich habe mich danach ins heilende Schweigen gehüllt. Habe mich zusammengerissen, von Cyril und von Sid angestoßen, und bin dann doch in den Riss hineingereist. Diese Reise sollte meine Erinnerung an die Jahre um 1990 herum überschreiben. Meine Teilnahme am Bosporusforum und die Porträts anderer Teilnehmer hätten die Aktionen des ersten Ichs und die verlorene erste Gemeinschaft ersetzen können. Die Reisen auf die Krim nach 2014 entpuppten sich als Zeitreisen. Dieser autobiografische Strang bemüht sich dennoch um Ordnung, auch und gerade in familiären Angelegenheiten. Das kann ganz schön anstrengend sein auf der verwirrend konservierten, manchmal auch konservativen und manchmal innovativen Krim!

Ich postete unsere Agenda im digitalen Tagebuch. Kommentare:

»Trollig.«
»Warum kann die Frau nicht mutiger sein, nicht nur A, sondern auch B sagen und untersuchen, ob die Schenkung der Krim 1954 an die ukrainische Sowjetrepublik den damaligen Gesetzen der Sowjetunion, dem Völkerrecht und dem Willen der Bevölkerung entsprochen hat?«
»Die Bevölkerung ist manipuliert, eine unmündige Masse.«
»Putin hat 2014 etwas genutzt, was unabhängig von ihm seit Jahrzehnten dagewesen ist.«

Ich schalte die Kommentarfunktion aus, fürs Erste.

Protest auf dem Paradeplatz

Lange Zeit wollte ich dazu nichts sagen. Wollte nur zusehen, wie sich dieses Phänomen entfaltet, im Selbstexperiment (wie lange hältst du das Starren aus?). An einem grauen Winternachmittag hat sich das Sagebedürfnis seinen Weg gebahnt, die Starre ein wenig gelöst. Damals standen die Pionierin, die ich sehr gern hatte, der ehrwürdige Gast aus Moskau, bei dem sie studiert hatte, und ich an einer Tramhaltestelle in der Zürcher Innenstadt. Sie und ich überlegten, wie wir den Tag mit dem Professor verbringen – mit Professor Z., dem Zeus über dem semiotischen Zenit der Literaturwissenschaft.

Die Pionierin kannte ich aus dem Klub russischsprachiger Migranten (Plural meint die Frauen usw. auch, hier, weiter und zuvor). Dort, im Keller unter der ehemaligen Wohnung Lenins in der Altstadt hob sie ihren Arm bei Vorträgen und Buchpräsentationen, Oberarm und Unterarm im rechten Winkel zueinander, wie wir es seit dem ersten Schuljahr gelernt haben. Sie äußerte ihre Kommentare mit großem Wissen und bescheiden gesenktem Kopf. Ich kannte sie auch aus meiner Küche. Dort sagte sie, sie fühle sich wie auf der Krim. Eines Tages schenkte sie mir ein Ölgemälde mit der Bucht von Gursuf, wir hängten es über dem Esstisch auf.

Nun nickte sie Zeus zu, lächelte mich mütterlich an, während der Semiotikprofessor mir etwas empfahl, nein, er befahl. »Wie können Sie es wagen, auch nur daran zu denken, auf die Krim zu fahren!«, rief er donnernd von der Treppe der eingefahrenen Tram. Ganz anders als kurz vorher, als er, die Pionierin und ich Kakao getrunken hatten. Entspannter Brunch, intellektuelle Liebenswürdigkeit, gar keine bemerkbaren Emotionen. Krim hatte ich zum Abschluss erwähnt, weil

Z. gefragt hatte, wo ich herkomme. Worauf er nachfragte: »Sie wollen doch nicht etwa hinfahren?« Doch, sagte ich, ich muss endlich als Erwachsene hin. »Doch nicht nach diesen Ereignissen?« Mein Zögern reichte, er verstummte und stand auf. Sein Unmut drängte die Stimmung vom Privaten ins Politische, wo das Private keinen Platz hat.

Unser bezeichnender Krimkonflikt war entbrannt auf dem Paradeplatz, kurz bevor die Tram Nr. 7 ihre Türen verschloss. Vielleicht ersetzte diese Kreuzung Zeus den Roten Platz, vielleicht wähnte er sich bei einer Protestdemo gegen den Dämon der nicht voranschreitenden Demokratie in Russland. »Das dürfen Sie nicht. Das ist unrechtmäßig okkupiertes Gebiet«, raunte er. »Da fährt man nicht hin!«

Wie leicht es ihm fiel, jemanden – ich war für ihn eine Studentin – anzuschreien, in der ältesten Demokratie Europas. Kurzerhand aus der Samstagsgemütlichkeit verbannt, trat ich von der Einstiegstreppe zurück. Er blieb mit der Pionierin auf dem Trampodest, sie fuhren davon, ich lief ein paar Stationen zu Fuß.

Die Pionierin grinste kurz darauf, sie habe mich ja gewarnt. Krim hätte ich verschweigen sollen. Krimnasch sei mein Tod, hatte sie mir gesagt. Die Krim stehe nun mal für Krimnasch und Krimnasch bedeute Unterdrückung. Denn die Meetings gegen Putin, gegen die Korruption und gegen die politische Instrumentalisierung der Orthodoxie, die seien nun verboten worden – »so eine Demokratie«, sagte sie, »so eine Demokratie«.

Moment, sagte ich der Pionierin, wieso Krimnasch, mein Hinfahrtplan ist Krimmoj. Ein Ferienplan, aus dem ich mit dem Souvenir einer beruhigten Erinnerung zurückkehren werde, wie mit einem Beutel, den *I love Berlin* (*Paris, New York*) ziert. – Sie lächelte.

4 Ein Lada auf dem Weg nach Tschufut Kale, Alexander Barbuch 2014.

Jedes andere private Territorium in Ost- und Mitteleuropa darf Bände füllen und als dochnocheuropäisch begrüßt werden. Doch etwas von der Krim sehen zu wollen, das gehört nicht zum aktuellen intellektuellen Horizont, es sei denn, man beweist damit die propagandistische Zombiesierung ihrer Bewohner. Alles andere fällt unter Sanktionen fürs vermeintliche Nichtteilen ureuropäischer Werte. – Vielleicht lebst du im falschen Staat, ließ die Pionierin fallen.

Ich überhörte es, Freundschaft steht über der Politik, und sagte: Reisefreiheit. – Sie lächelte. Ich lief nach Hause, wollte mich ablenken, facebookte herum, bis ein Gedicht meine Aufmerksamkeit festhielt. Fahrt nicht auf die Krim, dichtete darin Boris Chersonski, der berühmte Poet und Psychologe aus Odessa. Wieder ein älterer Professor mit sowjetischer Didaktikausbildung. Später schrieb er, auf der Krim erfolge *Sewastopologisierung*,[2] die Verwandlung der Halbinsel in einen Militärstützpunkt. Die letzten russischsprachigen 200 Jahre der Krimgeschichte seien unwichtig im Vergleich zur Geschichte der Krim davor mit ihren Genuesern, Karäern und Krimtataren, und dass die Militärs und ihre Familien unrechtmäßig in Sewastopol seien. Sie seien nichts als Lückenbüßer fürs Vakuum, das entstanden ist, nachdem die Krimtataren vertrieben worden sind. Die Zugehörigkeit der russischsprachigen Folgefamilien zur Krim sei absurd, illegal, künftig dem Verfall geweiht – ungefähr so der Sound, ähnlich wie von der Tramtreppe am Paradeplatz.

5 Ein frisch verheiratetes Paar am Strand nahe Katscha, Alexander Barbuch 2016.

Vielleicht ist dieses Pamphlet des Psychoanalytikers auch ein Gedicht, so wie viele Gedichte nun Flugschriften geworden sind. Nur, wohin mit den letzten 200 Jahren? Wieso sollten sie weniger wichtig sein, als die 200 Jahre vor 1783, als Katharina die Krim den Türken abgeluchst hatte, und jene nochmals und nochmals 200 zuvor? Wie will

Chersonski fast 70 Jahre Sowjetunion mit ukrainischer Beteiligung durchstreichen, wenn er selbst in der ukrainischen Sowjetrepublik den größten Teil seines Lebens verbracht hat? Und wohin mit den hybriden Krimtschanen, die sich ukrussisch fühlen?

Das kann man so nicht fragen.

Du kannst jede Nacht mit jemand anderem ins Bett gehen. Du kannst dein Geschlecht wechseln, in der Heteroehe schwul oder lesbisch werden. Du kannst heute grüne Haare tragen und morgen rosa, übermorgen blaue und nächstes Jahr lila. Du kannst dir Hunderte von Tattoos stechen lassen. Du kannst von der Klippe springen. Du kannst alles, aber nicht auf die K. fahren. Eine Perversion, bestenfalls. Selbstbestimmung kultureller Orientierung? Shame on you!

Ich sage: Bosporusforum, Krim-Klub, Geopoetik. Und höre: »Pfff«. Ich sage: Reportage. Und höre: »Für Russia Today?« Ich sage: Film. Und höre: »So nennt man das jetzt also.« Personen, die den Weg mit dir geteilt haben, halten dir auf einmal Verbotsschilder hin. Je mehr Menschen dem Klub der Pionierin auf diese Weise beitreten, desto weniger möchtest du deinen Wunsch mit jemandem teilen. Eure großzügigen Reaktionen schränken mich in meiner Freizügigkeit ein, in meiner Bewegungs- und Redefreiheit. Aber so kannst du das nicht sagen.

Schieb das Hinfahren auf, schieb es irgendwohin. Schweig sieben Jahre lang, schreib und lösch. Und die K. meldet sich doch, wie ein Bug auf dem Bildschirm. Ziehe mich dicker an, ziehe immer weitere Kreise, ziehe die Schubladen heraus, die geduldiger gewesen sind als viele Ohren, ziehe mich zu leicht für die Jahreszeit an – vielleicht kommt der Sommer so schneller –, kaufe ein Ticket, beschaffe ein Visum, fliege auf die K.

Rückweg

Im Flugzeug von Simferopol nach Moskau suche ich nach meinem Notizblock, vergeblich. Andere Dinge liegen in der Handtasche gut geordnet. Die Notizen habe ich im Ostblock verloren. Der Duft von Tomatensaft, Wodka und Gretschka (Buchweizen) helfen wenig, leider fliegt keine Madelaine auf dem Tablett von Aeoroflot mit. Der Schwarztee wackelt einsam im Plastik umher.

Ein akkurates Tagebuch hätte dieser Bericht werden sollen. Es geriet ständig etwas dazwischen. Wenn du die Leute hier und dort verstehst und doch nicht verstehst, wenn du spürst, dass egal, was du sagst, weird verstanden wird – nicht nur falsch, sondern einer falschen Form und einer Version angehörig, moskauhörig, strange und stranno (seltsam, befremdlich), dann weißt du: Du warst auf der K., hast eine Grenze überschritten, in der Tat.

Beschreiben: Jemandem vorschreiben, was wie verstehen.
Erkunden: Kund tun.
Berichten: über subjektive Wahrheiten richten.

Beim besten Willen, ich weiß nicht mehr, was ich dort und darüber geschrieben habe. Habe meine Erinnerung verloren, dazu noch Gefühle, oder ich habe sie nicht gefunden. Und dann: Verbarrikadierung, dauerhaft. Zusammengenommen jedenfalls länger, als die Blockaden von Kertsch und Sewastopol gedauert haben.

Aber du erinnerst dich doch, wieder. Entweder nimmt die Kamera auf, oder du erinnerst dich. Du musst, du darfst nicht, sehr problematisch.

Eine offene Klammer schließen. Aber, aber. Jetzt, hier, endlich: rekonstruieren.

Was mit K. zu tun hatte, schob ein Erdrutsch weg, deckte ein Augenschlag zu. Der Drang sickerte in eine Höhlengrotte wie Tuffsteinkalk hinab, bei Licht mit Moos, ohne Licht wie Marmor, unaufhörlich, sogar auf dem Rückflug. Ob allein oder zusammen mit Cyril, dem begeisterten Filmkirill, ich fand keine optimale Justierung, weder Zoomin noch Zoomout zu den fünf Fingerhäfen auf dem Stadtplan meines Ursprungs. Zugang zur Heimatstätte, zum gesamten Puzzle – Memo und Monopoly, taubstumm.

Rationaler Rahmen: poetische Spuren nachzeichnen. Und prompt vertiefen wir sie, die Spuren und die Konflikte, denen sie entgegentreten sollen.

Also: Unser Projekt vollzieht die Perspektiven der Menschen nach, die am Bosporusforum teilgenommen haben und teilnehmen sollten. Wir wollten sie treffen, mit ihnen über ihre Motivationen und Auftritte sprechen. Wenn man das so sagen kann. Irgendwie wurde alles an diesem Projekt schnell »sozusagen«, eine Aporie. Oder zwei.

Wie sich herausstellte, hatte ich einen Notizblock verloren und Cyril oder ich oder wir beide eine Festplatte mit einigen Filmaufnahmen.

Angeschnallt an den Flugzeugsitz, schon über den Alpen, schon zurück, theoretisch. Zerschellt, abermals, leise, die Hoffnung auf Wiedervereinigung mit jenem Orts-Ich. Sie hatte sich verflüchtigt, als die Familie, deine Familie, geflüchtet ist vor dem Wirtschaftswunder der Perestroikafolgen.

Im Flugzeug von Moskau nach Zürich gießt uns der Steward roten Wein ein. Cyril spricht laut und fest, die Welt ist in Ordnung, wenn er scherzt. Am Flughafen, auf dem Zebrastreifen, küsst ihn seine Freundin nach drei Wochen Abwesenheit. Sein Mitbewohner fragt mich, warum Putin Komplexe hat. Ich frage ihn, ob er mir mit dem Koffer über die Treppen hilft. Ich bin sehr müde und mir ist, als ob es der einzige Satz wäre, den ich auf Deutsch noch kenne.

Wir kehrten zurück ins geregelte Zürich, nachdem ich im September 2016 mit dem Imker und Filmemacher Cyril Venzin das erste Mal auf die Krim gefahren war, ohne zu wissen, was uns dort erwartete. Er hatte mich in einer Raucherpause an der Uni darauf angesprochen. Er schlug vor, wir sollten eine Doku über die Krim drehen. Mein Sewa(stopol)-Buch flimmere ihm filmisch vor Augen. Kurz darauf saßen wir beim Kaffee, Cyril war just aus Graubünden von seinen Bienenstöcken ins Unterland zurückgekehrt. Die Szene gefiel mir: Ein junger Schweizer, der, ohne es zu wissen, aussieht wie Wladimir Wyssotzki – ein im Ostblock seit den 1970er Jahren bekannter Sänger und Schauspieler – in Blond, mit Faible für Philosophie. Zu dem Zeitpunkt kannte er kein russisches Wort. »Loss, gömmerr uf de Chrrim«, rollte sein R.

Mit unserer Präsenz im Südosten, dort, wo Europa auf Wetterkarten endet, würden wir in die Poetik des Randes geraten, würden als Randfiguren selbst ein Teil der Geopoetik werden. Mein Migroriss würde zusammenwachsen. Und vielleicht die Kluft zwischen Russland und Ukraine. Angesichts der strategischen Spannungen, die den Kalten Krieg aufwärmen, fordert geopoetischer Aktivismus auf: Lasst uns über die Halbinsel sprechen, über den Maschendrahtzaun feindlicher Konkurrenzen hinweg, im Rahmen alltagsweltlicher Referenzen. Unser Filmprojekt folgte diesem Aufruf, es wollte anhand der Supersubjektivitäten der Protagonisten ein Stimmungsbild der Krim in den Jahren nach 2014 festhalten. Die Akteure, die Cyril und ich vor der Kamera sprechen wollten, standen alle mit dem Dooropener Igor' Sidorenko (Sid) in Verbindung.

6 Das »Glücksrad« im Gagarinpark, Simpferopol, Alexander Barbuch 2017.

Das erste Mal habe ich Kontakt zu Sid aufgenommen, per E-Mail und später Messenger, als ich von seinem Krim-Klub erfahren habe – ich wollte wissen, was sich dahinter verbirgt, und stellte fest: Zunächst einmal dieser quirlige Schelm – diplomatischer Bote, meine persönliche Krimbrücke, ukrainisch-russischer Meeresbiologe mit zum Teil italienischen Wurzeln, Dichter, Schriftsteller, Journalist, Herausgeber,[3] Kurator internationaler Kulturprojekte an der Schnittstelle zur Wissenschaft und Katalysator von Kettenreaktionen. Ein begnadeter Organisator, der seit fast drei Jahrzehnten Kreative zusammenbringt und dies ebenso gut auf Madagaskar wie in Moskau, wohin er in den 1990er Jahren gezogen ist, weil es in Kertsch kaum Arbeit gegeben hat. Seit damals organisiert Sid diverse Events des Krim-Klubs, meist Lesungen, Diskussionen und Konzerte. Eine ambitionierte Veranstaltungsreihe bildet das Bosporusforum. Sein Name verweist nicht nur auf die »Straße von Istanbul« zwischen dem Marmarameer und dem Schwarzen Meer, sondern auch auf die Meerenge zwischen dem Schwarzen und dem Asowschen Meer bei Kertsch.

Unser Drehbuch gruppiert sich um das letzte bunte Forum, das dank einer stärkeren Beteiligung aus Ost und West ein Höhepunkt der bisherigen Treffen werden sollte. Wir fragen nach dem Bezug aller Teilnehmer zur Kunst und zur Krim, konturieren ihr Verhältnis zu ästhetischen Positionen und zu Orten, die allesamt so unterschiedlich sind wie die Kantone der Schweiz. Von Sewastopol bis Kertsch ziehen sich etwa 280 Kilometer durch die tropische und subtropische Klimazone, durch die Wüste und durch eine Gebirgskette, deren höchster Berg 1545 Meter in die Höhe ragt. In Kertsch kommen Menschen, die sich sonst aus dem Weg gegangen wären, zu einer realen Utopie zusammen. Solche Sätze notierten wir ins Dossier auf der Suche nach einer Produktionsfirma, bis Cyril selbst eine gründete.

Wir notierten uns provisorische Kapitel: 1) Oberflächen, Dächer, Asphalt, Papier; 2) Spiel-Plätze; 3) Farben: *What Colour is the Sacred*? (Taussig); 4) Keine Farbe ohne Oberfläche; 5) Knotenpunkt und Prisma: Europa, Asien, Orientalisierung.

Eine akmeistische Kulturblütensammlung. Viele Grüße an Anna Achmatowa und ihren Mann Lew Gumiljow. Wir möchten mitspielen auf den Kreuzungswegen unserer Reiserouten. Unser Film – ein Pollenflug der Bienen, ein Stegreifgedicht auf einer Schaukel, auf dem Boden des vor uns gewachsenen Materials. Wobei wir hermetisch-hermeneutische Gedichte genauso wie hinter dem Rücken der Dichter die Plastiktüte aus der Boulangerie einfangen. Poesie ist auf der Krim, dem Mini-Osten, eben wie Brötchen – Materie.

Zunehmend überschreibt der Blick durch Cyrils Kamera unsere Erfahrungen und meine Erinnerungen. Zurück in Zürich, erkunden wir die Krim beim Sichten und beim Schnitt, wir sehen sie durch das Objektiv, durch die Filter, leicht versetzte Tonspuren und Farbanpassungen, durch die Sehnsucht nach stimmiger Umordnung. Wir hören ihre Stimmen in Audiodateien ohne Bild, transkribieren Interviews und komprimieren sie für die Untertitel.

Im Sinne der postsowjetischen Transformation – eines Bewusstseinsprozesses – zeichnen wir mit dem Film einen Pfeil vom abgelegenen, doch dazugehörigen Teil Europas zum Herzen. Auch wenn sich die Krim um Europa so sehr schert wie Europa um die Krim.

Die Reise in die Tiefe der Halbinsel führt hinter Potemkinsche Dörfer der Schönfärberei und hinter Drohkulissen, hinter den Glanz ihrer Strände und Paläste, hinter ihre Gold- und Silberküsten, mit der Eisenbahn entlang der Achse Armjansk–Krasnoperekopsk–Dschankoj–Simferopol–Bachtschissaraj–Sewastopol oder mit dem Taxi vom luftig-neuen Flughafen in Simfi zum Hotel *Ukraina* in Sewa. Wir möchten sie so sehen, wie sie von der Geschichte geschaffen und von Biografien geprägt wurde, mit ihren Denkmälern und Muttermalen: unbekannte Kaffs und bekannte Touri-Orte, Riviera und Provinz, unbekannte Soldaten, bekannte Generäle.

Cyril hatte verschiedene Objektive dabei. Gefilmt hat er mit einer unauffälligen Kamera, die für einen Fotoapparat gehalten wurde. Wenn die Polizei uns auf der Straße anhält, dann, haben wir vereinbart, texte ich sie zu, ich sei von da, von hier, ich zeige ihm meine Heimat.

7 Kinderpark im Herbst, Simferopol, Alexander Barbuch 2017.

Wir haben viel organisiert und noch mehr improvisiert. Sind mit dem Flow gegangen, sind steckengeblieben. Haben zugehört. Haben aufgegeben, die Länge der Interviews zu planen. Menschen, Orte und

Fragen ergaben sich, wanderten ineinander über, hingen zusammen, indem wir mit ihnen abhingen. Von ihnen auch ein bisschen. Aufmerksamkeit schmeichelt, sie lässt die härtesten Herzen schmelzen, fest versperrte Tore aufgehen. Vielleicht schafft die Krim es so in die europäische Seele, ganz ohne Belagerungen, Autobahnen für Südtiroler und Umbenennungen ... Stimme geben, auch Resonanzraum. Ich führte die Interviews aus der Hüfte meines Interesses heraus, vergaß manchmal, auf den Fragebogen zu schauen, auf kratzende Vergangenheitsgeister, ähnliche Zukunftsängste, auf Schlafmangel, den Fotokoffer, die Schmerz- und Scherzlandschaften.

Kreativen Menschen zuzuhören unterscheidet sich kaum von einer Buchlektüre. Du schlägst es mittendrin auf, liest hinein, triffst auf eine Zeile, die dich fesselt. Driftest weg unter der Stimme in die Zwischensequenzen. Ruinenästhetik, urbaner Puls, klaffende Brüche.

Manchmal: Als ob ich beim Schlafen halbwach wäre und den Traum lenken würde. Als ob der Wartesaal eine Bühne wäre, auf der ein neues Theaterstück beginnt.

Wir waren kaum länger als ein paar Tage an einem Ort, meist jeden Tag woanders. Für die Landschaftsaufnahmen müsste man noch einmal gezielt hinfahren, mit einer größeren Kamera, sagte Cyril, und für ein Update sowieso. Wir kommen wieder, wir kommen wieder, sagten wir am Ende eines jeden Gesprächs, blieben aber doch weg (Kinder, Corona, Krieg).

Für die Montage verschlagworteten wir die Videos mit Gesprächen und Spaziergängen, schlugen Schneisen durch Themenkomplexe, die sich miteinander verwebten, analysierten die Aufnahmen und ließen uns doch von der Unmittelbarkeit der Bilder leiten: von Asphaltmustern, von Gesichtern, streunenden Katzen, vom Rhythmus der mündlichen Rede. Unsere Assemblage folgte Erzählungen über die Krim als Zentrum und als Provinz, als vergessenes und hoch gehaltenes Zentrum, als Sehnsuchtsort und als Ort, der dank neuer Legenden dringend umgedeutet werden sollte.

Beim vorerst letzten Bosporusforum, 2015, zupfte ich das erste Mal bewusst am Rockzipfel Europas: Ich bin trotz der Unkenrufe hin, habe dort den Atem angehalten, zugeschaut, zwischendurch meine Heimatstadt angeschaut, und dann, am letzten Tag in Kertsch in einem Saal mit wallenden weißen Gardinen, verblichenen Holzbänken und einem Klavier in der Ecke – was mich alles an meine Schulzeit in Sewastopol erinnert hat, inklusive der Abstände zwischen den Bänken und der Breite des Korridors, des Geruchs der stehenden Hitze und eines Zaubers – tauchte irgendwoher die Kraft auf, dort zu sein. Ich habe zu meiner eigenen Überraschung einen Vortrag gehalten, fast ohne Computer, in meiner ersten, verschütteten Muttersprache.

Wir begegneten außer Menschen und Orten auch Problemen, zum Beispiel, als wir Musik suchten. Ein Forumsteilnehmer, den wir lieber anonym belassen, reagierte auf unsere Anfrage, und wir wussten nicht, wie darauf antworten:

> »Ihr könntet die Musikaufnahmen von X. für den Film haben, er ist allein und mit seiner Band bei jedem Forum aufgetreten. Russisch-ukrainischer Rock, typische Krimmusik der 1990er und der Nuller Jahre. Nur weiß ich nicht, ob wir die Aufnahmen erhalten. Das Problem ist, er hört nur auf seine Frau, und das auch 2014, als sie im Frühjahr ausgetickt ist. Seine Frau, eine Ukrainerin, hat der Ukraine jedes Wort geglaubt. Sie hat darauf bestanden, dass sie ihre Wohnung in Kertsch verkaufen und nach Kiew ziehen. Die Ukraine hat damals ein Gesetz erlassen, dass von der Krim kein Geld in die Ukraine transferiert werden darf. Also musste die Frau das Geld für ihre Wohnung bei der Zugreise nach Kiew in ihrer Unterwäsche verstecken. Sie hatte dabei solche Angst an der Grenze, dass sie danach einen Monat lang in der Psychiatrie lag. Die reinste kognitive Dissonanz in ihrem Kopf: Die Ukraine, ihre geliebte Ukraine, hat ein Gesetz erlassen, das sie zur Kriminellen erklärt hatte. Wo sie doch alles richtig gemacht hat, die okkupierte Krim verlassen, Kiew getreu.«

Fotografisch ungenau

Das Notizbuch holte ich hervor, wenn ich am Ende des Tages meine Eindrückegedankengefühle loswerden musste. Wann immer ich das Büchlein zuklappte, schloss ich »das Kapitel« K. ab. Vielleicht öffnete ich es aber jedes Mal von Neuem. Vielleicht ging der Block mit dem Bestechungskäse verloren, den wir im Kühlschrank im Haus meiner Oma vergessen hatten, als wir überstürzt von Sewernaja in Sewa aufgebrochen waren. Etwas lässt du eben zurück, etwas findest du wieder.

Einige Jahre später durchwühle ich Fotos. Lasse mich aufwühlen. Familyfotos, nah und fern, Gesichter und Geister, gesehen und vergessen. Stöbere in den teilweise von mir selbst mitentwickelten Schwarzweißfotos meiner Eltern, die ich im Koffer von der K. mitgebracht habe. Eine schwere Tüte, über fünf Kilogramm, die mir meine Tante in die Hand gedrückt hat, in Omas Wohnzimmer, die Tante hat sie aus Omas Wohnzimmerschrankwand herausgezogen. Meine Eltern wollten ihre Fotos nicht, ich hatte sie ihnen angeboten. »Wir haben mit jenem Kapitel abgeschlossen.« Später, als ich mich laut darüber gewundert hatte, änderten sie ihre Meinung. Daraufhin schlug ich vor, dass ich sie digitalisiere, sodass ich sie vorerst behalten habe.

Die Tüte habe ich nun aus der Abstellkammer auf den Schreibtisch gehievt. Das Postimpoding drängt doch gegens Vergessen: Fang die K. ein, schmeiß ein paar Orangen nach ihr, knipse deine eigenen Fotos, finde die richtige Perspektive, vollzieh das Ritual des Annexionverdammens oder der Vereinigungsfeier oder ergib dich der Anoxerie. Fahr hin, hör hin, hör auf. Öffne die Fotowundertüte.

Ich würde gern das Schwarzweiß der Porträts in einen Farbfilm verwandeln. Meiner Verantwortung gerecht werden, für meine Sichtschizophrenie. Korrekt, so direkt wie möglich, postpostsowjetisch. Das Krimalbum aus dem großen gelben Plastiksack.

Noch bevor ich ihn öffne: privates Paradies, schwarzes Loch, seltsame Sendung. Schalte sie aus, die Kakophonie aus Kinder- und Radiostimmen, Autohupen heiratender Paare in westlichen Autos, Gezeter und Siestastille. Seit meine Familie mich von der Halbinsel weggezogen hat, klingt sie immer wieder herauf, wie aus einem kaputten Radio, das von sich aus angeht, egal, wie weit ich weg bin.

Ich gerate aus der Komfortzone in die innere Konfliktzone. Ihre Melodie, wie filtere ich die heraus? Zeige- und Stinkefinger in Zeitungsartikeln überdecken sie. Sie denken für mich, dünkt mich. Dabei besteht die Geräuschkulisse meiner Krim aus vielen, viel zu vielen Klangfarben – eine Herausforderung, diese wiederzugeben. Ich schiebe die Fotos wieder zusammen.

Es gibt keinen passenden Zeitpunkt, weder für ein Krimbuch noch für ein Baby. Es gibt keinen Aufhänger und keinen Windfänger für den Seelensound. Genauso wenig lässt sich die trotz Unvereinbarkeiten doch vereinbare Welt der Halbinsel im Schwarzen Meer in ihrer Disparatheit einfangen. Antike Überreste in Ausgrabungsstätten, griechische Ortsnamen, armenischer Kaffee an einer Bushaltestelle nahe Alupka, hupende Autokarawanen der Krimtataren im Kreisverkehr Simferopols, Russisch als lingua franca, Weggezogene nach Russland, Zugezogene aus Russland und aus der Ukraine, Berge von Texten, Berge ohne Texte. Abgesehen von Pässen, Wurzeln und Werten eine Region mit gesamtlokaler Zugehörigkeit: Wir sind Krimtschanen. Wir sind Krimtataren, wir rennen einer Neuauflage des Khanats hinterher. Wir sind die ewig gestrigen, ewig künftigen Träumer von einer mächtigen Rus mit Frieden unter allen Slawen, unter anderem. Wir sind Ukrainer, die kein Problem damit haben, *u kraja* zu sein, am Rande von Imperien und Unionen, und Russisch zu sprechen, unter anderem. Wir sind Natives, die naiv auf eine funktionierend-prosperierende Zukunft der Region hoffen. Wir sind Historikerstoiker, die uns passende Daten und Fakten aus dem Ärmel schütteln, Schweinereime auf die Gegenwart. Wir sind Raum- und Zeitprojektoren. Uns verbindet die Verbundenheit mit der konkret erlebten, gelebten, geliebten Krim und mit abstrakten kulturellen Konstrukten. Das krimige und das russige Gefühl, so selbstverständlich wie das im August versengte Gras, das kannst du nicht in den Mund nehmen, es gilt als fatal bis fäkal. Verwirf diese Verwerflichkeit. Vergiss, dass Menschen, die du auf und von der Krim antriffst, die Ukraine auch mal »Formalität« nennen. Das alles kann man so nicht sagen.

8 Das »Glücksrad« im Kinderpark, Simferopol, Alexander Barbuch 2019.

Meine Krim spielt Zeiten und Orte, Menschen und Meinungen vor sich hin, für sich. Beginnend mit Chersones – einem Vorort von Sewastopol und, so dicht drängen sich die Welten dort nebeneinander, eine andere Welt, uralt, urchristlich. Urkomisch, dass ich diesen Ort meinen Ursprung nennen darf, wie es sich für eine Legende gehört, wie es die Willkür der Zusammengehörigkeit so will. Der russische Bär entspringt den dortigen griechischen Säulen, er springt zwischen ihnen umher, er springt Sie gleich an!

In *Mordor*, dem Reiseroman des polnischen Journalisten Ziemowit Szczerek, echauffiert sich der Protagonist, sein alter ego, darüber, dass seine Reisebegleiterin in Sewastopol direkten Kontakt mit den Bewohnern sucht – komische Frau, ist doch bequemer, nur von eigenen Urteilen begleitet zu werden. Er beschwert sich: »Ich spielte den Dolmetscher. Diese Obsession, mit den Eingeborenen ins Gespräch kommen zu müssen, ist mir seit jeher ein Rätsel.«[4] Statt O-Ton spult er lieber seinen Gonzoton ab. An antirussischen und orientalistischen Stereotypen stört sich niemand, sie gehören zum guten Ton, zumal er es alles nicht so ernst meint, scheint es, er mengt ja anti- und propolnische Klischees bei sowie die rettende Fiktionshaftigkeit via Fantasie. Alkohol, Literatur- und Filmzitate garnieren die absurden, quasi-verbürgten Szenen.

Mit ein bisschen Quasi lässt sich alles sagen. Dieser Erzähler tanzt mit seinen Beobachtungen, unseren Befürchtungen und mit dem russischen Bären. Ausgerechnet in Chersones, »wo Großfürst Wladimir von den Griechen getauft worden war, wo die Geschichte des Dritten Roms ihren Anfang genommen hatte und das Russige auf das klassische Altertum getroffen war, steppte der Bär.«[5]

Das Mediale scheint das eigentliche Reale zu sein.

Auf einem Foto aus den 1970ern steht meine Mutter unter der berühmten Glocke neben der Chersones-Ruine – schön, und schon eine andere Epoche, obwohl mir lange schien, ferner als die 1990er Jahre könnte keine Epoche vergraben sein. Meine Geschichtslogik begann mit dem Kontaktabbruch zur spät- und postsozialistischen Erstsozialisation. Den Schnitt konnten weder das Internet noch Billigflieger überbrücken, beides steckte in Kinderschuhen. Das Abgeschnittensein war auf ewig gedacht. Wer zu spät kommt, den bestraft das fehlende Medium. Wer zu abrupt wegzieht, den ebenfalls. Ich fühlte mich wie Robinson Crusoe, nur ohne Freitag. Bis in alle Ewigkeit abgekappt vom Diesseits, von dieser einen, von dieser ersten Seite deines Ists. Das war nichts Besonderes, die Krim ist auch nichts Besonderes, meinetwegen, damals, während und vor allem nach der Perestroika, flohen alle aus allen ehemaligen sowjetischen Republiken, die konnten. Die kapitalistische Freiheit samt Kriminalität blühten auf – sie funktionierten, im Gegensatz zu allem anderen. Und vertrieben mehr Menschen aus der Ex-UdSSR, prozentual im Verhältnis zur Gesamtbevölkerung gerechnet, als 50 Jahre zuvor aus Ostpreußen vor der Roten Armee geflohen sind. Aber das kann man so nicht sagen, was für ein Vergleich.

Jenseits von Gut und Böse flohen, siedelten von Statistiken und Stereotypen so wenig erfasste und so viele Menschen um, wie du und ich sich das nicht vorstellen können. Nach Israel, Deutschland, in die USA, mit wenig Geld und mit viel Bildung. Deutsche und jüdische Vorfahren erwiesen sich plötzlich als so vorteilhaft, dass man auf dem Markt Pässe und Urkunden mit eben diesen Zeilen, Auskünften, Nachweisen, Namen, Türen und Schlüsseln zu fernen Welten kaufen konnte. Die, die von der Krim nicht migriert sind, hockten dort auch wie Crusoe über den Resten eines Wracks, für sich.

Für meine Eltern in Germany: Berlin only. Sie richteten sich darin wie auf einem platten, regnerischen Krimersatz ein. Bald legten sie ihre heimlichen Obst- und Sauerampferplantagen auf dem Mauerstreifen an, entdeckten ihre Smetana im griechischen Joghurt und einen geistigen Flughafen in der Bibliothek. Sie wollten nichts von früher erzählen und rieten mir ebenfalls: Vergiss, was war. Setz Totschka (Punkt), Dotschka (Tochter). Dabei sind auch sie Protagonisten einer – prosaischen – Aktion in einer langen Veranstaltungsreihe, der Migration.

Ob über dem Notizblock oder über den Fotos, in meinen Krimtrips wate ich durch Wachträume. Als ob die Halbinsel mit mir gemeinsam, zeitgleich in Schockstarre, einen Winterschlaf gehalten hätte. Halb entfernte Insel, halb integrales Land, auf dem ich stehe, durch die Stürme von Umbrüchen hindurch. Hinfahren ist wie auf ein Surfbrett steigen, von dem dich ein Tsunami weggespült hatte.

Ich sollte den Fotosack systematisch durchsehen, in Vorbereitung auf ein Gespräch, für die Aufbereitung der äußeren Alarmbereitschaft. Denn eine Kollegin aus Bern hatte mich gefragt, ob wir über die Halbinsel sprechen könnten, online, live. Wir hatten zufällig einen

Berührungspunkt entdeckt mit der jungen Schweizerin, die 2013 in Sewa gelebt hatte, in derselben Straße wie ich in meiner Kindheit. Zuerst dachte ich, sie veräppelt mich, sie kann doch nicht als Freiwillige in dem Prospekt gewohnt haben, den ich unfreiwillig verlassen musste. Und: Nicht schon wieder, gleich schwingt sie die übliche Keule, die Nimm-in-Kauf-Keule, dass du auf der K. gewesen bist. Dieser »Mit dir, watniza, ist alles klar«-Blick oder »Oh, du Arme«-Leier. Wo ich mich fleißig darum bemühte, auf Distanz zum Desaster zu bleiben.

Aber sie – eine Protagonistin eines künftigen Bosporusforums – lächelte mich mit funkelnden Augen po-dobromu (freundlich) an und fragte, ob ich den Yogaschuppen im Einkaufszentrum an jener Trolleybusstation kannte, an der wir beide, zeitversetzt um 20 Jahre, am häufigsten ein- und ausgestiegen sind. Nun ja, unser Yoga bestand aus Hörensagen, dass Yogis auf Glasscherben schlafen. Vielleicht zählt späteres spirituelles Yoga: Sanity behalten, jeden Tag aufs Neue.

Ein wahres Wunder, ein unsichtbarer Geist und sichtbare Begeisterung, meine vorkoloniale Welt kennt diese Kollegin auch, und zwar als Teil ihrer zivilisierten Welt, wie schön, und schon erklärt sich die Verbindung von selbst.

An jener Haltestelle, hinter der Babuschkareihe mit ihren Semetschki (Sonnenblumenkernen) und Blumenputschki (Sträußen) breitete sich Brachland mit duftenden Nadelbäumen aus, bis zum nächsten Hochhauskomplex, dem letzten dieser Stadt – oder dem ersten bei der Einreise mit dem Bus.

Es war, wie es war. Es ist, wie es ist. Sprechen wir über die K. vor den Kacheln unserer Küchen. Wir einigen uns auf »Anschluss« statt »Annexion« oder »Wiedervereinigung«, aber, höre ich bald, das kann man auch nicht sagen, das ist ein Nazi-Wort, genauso wie »Kulturschaffende«. Wie die Germanensprache, aber auch das kann man so nicht sagen. Wir sprechen Schweizerdeutsch und Russisch, die Zeit vergeht, so wie die Jahre davor und danach. Der eigentliche Krimtalk findet vor der Sendung statt, während wir uns zwischen *zoom*, *belive* und *Garageband* entscheiden. Es hallt in mir nach, dass die Freunde, die mit ihr nach 2014 gesprochen haben und ihre Meinung über die

Krim wissen wollten, verunsichert gewesen seien. Weil sie gesagt hat, sie habe auf der Krim oft gedacht, sie lebe in Russland. Das kann man so nicht sagen. Ging mir auch so, aber reden wir nicht darüber.

Ging dem Kollegen auch so, der dabei ist, Professor zu werden, und seine Stelle nicht riskieren möchte: »Lassen wir das Thema, außer du ziehst es historisch auf. Verbrenn dir nicht die Finger. Lies Katchanovski. Sag niemandem etwas davon. Fahr nicht auf die Krim. Ich kann euch nicht mehr helfen nach der Sache im Kulturministerium. Du weißt, am liebsten würde ich mit euch gemeinsam diesen Film drehen, es braucht eine neue Optik. Ich bin und bleibe dein Freund.« Mein Kollege sagt auch: »Wäre die Ukraine 2014 der EU beigetreten, wären die Häfen der Krim von Streitkräften der NATO besetzt worden – das konnte Putin nicht zulassen, aber lassen wir das.« Die russische Marine war dort vor und nach 1991 stationiert, mittels eines Pachtvertrags standen insbesondere in Sewastopol ihre Schiffe, U-Boote und eine ganze Stadt in der Stadt voller Militärs, in der Sowjetunion und in der frisch geschlüpften Ukraine, in der sich die Krim den Status einer autonomen Republik ausgehandelt hatte, nicht zuletzt wegen der russischen Militärbasen in meiner Heimatstadt.

In den 1990ern und Nuller Jahren verwünschte die remote Region Kiew dafür, dass es ihr kein Geld zuwies, dafür aber ukrainisch geschriebene Namen, Straßen, Denkmäler und Feiertage, und wünschte sich, Moskau würde sich solidarischer zeigen. Sie fühlte sich von allen vergessen, der Braindrain laugte sie aus. Sie pflegte immerhin die Erinnerung an etwas Größeres. – Das kann man doch nicht sagen, du kannst nicht für die Krim sprechen.

Zeitungsartikel sagen ja schon zu Genüge: Aggressive Besetzung, hässliche Häuser, marode Region, Unterdrückung der leidenden Bevölkerung, Repression und Depression, Krimtataren klagen in Kiew und Brüssel, die Kosten der Krimbrücke ruinieren die russische Wirtschaft und sollen sie ruinieren, bald wird die K. wieder der Ukraine gehören, der sie gehören muss, wie ihr Präsident, bis vor Kurzem ein Fernsehkomiker, sagt.

Nicht etwa: Die seit Jahrzehnten andauernde Abwanderung von der Krim nach Russland und in andere Staaten ist der ukrainischen Regierung geschuldet. Sie übertrifft bei Weitem die Abwanderung der Krimtataren in die Ukraine in den letzten Jahren. Seit 2014 fließen endlich Investitionen in die von Kiew gezielt heruntergewirtschaftete und zwangsukrainisierte Halbinsel. Bloß nicht erwähnen, dass die »höflichen grünen Männchen« eine seit langem bestehende Militärbasis verstärkt haben, und ihre Präsenz als erwünschter Schutz wahrgenommen wurde.

Ich werde auf der Krim mehrmals hören: Schutz vor einem Massaker wie auf dem Majdan.[6] Majdan als Symbol für den Freiheitskampf gegen eine korrupte Regierung, das klingt gut. Sicher protestierten viele Menschen deswegen auf dem Majdan. Aber auch viele aus dem Rechten Sektor und viele, die mit ihm sympathisiert haben. Ich lese, dass die Europäische Union Milliarden in die Ukraine investiert hat, um sie an sich zu binden. Ich höre, dass Victoria Nuland, die amerikanische Staatssekretärin für Außenpolitik, im Gespräch mit dem amerikanischen Botschafter in Kiew im Januar 2014 von fünf Milliarden Dollar an die Ukraine gesprochen hat.

Ich lese, die Rede vom Bürgerkrieg im Osten der Ukraine sei Putinsche Verblendungsrhetorik, weil das ein Krieg Russlands gegen die Ukraine sei. Ich lese Apologien der USA, die in der Ostukraine für Stabilität sorgen sollen. Ich lese darüber, dass die deutschen Grünen Waffen in die Ukraine gegen Russlands Krieg im Donbass liefern möchten. Dann lese ich, dass es sich um einen ukrainischen Bürgerkrieg handelt, bei dem Separatisten seitens Russlands und bei dem Kiew seitens des Westens unterstützt werden. Ich sehe in einem Leserkommentar zugleich ein Memo daran, dass die USA ihre Militärbasen in ehemaligen Sowjetrepubliken aus politischen Interessen aufstellen, dass ihr Krieg gegen den Irak völkerrechtswidrig war, dito Kosovo, dito die Bombardierungen in Syrien, und all dies vergeblich auf Sanktionen wartet. Dass völkerrechtswidrige Kriege mit Beteiligung der NATO und ihrem mit Abstand mächtigsten Mitglied USA in den letzten 20 Jahren eine siebenstellige Opferzahl gekostet haben.

Dass ein Geheimdienstapparat, militärischer Komplex und ausgefeilte Informationskriegsführung die Demokratie in den USA und über sie hinaus aushöhlen.[7] Streich das durch, das kann man so nicht sagen, allein schon »zwangsukrainisiert« nicht, obwohl die gefühlte Unterdrückung für Millionen in diesem Land damit begonnen hat, dass Ukrainisch zur einzigen Landessprache erklärt wurde, zur Sprache der Gesetzgebung sowie der Geschichtsdeutung. Das alles kann man so nicht sagen. Ich will mich wie der freundschaftliche Prof, der selbst von der Krim stammt, nicht damit beschäftigen, aber wir beide stolpern ständig darüber, zum Beispiel beim Blick auf diesen Post über einen Gesetzesentwurf, der Verbrecher in Helden verwandelt:

> »78 Ukrainian parliament members, including such political opportunists as Yulia Tymoshenko & Zelensky's ruling party deputies, propose bill celebrating the fake anniversary of the creation of the UPA in 1942. Overwhelming evidence and studies by Western scholars, including my own, show that the UPA was involved in mass murder of Jews, Poles, Ukrainians and Russians. In fact the UPA was created by the far right OUN in Volhynia in spring 1943 on the basis of local police commanders and members who deserted their Nazi service on the OUN orders. In addition to their involvement in the Nazi genocide, the UPA also perpetrated the ethnic cleansing of the Polish minority and murders of tens of thousands of Ukrainian civilians.«[8]

Ich will nicht mehr verfolgen, wie die Sprachen politisiert werden, aber dann lese ich etwas über Sid und wünsche, ich könnte darin etwas Scherzhaftes erkennen:

> »Ein Verleger erzählt, er habe das Buch eines ukrainischen Dichters zweisprachig veröffentlicht und der Dichter könne wegen der russischen Sprache das Buch in der Ukraine nicht öffentlich präsentieren. Nur Igor Sid, der aus der Ukraine

stammt und einige Jahre in Kertsch ein Treffen der Dichter organisiert hat, bis das 2014 auf Eis gelegt wurde, will das wieder versuchen und Dichter beider Länder miteinander sprechen lassen, er nennt das scherzhaft ›Geopoetik‹.«[9]

In einem aktivistischen Anflug schlage ich der Enzianzeitung, die alles am besten, nüchternsten und sprachlich elegantesten weiß, kurz nach dem Krimtalk eine Reportage über Krimtataren vor. Denn über diese ähneln sich die Berichte am meisten, in mehreren Zeitungen: Der politische Chef der Minderheit zieht in diesen Artikeln Vergleiche zur Deportation der Krimtataren im Zweiten Weltkrieg, nachdem er samt Clan seine Macht eingebüßt hat. Der Rest der Anklageschrift reiht sich seiner Message unter. Niemand zweifelt das ukrainische Gesetz, das die Krimtataren als die einzig legitimen Krimtschanen anerkennt, in seiner Rechtmäßigkeit an.

Zwei Prozent der krimtatarischen Bevölkerung wanderten in den ersten Jahren nach 2014 von der Halbinsel ab, die Politisierung schreibt mindestens eine Null hinter die Zwei und darüber in Großbuchstaben: Exodus. Der Redakteur, pardon: Redaktor, antwortet auf meinen Vorschlag hin, er freue sich über eine Ukrainerin von der Krim als Autorin – ich soll einen Hintergrundbericht zur Lage der Krimtataren unter russischer Besetzung liefern.

Ich schreibe, was ich von den Leuten höre, die ich dort kennengelernt habe, und von denjenigen, deren Kontakte ich via Schneeballsystem zugeschickt bekomme. Mit Sichtweisen, die daraus sprechen und sich manchmal selbst widersprechen, mit Dochs und Vielleichts. Der Redaktor lehnt den Artikel ab: »Zwischen Ihrem Text und unserer Redaktion stimmt die Chemie nicht. Man merkt dem Text auch zu stark an, dass Sie eine Historikerin sind.«

Eine ehemalige Enzianredakteurin erklärt mir auf einer Silvesterfeier, es sei nicht verwunderlich, ich hätte zu wohlwollend über die Krim geschrieben, sie schöpften Verdacht auf Russlandfreundlichkeit. Das sei normal für den Laden, »sie werden selbst dann in der Logik des Kalten Kriegs denken, wenn dieser endlich aufgehört hat. Mir haben die Männer dort immer wieder etwas zensiert, nur war ich fest angestellt, viel anhaben konnten sie mir nicht.«

O., die langjährige Gastautorin, dürfe für Enzian nicht mehr schreiben, seit sie auf der Krim gewesen ist, fügt die ältere Dame mit Nachdruck hinzu. O. hat es bei einem Mittagessen mit Ausblick auf die Kirchen der Altstadt bestätigt. Ich sehe sie wieder vor mir, sie liest aus ihrem Buch mit russischem Akzent vor, laut und deutlich, wie auf Schweizerdeutsch.

Jemand fragt sie nach der Lesung: »Wie würden Sie die Halbinsel bezeichnen, als Zankapfel, Provinz, Paradies …?« Sie antwortet, sie glaube nicht, dass ein Zankapfel sich als Zankapfel fühlt. Er fühle sich als Apfel. Auch nicht als Provinz, denn die Krim sei eine Welt für sich, sich selbst ein Zentrum. Am ehesten ein Paradies, wenn es ein solches auf der Erde geben würde, landschaftlich, und da das auch zu viel der Worte sei, sei die Krim einfach sie selbst.

Ihr Buch besteht aus Essays, die ganz unaufgeregt Probleme zwischen hier und dort ansprechen. Sie gleiten über die Wellen der tiefsitzenden Antipathien, Ansichten und Absichten. Ein Buch gegen die Richtig-Falsch-Zweigleisigkeit. Darüber, dass das Reden miteinander schwierig, unmöglich geworden ist in den letzten Jahren, aber nötig bleibt. Darüber, dass es in der Rede über die Krim kaum Platz für Pluralität gibt. Darüber, dass man die Krim kaum erzählen kann, ohne eine der Perspektiven aus dem Kalten Krieg zu übernehmen, unschöner Militärstützpunkt oder terra incognita tatarica. Die Diskurse hätten sich so verengt, dass sie auf Propaganda hinauslaufen, die den Konflikt auf eine höhere Eskalationsstufe treibt.

Jemand wirft ein: »Hybride Texte wie der Ihrige sind sperrig, sie versperren sich einer klaren Einordnung. Sie sind unberechenbar, die Macht fürchtet solche Formen.«

Eine Schriftstellerin aus dem Publikum, die ehrwürdige I., stimmt ein, nur nicht in den hybriden Text: »Mein Text über Rilkes Russland für die russische Botschaft wurde zensiert, sie haben mir ›Annexion‹ durch ›Anschluss‹ ersetzt. Das ist Zensur wie zu Sowjetzeiten!« O. stellt mich nach der Lesung I. vor. Diese hält ihren Rücken so gerade wie ihre Mundwinkel, mustert mich und schweigt. Ich ebenfalls, versuchsweise, obwohl mir klar ist, dass ich mehr davon hätte, wenn ich auf ihrer Wellenlänge ein charmantes Geplänkel anstimmen würde.

Flieg hin, soll der Schwarztee doch über den Alpen im Aeroflot hin- und herschwappen. Schreib meinetwegen nichts mehr, aber schau dir ein bisschen was an.

Eine Möglichkeit des Anschauens, des langsamen Hinschauens, eröffnen fremde Bilder, Blogs und Fotolisten auf Insta und Facebook, feierliche Fotos von Juri Juganson, hübsche Landschaften von Alexej Petruchin, die andere K. in den rauen Fotos von Alexander Barbuch. Ausgewählte Bildschirmweltchen in Reihen – auf dem Papier übereinandergeschichtet, auf dem Bildschirm in vertikalen Spalten. Die Fotos im K.-Forum auf Facebook sprechen ihre eigene Sprache, niemand erwartet eine Übersetzung. In den Kommentaren und Posts finden unzensierte Diskussionen statt, ohne Anfang und Ende.

Das Hirnherz – das ossig-wessige Krimherz, eckig und unpraktisch, doch gut, – repariert beim Anschauen die Kluft zwischen Erinnerung, Möchtegernerinnerung und Blog. All die Pixel, die der Körper beim Dortsein gemieden hat oder beim Hiersein ausblendet.

Cyrils Notizblock blitzt auf, er schreibt hinein, wunderbar. Ich muss mich doch hineinbegeben, in all das, was ich irgendwo notiert habe. Kirsche für Kirsche, Jahr für Jahr. Schwarz-Weiß mit Zwiebelschalen färben.

Die K. hinter drei eisernen Vorhängen und 17 Jalousien entpuppt sich als leicht erreichbar, vier Flugstunden von Zürich entfernt. What a remote region, seufzt jemand beim Flug auf die Halbinsel, die Halbwaise. Halb durch, wild, ungeschliffen wie die Felsen in Fiolent, untherapiert und untemperiert, vom blaugrünem Glitzerwasser umspült, das »Schwarz« heißt.

Daten und Ereignisse, als Tabelle bitte

Lenin unterzeichnete am 21. 12. 1920 ein Dekret des Rats der Volkskommissare, lese ich in einem dicken Buch auf meinem Schreibtisch. Die Krim sollte Werktätige heilen, in Sanatorien, Villen und Palästen der entrechteten Bourgeoisie und Adligen. Werktätige bräunten sich in Erholungsheimen in Jalta und in Liwadija, der früheren Sommerresidenz des Zaren Nikolaj II., spazierten in Alupka, im Woronzow-Park und im Nikitski-Garten, schnupperten an Zedern, Pinien, Oleander und Magnolien, tranken Massandra- und Aluschtawein. In Gursuf sollten sie durch Parks und Gärten schlendern, das Haus der Familie Rajewski streifen, in dem Puschkin 1820 zu Gast geweilt hatte, und bald darauf im Zweiten Weltkrieg sterben. Die deutsche Besatzung der Krim dauerte zweieinhalb Jahre, vom November 1941 bis Mai 1944. Massenmord, Deportationen, Zerstörung. Das Buch führt durch die Geschichte der Sowjetunion. Von einer Fahrt an die Schwarzmeerküste rät es ab, denn

> »das Furchtbarste der letzten Jahre ist: An der abchasischen Küste in Suchumi stehen weiße Paläste in ausgebrannten Palmengärten, die Gäste sind schon lange ausgeblieben, auch die Bewohner sind aus der Ruinenstadt geflohen. Auf der Krim, im Handstreich von Putins Spezialtruppen im Frühjahr 2014 besetzt, streiten sich Warlords und ihre Banden um die Villen mit der schönsten Aussicht. Die Landschaft der Erholung ist wieder einmal zum Aufmarschgelände und zur Kriegszone geworden.«[10]

Ob der allwissende Autor dort gewesen ist? In einem kurz davor erschienenen Antireiseführer stellt er die vernichtende Ferndiagnose, das Krimparadies verwandle sich nach 2014 in die Hölle. Er bezweifelt, dass »aus dem Allunions-Sanatorium und Erholungskombinat eine Urlaubswelt [wird], die die Konkurrenz mit anderen europäischen Urlaubsgegenden aufnimmt, ohne den ihr eigenen Zauber, die einzigartige Dichte ihres kulturellen und historischen Erbes zu ruinieren«, und geht davon aus, dass »Putins Russland« der Krim und allen Krimtschanen die Chance genommen [hat], »diesen paradiesischen Ort zu einer neuen Blüte zu bringen.«[11]

Seit 2014 prägt also mal wieder Drama die Region, und das, nachdem sie bereits in den letzten Jahrhunderten von Kriegen und Katastrophen erschüttert worden ist: im Russisch-Türkischen Krieg (1768–1774), im sog. Krimkrieg (1853–1856), während der deutschen Besatzungen im Ersten und im Zweiten Weltkrieg, durch die Deportation ethnischer Minderheiten sowie infolge des desolaten Gesamtzustandes nach 1990. Die Krim ist wieder einmal ein Objekt, Landkartenzipfel und dazu noch ein Symbol für Naschputin geworden.

Ob sie besucht wird oder nicht, ob sie als Subjekt gelten darf oder nicht, sie existiert als ein Kosmos vor sich hin und pfeift, wie der gesamte Vielvölkerstaat, aufs Image im Westen, solange sie in Ruhe gelassen wird. Die Aufzählung der Völker, die auf ihr gelebt haben, schlängelt sich unübersichtlich lang, ebenso die Aufzählung der staatlichen Ordnungen, die dort geherrscht haben. Durch Jahrhunderte hindurch wechselten sie meist friedlich – bis auf die desaströsen Schlachten, die die Zaren- und die Sowjetarmee gegen die Angriffe der Engländer, Franzosen und Türken im 19. Jahrhundert und gegen die deutschen Armeen im 20. Jahrhundert führen mussten, plus die Gewalt der Roten und Weißen während des Bürgerkriegs (1917–1922) nach der Oktoberrevolution.

Die Krim befand sich seit Ende des 18. Jahrhunderts im russischen Zarenreich, zuvor im Khanat der Osmanen. Beides imperiale, sicherheitspolitische Aktionen. Das kann man so nicht sagen, da das Khanat der Krimtataren halb unabhängig von den Osmanen gewesen ist, zumal diese Behauptung die vor Jahrtausenden vorbestimmte Vormachtstellung eines krimtatarischen Staates mindert, der, würde er weiterhin bestehen, die nördliche Schwarzmeerregion inklusive der heutigen Ukraine osmanisiert hätte und sich im Gegenzug mit Vergnügen hätte ukrainisieren lassen. In diesem Staat hätte man vergleichende Kunstgeschichte studieren können, die die Khanatkunst in jener von Michelangelo wiederentdeckt, auf Ukrainotürkisch ...

Im Ernst, die K. war in den letzten Jahrhunderten russischsprachig geprägt, multikulturell und eine Imagination dazu. Noch ein umständlicher Umstand: Es hat sich etwas Krimhaftes herausgebildet, eine regionale ID, ein Lebensstil. Der galt als gesund, gut, stärkend – tanken fürs Jahr, so das Motto. Dort holten Moskau und Sibirien Wärme und Erholung, auf dem Gipfel des Kalten Krieges stationierte es dort Atom-U-Boote. Lenins Dekret segregierte Urlauber mit Putjowka (Reiseverfügung) von denen ohne. Jene mit landeten in konstruktivistischen Sanatorien, simplen Holzbungalows und Kantinen, jene ohne in Privatunterkünften wie auf dem Grundstück meiner Oma.

Sowohl die Alteingesessenen als auch die Zugezogenen und für den Sommer Angereisten sprachen Russisch zusätzlich zu vereinzelten weiteren Sprachen, die in den bedächtigen Omas und Opas schlummerten: Krimtatarisch, Griechisch, Jiddisch, Kalmückisch und wer weiß, was noch alles – zu tückisch zu ergründen, diese Wurzelblutforschung. Kurzum, die Bevölkerung gehörte, wie die Halbinsel, samt ihren Hintergründen und Sprachbeständen unweigerlich zu der Union, der sie angehörte. Papierukrainer, Passrussen, Hälfte, Viertel, ganz – die Union inkludierte ihre Kombinationen in jedem Kollektivmitglied individuell. Wir stammen von nicht mehr exakt definierbaren Transkulturfamilien ab. Sie waren Teil des Unionprojekts, ausführend, betroffen, teils-teils, Ukrainer, wie Russen. Wie blass die Bezeichnungen von heute damals gewesen sind, wie sagt man das heute? Eine nationale Identität soll nun angeblich unwichtig sein. Doch werde ich oft gefragt, ob ich Ukrainerin bin, und wenn nicht, warum.

Genauso problematisch: die sowjetische Zeit erinnern. Ein ukrainisches Gesetz verbietet es sogar. Die nolens volens unisono verlaufenen Lebensverläufe sollen nicht mehr sowjetisch heißen, sondern sollen schon immer alles andere gewesen sein, und zwar all das, was heute besonders gut klingt, und das klingt besonders eindeutig, zum Beispiel ukrainisch. – Man kann es so nicht sagen, aber die sowjetische Schicht gehört zur Vielgesichtigkeit und Vielfalt der Krim, und ob es uns oder euch passt oder nicht, die hat sie mit Moskau und Kiew gemeinsam. Stunde der Stummheit.

Ich stelle mir einen Krimtalk mit den Eltern meiner migrationshintergründigen Kolleginnen und Kollegen vor, auch jener aus dem ehemaligen Jugoslawien, zusammen mit meinen. Unsere Eltern wussten nichts von Moskauer Konzeptualisten, auch wenn diese im Westen seit Jahrzehnten berühmt und beliebt sind als *die* spätsowjetischen Undergroundkünstler.[12] Unsere Eltern waren selbst welche, ohne dass sie ihre Aktionen des Arrangierens mit dem absurden System und jene des Abschieds von ihm für die Nachwelt dokumentiert hätten, unbemerkt von Welt- und Kunstgeschichte. Sie hatten sich in ihren alltäglichen Ambivalenzen, Strategien, Distanzen zum Staatlichen und in ihrer Nähe zu dem, was es zu genießen blieb, eingerichtet.

Ich glaube, dass ihre Biografien es wert sind, von ihnen selbst erzählt und aufgenommen zu werden, statt durch Fiktionen von Autorinnen und Autoren, die für den westlichen Markt schreiben. Ich glaube an das Poetische des Dokumentarischen. Ich glaube an etwas zwischen binären Identitäten, etwas Übergreifenderes. Zurück zu unseren Schafen (zum Hauptthema, sagt man so auf Russisch). Nach dem Zweiten Weltkrieg wuchs die russischsprachige Bevölkerung auf der Halbinsel an. Ein bisschen Normalität, wenn auch große Wohnungsnot, aber relativ stabile Wirtschaft unter Breschnew. Es zogen Familien auf die K. wie die, in die ich hineingeboren wurde: Angehörige von Mitgliedern der Schwarzmeerflotte, Verteidiger gegen Angriffe vom Mittelmeer und vom Kaukasus aus, Verteidiger basaler Familienpflichten. Es ist nicht so, dass sie es gewählt hätten, was sie studieren durften und wohin sie versetzt wurden. Und die, die die Krim gewählt hatten, konnten sie etwas für die Stalinsche Vertreibung der Krimtataren, Deutschen, Schweizer, Bulgaren und anderer? Auch die Nichtdeportierten litten an seinen Maßnahmen, es gab von ihnen genug für alle in der gesamten Union. Unabhängig von ihrem Wohnort waren Sowjetbürger von Repressionen betroffen und waren zum Teil auch Teil des ausführenden Systems. Nachträglich Schuld und Verantwortung nach der Ethnie, der aktuellen Staatsangehörigkeit oder der Primärsprache auseinanderzudividieren, in Opfertataren, Opferukrainer und Täterrussen einzuteilen, das finden einige fair und einige nicht.

9 Graffiti mit einer Szene aus der Komödie *Kavkazskaja plennica* (1967), eine Episode wurde neben dieser Wand gedreht, Simferopol, Alexander Barbuch 2020.

Meine Eltern haben den größten Teil ihrer Bios weder im Krimkhanat noch in der Ukraine, sondern in der sowjetischen Krim verbracht. Sie müssen niemandem etwas beweisen, auch nicht, dass das Zugeordnetwerden zur Ukrainischen SSR 1954 kein Volkswille gewesen ist, sondern Willkür eines ukrainischstämmigen Staatschefs. Sie stehen dazu, dass die Ukraine nach 1991 keine sprießende Demokratie, sondern eine ehemalige Unionsrepublik gewesen ist, mit jenem Territorium, das ihr Führer der Sowjetunion zugewiesen hatten, die Westukraine von Polen abzweigend und eine ganze Lwów- und Kresy-Literatur in Gang bringend.

Ich lese: Die Angliederung der Krim an die sowjetische Ukraine begründete Chruschtschow mit ökonomisch-logistischen Argumenten, während er eigentlich bei ukrainischen Wählern Sympathien sammeln wollte,[13] und sammelte langfristig die größte regionalistische Tendenz in der Ukraine an. Nach 1991 spiegelte die Krim der Idee von einer homogenen Ukraine nach westukrainischem Vorbild zurück, dass dieser junge Staat aus heterogenen Regionen besteht. Anstatt den Flickenteppich mit seinen Bedürfnissen ernst zu nehmen, erklärten (west)ukrainische Intellektuelle den Donbass und die Krim zu Negativbeispielen, zum Unerwünschten der Ukraine.

Wilder Süden also. Wassilij Aksjonow entwarf in seinem Roman *Insel Krim* (*Остров Крым*), der 1981 im amerikanischen Exil erschienen ist, die Halbinsel als eine erotisch übersättigte Utopie, die westliche und vorrevolutionär-russische Lebensweisen vereint. Die Beliebtheit dieser Fantasie eines Dissidenten fiel mit der Beliebtheit der Idee von der Unabhängigkeit zusammen, die auf der Halbinsel seit den 1980er Jahren zunehmend diskutiert wurde.

Erst kommt das Essen, dann die Ideologie. Seit den 1990er Jahren erhoffte sich die K. ökonomische Stabilität, wenn sich Russland ihrer annehmen würde. Die Inflation, Korruption und Arbeitslosigkeit hatten in der Ukraine unerträgliche Ausmaße erreicht, sie überschatteten hehre Perestroika-Schlagworte und tiefe Schlaglöcher. Das, wovon viele Krimtschanen in den 1990ern geträumt hatten, – das Schlüpfen unter einen endlich ausgebreiteten Flügel des Doppeladlers, der Anschluss an die Moderne, das Ende der Misere –, gab Anlass, um sich darüber zu wundern, als sie 20 Jahre später die Aufnahme in die Föderation feierten.

De facto handelte es sich bei der Abstimmung 2014 um eine lang ersehnte Selbstbestimmung der Halbinsel, die de jure von 1991 bis 2014 von Kiew abhängig gewesen ist und sich gedemütigt bis verlassen gefühlt hatte: Putins Politik deckte sich mit alten Zugehörigkeitsgefühlen der Mehrheit. Das ist aber sehr unglücklich formuliert, und dass die Krim sich von der Ukraine losgesprochen hat, das kannst du nicht sagen, sie kann das ja nicht selbst.

Wie willst du erklären, dass die Krimkrise als ein Ausläufer des Euromajdans ausbrach, fragt der Professorfreund und rät wieder: Lass es. Dem Majdanwahn ging der Sturz des vorherigen Präsidenten Wiktor Janukowitsch samt seiner Regierung voran. Poroschenko zog als Präsident ein, änderte an der Politik wenig. Ukrainische Medien sprachen von einer Revolution der Würde, russische vom Staatstreich, der von der Europäischen Union und von den USA unterstützt wurde.

Zum Verhängnis wurde Janukowitsch neben der offensichtlichen Korruption seine Weigerung, ein Assoziierungsabkommen mit der westlichen Union zu unterzeichnen. Immer mehr Menschen protestierten auf dem Majdan in Kiew im Winter 2013/2014 gegen die Regierung Janukowitschs. Mitte Februar 2014 eskalierte die Situation mit über 100 Toten dank gezielt engagierter Scharfschützen, aber das zu sagen, rät mir mein Kollege auch ab. Ein Satz, den ich auf der Krim oft hören werde: Wir hatten Angst, dass auch bei uns ein Bürgerkrieg ausbricht.

Der kanadische Politologe Katchanovski hat das Massaker auf dem Majdan untersucht – und Beweise einer von den USA unterstützten Aufwiegelung der Bevölkerung gefunden. Er hat in mehreren Publikationen aufgezeigt, dass *snipers* eingesetzt worden sind, die auf die Protestierenden geschossen haben.[14] So wurde der Druck auf Janukowitsch erhöht, er wurde für die Toten verantwortlich gemacht. Katchanovski resümiert auf seiner Facebookseite am 19. 8. 2020:

> »There are no investigations in Ukraine in spite of testimonies concerning involvement of Maidan leaders and/or snipers in the Maidan massacre by 7 Maidan politicians and activists, 13 members of Maidan sniper groups, 400 witnesses, and the absolute majority of wounded Maidan protesters.
>
> Ukraine remains a US client state, and the US government has influence on the foreign and domestic policies in Ukraine, including lack of such investigations. Ukraine is currently in the news in the US because of the US domestic politics, in particular election, issues, such as Biden tapes and Russiagate.
>
> Like happened in many other countries, sooner or later there would be investigations of the Maidan massacre in Ukraine. Results of the Maidan massacre investigations would bring down the central myth of the modern Ukrainian politics and would shock many Ukrainians.«

Janukowitsch floh im Februar 2014. Moskau intervenierte daraufhin in der Krimregion, ohne Hoheitszeichen, wie westliche Zeitungen betonen, und ohne Blutvergießen, wie russische Stimmen betonen. Es schickte inoffizielle Söldner, Freiwillige und schweres Kriegsgerät in die Volksrepubliken Luhansk und Donezk, die die Separatisten proklamiert hatten. Westliche Söldner, Freiwillige und Kriegsgerät fanden ebenfalls ihren Weg in die Pufferzone im Osten. Die versprochenen Reformen der ukrainischen Regierung fruchteten wenig, Oligarchen behielten ihre Macht. Breite Bevölkerungsschichten verarmten und migrierten, u. a. nach Russland. Infolgedessen nahm das Ressentiment gegen alles Russige in der Ukraine immer größere Ausmaße an, wie Matthias Schwartz mit Bezug auf Kateryna Mishchenko herausstellt:

> »Umso wichtiger wurde in den Jahren 2014 bis 2018 die nationale Symbolpolitik, in der alles Russische oder Sowjetische als totalitäres Übel geächtet wurde. Die umstrittenen Gesetze zur Dekommunisierung zielten auf eine Verbannung der sowjetischen Hinterlassenschaften aus dem öffentlichen Raum, wäh-

rend gleichzeitig Filme und Fernsehprogramme aus Russland mit Sendeverboten belegt wurden. Der Flugverkehr ins und aus dem Nachbarland wurde eingestellt und die Orthodoxe Kirche der Ukraine vom Moskauer Patriarchat losgelöst. Eine weitgehende sprachliche Ukrainisierung des Staatsapparats und des Bildungssystems gehörte ebenso zu dieser Politik wie die Heroisierung der Kämpfer der ›Antiterroristischen Operation‹ im Osten des Landes.«[15]

Schweigen soll Gold sein

Gib dir einen Ruck, pack deinen Rucksack. Dort oben, da leuchtet sie, die Sonne, hier wie dort, nur dass dort der Himmel wie bei Van Gogh einen unversehens hineinzieht. Die knallige Kugel, ein Symbol der Revolution.

Erst einmal mit Cyril zu Abend essen.

C.: Das Hauptproblem ist, Wissen zu sammeln, Wissen, was ist, die Leute und die Gespräche finden, nachher die Wissensvermittlung. Wie sagst du wem was, wie übersetzen wir es zwischen Sprachen und Medien, das sind alles Entscheidungen. Wenn wir den Anspruch haben, ost- und westeuropäisches Publikum zu finden, wenn wir den Anspruch haben, etwas über die Krim auszusagen, wird es noch schwieriger, denn dann haben wir es zusätzlich mit der Bewertung des Wissens zu tun.
T.: Was wäre die ultimative Aktion, die sagen würde: »Hört auf mit dem Konflikt, hört einander zu«?
C.: Die Aktion gibt es nicht. Es gibt nur Winnetou.
T.: Der krimtatarische Winnetou …
C.: der über den Perekop reitet und über die Brück.

2019 scheinen sich die Wogen etwas beruhigt zu haben, und dann wird das Ai-Petri-Gemälde aus der Moskauer Tretjakow-Galerie geklaut. Der erste Zug aus Petersburg nach Sewastopol fährt, stürmisch begrüßt auf dem Bahnhof, den ich auf Blogfotos nach Jahrzehnten wiedersehe. Von ihm bin ich in die große westliche Welt geschickt worden, an Kiewer Goldkuppeln vorbei.

Cyril und ich versuchen uns an einer filmischen Langzeitbeobachtung. Ein Oral-History-Projekt, ein Projekt der visuellen Anthropologie, mit über 20 mehrstündigen Interviews im Verlauf von mehreren Jahren. Wenn nicht die eigenen Geschichten ständig dazwischengerieten, der Tod, die Bienen, Armbrüche, Einbrüche, Dezimalbrüche. Wir gehen Risiken ein, wissentlich und nicht. Es gibt Sachen, die bereiten Angst, weil man weiß, was passieren könnte; es gibt Sachen, die bereiten Angst, weil wir nicht abschätzen können, was alles passieren könnte. Allein der Aufbruch ist ein Tabubruch, dazu die großen Außenfaktoren …

Und die aufmunternden Kommentare zum Projekt:

»Bist du dir sicher, dass du hinfahren möchtest?«
»Es ist doch gefährlich seit der Annexion!«
»Dort herrscht seit 2014 Krieg!«
»Wer will schon ins okkupierte Territorium?«
»Diese Hysterie, dieses Krimnasch! Um Gottes willen!«
»Wirst du auch erforschen, ob die russische Nationalhymne von Putins Brusthaaren handelt?«
»Die armen Leute auf der Krim, die die Propaganda der Russen ertragen müssen.«

Nasch oder nicht nasch, das ist nicht meine Frage. Ich möchte für eine Weile dort sein, ein körperliches Bedürfnis, nach dem Forum fragen, nach den Tabus, nach den Warums. Ach, ständig diese Unanständigkeiten. Lasst mich durch, ich bin Slawistin! Haltet mich nicht länger auf, als ich es selbst getan habe.

Man werde mich, höre ich in Moskau von einem Kollegen, der einige Jahre später wegen seines Statements über Russisch als Kloakensprache viel Aufsehen erregen wird, als EU-Bürgerin ohne russische Staatsbürgerschaft auf dem Moskauer Flughafen gar nicht auf die Krim weiterfliegen lassen. Auch, dass ich eine spezielle Einladung-Genehmigung aus der Ukraine bräuchte und meine Geburtsurkunde mitnehmen sollte – mein erstes grünes Buch aus zwei Pappkartonseiten, made in USSR, mit Hammer und Sichel auf dem Hardcover, innendrin ukrainische und russische Felder, russische Schreibweise des Namens, geboren in der Republik Ukraine, die Schrift geschwungen in blauer Tinte. Ein Buch, das einige Jahre später das Schweizer Personenregister für unecht befindet. Das Simulakrum widerspricht ihrem Meldegesetz von 1937, sie stellen meinem jüngsten Sohn keine Urkunde aus, lenken nach einem halben Jahr ein und – was für ein Kompromiss – lassen meine Angaben in seinem Geburtsschein leer: Kein Geburtsort, nirgends.

Noch stecken wir im Aufbruch auf die K., im Dinge-beim-Namen-Nennen statt Wegrennen. Ich fuhr also 2015 zuerst allein hin, später gemeinsam mit Cyril. Trotz wohlgemeinter und wütender Gegenstimmen, trotz der ethischen Einreiseschranke, die Intellektuelle hier und dort verhängt haben. Viele beharrten, zu meinem Erstaunen, auch in Moskau darauf, das Gebiet sei unsicher. Mit Sicherheit sei es gefährlich, über Moskau zu fliegen, und zwar nicht so sehr, weil wir damit gegen ukrainisches Recht verstoßen, sondern weil uns auf der Krim russische Streitkräfte bedrohen könnten. Ich verriete, so der Hauptvorwurf, durch das Hinfahren freiheitliche Werte. Eine Reise innerhalb Europas außerhalb des Denkbaren. Performance Art, Part one.

Meine Eltern wollen zwar nicht mehr über die Vergangenheit sprechen, aber sie unterstützen unser Filmprojekt. Sie halten in meinem Haushaltskreml die Stellung, sodass ich mich in dieser Sache weiterbewegen kann. Ich halte sie für statistische Protagonisten unseres Films – keine Statisten, sondern die unsichtbare Grundlage für das Ergebnis der Abstimmung von 2014. Sie hätten dafür gestimmt, ihre Gründe interessieren mich.

Das packe ich in schmale Zeilen beim Chat mit Alexander Barbuch, einem Freund des Dichters Andrej Poljakow, den Cyril und ich in Poljakows Küche getroffen haben. Im Gegensatz zum berühmten Dichter erweist er sich als medienaffin (Poljakow verzichtet aufs Internet, man kann ihn nur per Festnetz erreichen). Barbuch tippt Poljakows Texte ab und schickt sie an »dicke Zeitschriften«, die der online-Lesesaal im Runet archiviert.

Kaum liest er meine Zeilen, drückt Alexander auf den Anrufknopf. Per Videotelefonat sagt er mit Nachdruck das, was er mir geschrieben hat: Ich solle mir die Krim aus dem Kopf schlagen, mich lieber anderen Themen widmen oder den Film *Kampf um Algier* von 1956 sehen, er sei brillant. Denn der Majdan, was sei das denn außer medialer Bilder und aufgepfropfter politischer Erzählungen. Niemand wisse nachträglich, was genau stimmt, weil jeder seiner Erzählung, seinen Bildern glaube. Er glaube daran, dass Scharfschützen aus dem Hotel *Ukraina* auf die Demonstrierenden geschossen haben, um einen bürgerkriegsähnlichen Zustand auszulösen. Diese Methode der Revolution wurde beim Sturm auf Bely Dom (das Weiße Haus) Anfang Oktober 1993 bereits erprobt, auf Befehl aus den USA. Das sei auch in Simferopol 2014 passiert, dort hat ein Scharfschütze einen Russen und einen Ukrainer erschossen. Alle Bäume seien kurz darauf auf der Gruschewski-Straße abgesägt worden, damit man nicht mehr erkenne, woher abgefeuert wurde. Das dürfe ich bloß nicht im Westen sagen. »Glaub mir, du wirst sonst repressiert, du wirst auf subtile Art aus der westeuropäischen und aus der liberalen russischsprachigen Welt hinausgedrängt werden.« Aber Sascha, sage ich, eine faire Recherche geht von Land und Leuten aus, hört ihnen zu, ob postkolonial, -sowjetisch, transformatorisch oder chaotisch. Stimmen von der K., auch deine, haben Bestand. Demokratien und Universitäten halten Meinungsvielfalt aus.

»Sag das nicht so direkt. Ich habe Angst um dich.« Und auch das eine Aktion: Sagen. Barbuch, der Drehbuchautor und Fotograf aus Simferopol, der dort zeitgleich mit meinem Sprachenbruder an der Philosophischen Fakultät studiert hat, hat die 2000er Jahre über in Kiew bei einem Fernsehsender als Chefredakteur gearbeitet, bis ihn die ukrainische Ideologie, wie er sagt, nach Moskau hinausgedrängt hatte. Nun, erklärt er, gebe es gar keine Möglichkeit für objektive Berichterstattung mehr, ebenso wenig für die Zusammenschau verschiedener Meinungen. Die unpassenden von ihnen wird man dir ankreiden, von beiden Seiten. – Das alles sagt er mit einer Moderatorenstimme, wie O., die Schriftstellerin, die seit ihrer Reise auf die Krim nicht mehr für die Enzian schreiben darf.

Sascha, ich muss da durch, zu den Meinungen, in sie hinein. Ich wähle diesen Weg als Erkenntnismittel, ob mit kitschiger oder faktischer Brückenmetaphorik, geschmückt mit Zürichblümchen, entzückt von der Krimkälte – verrückt!, wie er sagt. Meinetwegen. Rückversichert durch Krimtrotz. Mit Rückenwind der vielen »ja, sicher, aber psst«.

10 Landschaft nahe Simferopol, Alexander Barbuch 2019.

Ich erkläre mich zum Experimentiermedium der Positionenforschung, zur Handlangerin des subversiven Subjektiven, zur Verlängerung von Cyrils Kameraobjektiven. Was passiert, was passiert nicht, ich lasse es drauf ankommen. Muss nicht repräsentativ sein, kann aber. Muss Spannbreite sein, kann Streuungsgrad werden. Ich höre zu, zumal Barbuch nicht aufhört zu sprechen, wie viele andere, die gar nicht sprechen wollen, wie sie anfangs sagen.

»Liberale sagen tagein, tagaus: Krym – ze Ukraina, Punkt, aus, da gibt es für sie nichts zu differenzieren, weil Differenzieren mit Diskutieren verbunden sein könnte, und solch ein Diskutieren damit in Verbindung gebracht wird, dass du doch etwas anzweifelst, statt dahinterzustehen. Lässt man das weg, bleibt es ein aufregendes Thema, schön klar und polar, richtig oder falsch, hau in die Fresse, oder hau ab. Wer will schon 50 Graustufen, die es sicher gibt, wenn man genau hinsehen würde, und zwar nicht nur auf radikale Krimtataren, die die Aufmerksamkeit des Westens auf sich lenken.

Die Graustufen, die ich meine, die wären anstrengend. Unsere Zwischentöne verkaufen sich nicht. Ein Krimbild mit Schattierungen würde zeigen, dass es hier nicht brutal zugeht. Dass die Leute Jahr für Jahr im Frühling ihren Frieden feiern, den ihnen Kiew beinah geraubt hätte. Dieses tatsächliche Krimbild zu vermitteln, das kostet zu viel. Glaub mir, deine – unsere – Krimgeschichte wird totgeschwiegen werden. Niemand wird dein Buch veröffentlichen, niemand euren Film unterstützen.

Schlag dir die Geopoetik auch aus dem Kopf. Geopoetik der Krim, das treibt dir gleich den Vorwurf der falschen Interessen ein. Und selbst wenn du dich mit Bugaew-›Afrika‹ beschäftigen solltest, er ist ja auch nicht gegen die Annexion gewesen. Dann heißt es: Krimnaschistin.

Sid hat, seinem Credo treu, Gedichte über die Krim von Autoren aus der gesamten Welt zusammengetragen und den Band *Unsere Krim* genannt anstatt ›die Krim gehört uns‹. Er ist angegriffen worden, er sei zu nah an der Krimnasch-Losung, obwohl er sie um 180° ins Internationale gedreht hatte. Du kannst es in dieser Polarisierung niemandem Recht machen, verstehst du? Du wirst höchstens zwischen die Stühle fallen.

Du möchtest über diese Schattierungen schreiben, auch über das Scheitern der Kommunikation? Un-möglich, ich sage dir das als Freund. Keiner braucht solch ein Bild von der Krim, weder Russland noch der Westen. Bei uns gibt es nur Patrioten oder Liberale. Die Patrioten werden dir gar nichts erzählen, sie werden über dich sagen, du bist eine aus dem Westen, die nach Aspekten sucht, die die Krim erbärmlich aussehen lassen. Eine von austauschbar vielen Pseudojournalistinnen, werden sie sagen, die das Image der Krim mit selektiven Informationen und schlimmen Szenarien besudeln. Dann könnte es passieren, dass du kein Visum mehr für Russland kriegst.

Vielleicht wird sich jemand geschmeichelt fühlen über dein Interesse, über diese Themen ein wenig herumeiern der Höflichkeit halber, aber niemand wird dir in einem offiziellen Interview sagen, was uns wirklich beschäftigt, zum Beispiel, dass der Abriss des Puppentheaters in Simferopol eine Schande ist. Wer ist diese Kulturministerin, die dafür verantwortlich ist? Sie ist hübsch, angeblich soll sie japanische und jüdische Wurzeln haben. Sie ist wahrscheinlich die Geliebte eines Politikers im Ministerium gewesen, denn wie sollte sonst die Direktorin eines Puppentheaters plötzlich zur Kulturministerin der Krim ernannt worden sein? Lies selbst in der Facebook-Gruppe von Krimoustrojstwo nach, die Leute sind unzufrieden, dass sie nun ein Einkaufszentrum errichten lässt. Das beschäftigt uns.«

Ich klicke mich zu der von ihm erwähnten Diskussionsgruppe durch:

»Viel wurde darüber gesprochen, dass für die Herrichtung des Kinotheaters *Mir* (Frieden; Welt) viel Geld ausgegeben wurde. Das Interessanteste dabei: Einen Park gibt es dort nicht mehr, und den Weg mit den Laternen hat man erst dieses Jahr gebaut. Es wird wohl Geld gewaschen. Als vor vier Jahren die Frunsestraße erneuert wurde, hat man sie nur bis zum Gasprinski ausgewälzt, als ob das Leben dort aufhören würde. In den Innenhöfen herrscht Horror. Der letzte Mensch, der sich daran erinnert, wann in den Höfen Asphalt verlegt wurde, ist längst tot. Dafür wird jedes Jahr Puschkin ab Marx umgebaut und der *Mir*-Park.«[16]

Barbuch setzt unser Videogespräch mit ruhiger Stimme fort:

> »Darüber müsste man offen sprechen, denn die Kulturministerin lässt das jetzige Puppentheater abreißen und an seiner Stelle ein dreistöckiges Kinderparadies bauen, mit einer großen Bühne, mit Boutiquen und Restaurants. Der Staat wird denken: Oh, wir tun etwas für Kinder, und eine riesige Geldsumme für den Bau spendieren. In den Bau werden nur 40 Prozent der Geldsumme fließen, entsprechend wird das Resultat. Der Rest wird unter den Leuten aufgeteilt, die den Bau beschlossen haben. Die Kulturministerin, wenn sie ihren Posten demnächst verlässt, betätigt sich als Direktorin des Puppentheaters. Das wird ihr mit den Geschäften des Einkaufszentrums ein gutes Auskommen bescheren.
>
> Aber wenn du das schreibst, was hier läuft, zerreißen dich die Patrioten und die Liberalen, eure wie unsere. Es gibt für sie nur oben oder unten, und niemand, glaub mir, niemand ist an den Grautönen interessiert, es sei denn, es geht um Sex. Doch auch dort soll der Mann bestimmen, alles andere bleibt Ausnahme.
>
> Das Schreckliche der Situation besteht darin, dass wir ständig auf Unvereinbarkeiten stoßen. Zum Beispiel habe ich, wie Poljakow auch, den Zusammenbruch der Sowjetunion mit Freude erlebt, aber ich wusste ja nicht, dass danach die Ukrainisierung auf uns hinabstürzt – ein Überbau, gegen den uns die späte Sowjetunion liberal erschien. Die Menschen hier sind froh, dass die Wiedervereinigung stattgefunden hat. Selbst

die, die Putin nicht mögen, sind froh darüber. Die von ihm geschickten ›grünen Männchen‹ waren nicht okay völkerrechtlich, andererseits fühlten wir uns dank ihnen freier, sicherer. Besetzt fühlten wir uns auf der Krim von der Ukraine, zu Kiews Geschichtsdeutung und zur *mowa* gezwungen. Vor den Majdanleuten hatten wir Angst, wir hätten uns mit ihnen Straßenkämpfe geliefert, wenn sie zu uns gefahren wären. Wir haben uns schon vorbereitet, den Zug mit ihnen hätten wir gleich auf dem Bahnhof mit Prügelstöcken empfangen. Wie willst du das beschreiben? Wie, genauso? Und wie willst du erzählen, dass wir gleichzeitig gesehen haben, dass es Gleichaltrige gibt, die sich damit abfinden, und die nicht gegen Kiewleute gekämpft hätten?

Wir haben gesehen, dass eine Generation mit durchgewaschenem Gehirn heranwächst. Mit der lässt es sich nicht diskutieren, ob die Krim ukrainisch ist. Sie verstehen das Problem nicht. Für mich ist die Ukraine als Staat noch ein Diskussionsgegenstand, verstehst du? Ich trauere jeden Tag meinen Freunden in Kiew hinterher, das war meine beste Zeit damals, als ich dort das Filmstudio geleitet habe. Natürlich ist die Wiedervereinigung der Krim mit Russland übers Knie gebrochen worden. Allerdings ist die Ukraine als Staat für mich ein fragwürdiges und menschenunwürdiges Konstrukt geblieben, ein exkludierender Staat. Ich finde es nicht richtig, wie sie sich gegenüber der russischsprachigen Bevölkerung verhalten haben, auch wenn es dafür keine Völkerrechtsparagrafen gibt. Daher finde ich es gut, dass ich nicht mehr dort lebe, aber du kannst dir nicht vorstellen, wie sehr mir meine Freunde in Kiew fehlen. Warum ich denn, wenn sie mir fehlen, respektlos über die Ukraine spreche, fragten sie. Obwohl wir stundenlang diskutierten, fanden wir keinen gemeinsamen Nenner.

Die Ukraine-Russland-Krise ist eine soziale Krise, sie hat alte Verbindungen gekappt, Ehen auseinandergetrieben, und meine Kollegen, mein Freundeskreis, der mich damals abgefangen hat, egal, was passiert ist, selbst als meine Frau zu ihrer Familie nach Frankreich zurückgegangen ist, zusammen mit unserer Tochter, selbst wenn ich mich unter der Woche betrunken oder einen Hexenschuss hatte, sie waren meine Heimat. Heute würde die neue Generation nicht nur einen Bogen um politische Themen machen, die außerhalb des Mainstreams liegen, sie würde noch dazu sagen: ›Von dir geht negative Energie aus, belade mich nicht mit deinen Problemen.‹ Ich trauere Kiew jeden Tag hinterher, dort lebte ich noch richtige Freundschaft. Übrigens, wenn du mal Lust hast, mit jemandem zu sprechen, ruf an, ich bin für dich da.«

Erstes Mal in Osteuropa

Via Messenger knüpft Sascha Barbuch an unser erstes Gespräch im Märchenpark in Simfi an. Damals, ein Jahr nach meinem Solotrip, standen er, Poljakow und ich vor Cyrils Kamera. Cyril, zum ersten Mal in Osteuropa, und ich landeten am Vorabend, nahmen ein Taxi zum Hotel *Ukraina*, das uns vom professoralen Kollegen empfohlen worden ist (»speist im *Silbernen Zeitalter* in der Karl-Marx-Straße«), und benahmen uns möglichst unauffällig.

Taxifahrer Nr. 1: »Fahrt doch gleich nach Sewastopol, was wollt ihr in dieser langweiligen Stadt? Die Urlaubssaison war mäßig, viele Touristen fliegen lieber in die Türkei, mit deren Preisen können wir nicht konkurrieren, jetzt ist tote Hose.«
Taxifahrer Nr. 2: »Was filmt der Mann da in der Dunkelheit? Was macht ihr in Simfi? Es ist eine besondere Adresse, Hotel *Ukraina*, wo ihr hinwollt, das beste Hotel der Stadt, dort steigt man nicht zufällig ab.«

Wir schwiegen viel, bis wir viel sprechen konnten, schliefen tief, frühstückten ausgiebig neben verkaterten Gesichtern einer Hochzeitsgesellschaft und liefen zum Treffen mit Poljakow und Barbuch. Die beiden Freunde schlugen einen Spaziergang im Park vor. Auf dem Weg wies Sascha auf eine seltene Gedenktafel hin, die meisten von ihnen wurden in den 1990ern von öffentlichen Gebäuden abgerissen, ebenso das Metall der Straßenschilder. Ihr Verkauf brachte etwas Geld ein.

Er entspanne sich auf der Halbinsel, bemerkte Barbuch, die Krimvegetation spreche sein vegetatives System an. Das Gefühl breite sich mit jedem Tag mehr aus. Poljakow schwieg, witzelte, er sprach routiniert wie aufgeregt.

Wir fragten erst mal gar nichts. Die beiden kommentierten die Topografie: »Dieser Pionier mit der Mütze auf der Allee der Pionierhelden, das ist Leonid Golikow, er hat Deutsche gesprengt. Das ist Pawlik Morozow, der seinen Vater verpfiffen hat. Das dürfte das letzte Denkmal für ihn sein, überall wurden sie abgerissen, er steht nur noch in Simfi.«

Barbuch zitierte Melamid und stimmte ein Gedicht über die Ukraine an, brach aber ab – das habe er schon vergessen.

Poljakow sollte mal nach Westeuropa fahren, seine Gedichte bei uns vorlesen, schlugen wir vor. »Ich bin schon mal in Litauen gewesen, das reicht«, entgegnete dieser.

Barbuch stimmte ein, er sei überrascht gewesen, als er in Westeuropa gewesen ist, »dass die Lebensweise dort zum Teil archaisch ist – sie verläuft in jenen Bahnen, in denen sie seit Jahrhunderten verlaufen ist.« Nichts hätte ihn mehr überrascht als die Kontinuität.

Poljakow erkundigte sich nach Martina, der Tochter eines Jaspers-Schülers, der zweiten Frau von Parschikow, sie lebe in Basel, sie könnte meine und seine Nachbarin sein.

Zwischen Sascha und Andrjuscha wurde ich Tanjuscha, Sascha rückte uns näher aneinander und drückte mehrmals hintereinander auf den Auslöser seines Fotoapparates, der zu klein für den Mann dahinter wirkte. Wieder aufgerichtet, sagte er mit Sehnsucht und Nachdruck wie jemand, der seinen Traum teilt, er würde gern in Simfi arbeiten, das ganze Jahr über.

Moskau kennen wir doch, oder? Peredelkino am ehesten, antwortete ich. Es stellte sich heraus, dass Sascha meine Übersetzerin, die dort wohnt, auch kennt. Das sei gut, doch darüber hinaus empfahl er uns, mit dem Leiter der Zeitschrift *Nowy mir* zu sprechen, damit er uns etwas über Literatur erzählt, ohne Verlegenheit, im Gegensatz zu ihm und Poljakow. Plötzlich blieb er stehen und testete Cyrils Sound:

»Schaut euch um, Simfi ist eine studentisch junge Stadt, mit vielen Kindern und jungen Menschen. Hier halte ich meine Zweiminutenrede.

Ich komme aus Simferopol, geboren 1970. Ich habe hier an der Philologischen Fakultät russische Literatur studiert. 1994 habe ich verstanden, dass ich wegziehen muss, weil es auf der Krim einen Staat Ukraine gibt, und dass ich in diesem Staat nicht leben möchte. Ich bin nach Moskau umgesiedelt. Damals konnte man noch gratis studieren. Man konnte einen beliebigen Studiengang wählen, ohne Studiengebühren. Ich habe mich am Literaturinstitut für Prosa eingeschrieben. Seit dem Studium habe ich für Film und Fernsehen gearbeitet. Am liebsten schreibe ich Drehbücher.

Was ich über Simferopol sagen möchte: Das ist ein Ort, an dem alles wie eingefroren ist – so die Quintessenz dessen, worüber ich nachgedacht habe, wenn ich die Stadt all die Jahre nach 1994 besucht habe. Mit dem Vergleich zu Moskau, wo sich alles schnell ändert, habe ich bei jedem Besuch erwartet, dass meine Heimatstadt auch anders wird, dass einige Plätze verschwinden oder kaum wiederzuerkennen sind. Aber jedes Mal habe ich festgestellt, dass alles beim Alten bleibt. Darin liegt ein besonderer Reiz dieser Stadt. Seht zum Beispiel diesen Kopf, diesen Reiter, diesen Kater – neben diesen Skulpturen hat sich noch meine Mutter ablichten lassen, auch meine Oma und mein Opa. Später wurde ich hier fotografiert. Jetzt stehen wir hier mit meinem Freund Andrej Poljakow in dem Museum unserer Kindheit. Hier nebenan gibt es einen Zoo mit Gipsfiguren wie dem Pelikan. Neben ihm wurde ich als Junge fotografiert. Heute habe ich mich dort mit Andrej fotografieren lassen.

Die Zeit fließt hier anders, langsamer. Das gefällt mir sehr. Wo sonst können wir noch so leben wie früher? Aus Wohnungsfenstern und aus Autos höre ich hier Lieder, die wir Ende der 1980er und Anfang der 1990er gehört haben. Das kann man sich in Moskau oder in größeren Städten Russlands gar nicht vorstellen.

Ich bin aus Moskau 2010 nach Kiew umgezogen, man hat mir dort gut bezahlte Arbeit angeboten. In Kiew habe ich beim Fernsehen gearbeitet. Dort habe ich in jener Zeit, obwohl damals Janukowitsch an der Macht war und die Beziehungen zu Russland verhältnismäßig gut, eine massive staatliche Kampagne gegen Russland erlebt. Mehr noch, gegen alles Russische. Ich war leitender Redakteur. Meine Drehbuchautoren waren um die 30, sie kannten keine Sowjetunion. Ich fand es interessant, wie der Staat das Denken der Bevölkerung beherrscht. Ich las zum Beispiel etwas in der *Ukrainskaja prawda*. Am nächsten Tag erzählte mir mein Drehbuchautor nicht vom Inhalt dieses Artikels, sondern dessen politische Stoßrichtung. Alle meine Drehbuchautoren sprachen Russisch, sie hatten ursprünglich russische Nachnamen, aber sie alle hassten alles Russische. Sie wiederholten das, was sie gelesen hatten. Die Presse verwendete wirksame Formeln.

Ich fuhr regelmäßig nach Simfi, hier lebt mein Vater. Bis zur Orangenen Revolution 2004/2005 waren die Ressentiments noch relativ moderat. Wir waren wie Bayern und Elsass, unterschiedliche Regionen und Menschen, aber doch Menschen eines Kulturraums. Als Juschtschenko an die Macht gelangte, hatte ich das Gefühl, Simferopol sei besetzt worden. Vorher hatte ich keine Werbung auf Ukrainisch in der Stadt gesehen, auf einmal war sie nur noch auf Ukrainisch. Kinofilme liefen nur noch auf Ukrainisch. Meine geliebte Philfak wurde vernichtet, russische Literatur wurde fast vollständig abgewickelt. Die erste ukrainische Schule in Simfi wurde eröffnet, mit großer Werbekampagne als beste Schule der Welt. Ich bin zwar weiterhin in meine Heimatstadt gefahren, aber mit einem unangenehmen Gefühl.

Viele Krimtschanen, die ich in Moskau kennengelernt habe, träumen davon, dass sie in Moskau arbeiten und auf der

Krim leben. Heute zum Beispiel habe ich halbtags zuhause gearbeitet, ging danach spazieren, bin mit einem runden gelben Trolleybus aus den 1960ern gefahren, einem der legendären Škoda-Trolleybusse, und nun bin ich mit Andrej und mit euch im Märchenpark. Das wirkt wie eine Woche Urlaub. Die Atmosphäre der Stadt ist sorglos. Hier leben die Menschen in ihrem Tempo. Vielleicht so archaisch wie bei euch im Westen.«

Poljakow, etwas außer Atem, platzte ins Bild: »Während ihr aufgenommen habt, hat ein Mann angeboten, euer Video auf seinem Youtube-Kanal zu posten.«

Barbuch: »Andrjuscha, glaubst du den Irren dieser Stadt? Hey, ich hab einen Youtube-Kanal, bro.« Wir lachten. Er fotografierte uns wieder. Poljakow bestand auf einer ausgiebigen Session vor dem Gestiefelten Kater: »Das ist mein Totem. Das sind meine Tiere.«

11 Kinderpark, Simferopol, Alexander Barbuch 2016.

12 Kinderpark mit Andrej Poljakow, Cyril Venzin und Tatjana Hofmann, Simferopol, Alexander Barbuch 2016.

»Dieser Platz ist meine Kindheit. Er ist beseelt, von menschlichem Format«, ergänzte Barbuch. Beide Männer amüsierten sich über eine Statue, die ihrem Dozenten von der Philfak ähnelte – einer, wie sie sagten, unvergesslichen Figur: Er war zuerst Kommunist, dann wurde er russischer Nationalist, der Brodsky als Judenschwein beschimpft hat. Unter Juschtschenko wurde er ukrainischer Nationalist, bis er die Leitung der Taurischen Universität in Kiew übernommen hatte. Diese Universität bilde ihn allein, denn er allein bilde diese Universität. Dieser Mensch hätte die Ukraine gehasst, als er noch Parteileiter der Uni in Simfi war. In Moskau pflegte er Umgang mit *Nasch sowremennik*, in Sewastopol war er stellvertretender Bürgermeister, im Klartext habe er dort Ländereien verkauft und sich daran bereichert.

»Wo ist die Tüte mit dem Essen hin?«, fiel Poljakow ein.

Barbuch: »Der Mann mit dem Youtube-Kanal jagt Esspakete.«

Poljakow flüsterte mir zu: »Nimm du den Beutel. Frag Kirill nach seinen Eindrücken. Wie ist sein erster Tag in Osteuropa? Ist er ein Kind russischer Migranten?«

Barbuch: »Wird er jetzt etwas Schlechtes sagen? Ich meine es ganz wertfrei, kann ja sein.« Poljakow: »Frag ihn, spürt er kognitive Dissonanz? Ist das eine andere Welt für ihn?«

Cyril: »Ja, aber nicht die andere Welt, die ich mir vorgestellt habe. Ich habe mich vorbereitet, viel gelesen, aber hier sehe ich doch überraschende Sachen. Zum Beispiel bin ich noch nie in solch einem Luxushotel wie *Ukraina* gewesen. In der Schweiz bin ich ein Bergmensch. Hier bin ich ein Russe.«

Poljakow: »Im Übrigen wurde der Name eures Hotels belassen, obwohl wir jetzt in Russland leben. Man beachte: Keine Ukrainophobie. Die ukrainische Sprache ist eine der drei Landessprachen hier, im Gegensatz zur Ukraine, wo nur Ukrainisch offiziellen Status hat.« Cyril: »Die gesamte Menschheitsgeschichte findet man auf der Krim, schreibt Ascherson.« Die beiden Männer schüttelten ihre Köpfe, Neal Ascherson kannten sie nicht.

Barbuch: »Fahrt nach Bachtschissaraj, das ist das russische Jerusalem.«

Poljakow: »Fahrt nach Jewpatorija!« Sein Telefon klingelte. Während er abnahm, ergänzte Barbuch: »Beide Städte sind einen Besuch wert. Bachtschissaraj ist die Hauptstadt des Krimkhanats. Dort steht ein orthodoxes Kloster, gleichzeitig ist es ein Zentrum der Karaime. Ich würde am liebsten mit euch hinfahren, aber ich habe mich schon zum Wandern verabredet.« Poljakow: »Jetzt fahren wir zu mir nach Hause, meinem Vater geht es schlecht.«

Pol mit Kirill

Wir folgen Andrej Poljakow in den künstlerischen Kosmos seines kleinen Zimmers. Sein Kopf ragt knapp über den Bücherstapeln heraus, die vom Boden aufsteigen. Woznessenski über Lotman, Mandelstam über Achmatowa.

»Mein ganzes Schaffen dreht sich um die Krim,« sagt er und führt aus: Wie die Krim ist das Sein ein Intertext, sein schreibendes Ich ein semiotischer Körper, der Sinn symbolisch und dynamisch, in Veränderung. Poesie müsse glimmen, sie brauche Leere statt dichter Logosbrocken, sie müsse sich im Kreis drehen dürfen.

Er sei ein Krimmensch, aber kein orthodoxer Sowjetmensch, überall schwer einzuordnen. Sein Marxismus sei ein besonderer, er riesle durch Ideologien und Philosophien hindurch. Mit Nietzsche gesprochen, denke er mit dem Körper, er brauche Dialektik, sonst fühle er sich unwohl, seinem semiotischen Körper werde es zu eng. Wo befindet sich ein Mensch, sein historischer Kontext, der semiotische Raum seines Denkens – das sage vieles aus. Zuerst dachte er, man könne Antworten auf alle Fragen bei Hegel und Marx finden, dann dachte er, man finde sie bei Freud oder in der russischen Orthodoxie, später bei Nietzsche und zuletzt bei Heidegger, in der Phänomenologie.

Manchmal nimmt er meine Hände, wenn er über Semiotik spricht, und reibt sie zwischen seinen Handflächen. Daraufhin tauchen auf meinen Händen rote Flecken auf. »Doch, gib mir bitte deine Hand. Verstehst du, du und ich, wir haben Russischkeit, Jüdischkeit und Sowjetischkeit. Die jüdischen Themen finde ich schwierig, das ist nicht so unseres, zu verschüttet, das ist Schapiros Thema, aber die anderen sind offensichtlich. Du solltest dich taufen lassen.«

13 Andrej Poljakow trägt ein Gedicht vor, Cyril Venzin 2016.

Poljakow spricht schnell, man könnte meinen lebendig, wenn er nicht so bleich aussehen würde, ausgewaschen wie seine Jeansjacke. Sein Vater fühlt sich nun besser, dessen Kranksein scheint auf den Sohn übergegangen zu sein. Pol, wie ihn Sid und Barbuch auch nennen, trauert seit Jahren seiner verstorbenen großen Liebe hinterher, erklärt mir Sid, und da helfe ihm auch keine Geopoetik, die Poljakow verkörpere. Jetzt hat er eine neue Freundin, sie postet seine Gedichte auf Facebook, manchmal mit Fotos. Er sieht ernst darauf aus. Internet benutzt er weiterhin nicht. Sid hat mir seine Telefonnummer gegeben, ein paar Mal habe ich ihn angerufen.

Wir sitzen also auf dem Sofa des berühmten Lyrikers. Aus Poljakow sprudeln Ideen, Zitate und Anregungen, die über Philosophie, Kulturgeschichte, Psychologie bis hin zur Soziologie reichen. Wir könnten für ihn einen Youtube-Kanal einrichten, eine Vorlesungsserie, schlägt Cyril vor. »Können wir gern, Kirill«, willigt Pol ein, allerdings mag er nicht vorher planen, was er erzählt, er erzählt lieber aus dem Stegreif über das Gelesene. Dabei spielt für ihn chronologische Zeit keine Rolle – es ist nachts um zwei, wir sitzen noch vor laufender Kamera. Andrej möchte wissen, wie wichtig die Frankfurter Schule an »unseren« Universitäten sei, was wir von Erich Fromm läsen und was wir von Fritz Perls hielten.

Seit Anfang der 1990er Jahre ist Poljakow Mitglied der poetischen Gruppe *Poluostrow* (*Halbinsel*), der auch Sid, Maria Maximowa, Michail Laptew und Nikolaj Zwjaginzew angehören.[17] Andrejs Gedichte sind u. a. ins Deutsche und Englische übersetzt worden. Ich übersetze für Kirill ein paar Fetzen, die mir auffallen, aus Poljakows Gedicht *Unbeweglichkeit*:

»so, weiß ich, murmelt vor sich hin
ein jedes Denkmal für den Leningott
im Zentrum eines jeden Gartens
des halbgewesenen Stadtlandes
an diesem Tage, überfüllt vom Wind,
Tauben, Flieder, Frühling,
Wolken und Sonne …«

Aus einem unbenannten Gedicht:

»Ich bin der letzte sowjetische Dichter
über dem Rotbuch der Muse …
Gott schaut drauf – und schon bin ich weg,
in der Sowjetunion geblieben.«

Am nächsten Tag gehen wir für unser Gespräch in ein Café. Andrej bestellt einen Kaffee mit Cognac aus Koktebel. Der Nachmittag läuft auf mehrere Gläser Cognac mit Kaffee hinaus. Andrej freut sich, dass Cyril raucht, bittet um einen Zug. Bittet ihn, *Marxismus und die Philosophie der Sprache* zu lesen, Bachtins *Über die Philosophie der Tat* und *Zur Philosophie der Handlung*, Nikolai Berdjajew und Lew Schestow. Er versteht nicht, warum wir deren Werke nicht frei aus dem Gedächtnis zitieren und ich vom Dauerdolmetschen eine Pause brauche. Die beiden gehen auf den Balkon des Lokals und rauchen dort Cyrils selbstgedrehte Zigaretten (»Kirill, you smoke this?«).

Ich google Poljakow im Runet. Seinen Essay *Dichter in der Provinz*[18] beginnt er mit dem Hineingeworfensein in die Welt, mit dem

Geschmack der Metaphysik und der Ontologie des Kulinarischen, mit Tschechows *Schwestern*, dessen *Möwe* und *Kirschgarten*. Auch beschäftigt ihn die Geografie: Weitaus glamouröser und realistischer sei nun mal die Geopolitik. Igor Sid und seine Kollegen versuchen diese zu überwinden, schreibt Pol. Das Überwinden laufe auf einen Triumph der Poesie über die Geografie hinaus, doch bedeute dies nicht, dass wir vergessen sollten, was Geografie ist:

> »Alle Wege führen nach Rom, alle Sprachen – nach Kiew, aber alle Flugzeuge fliegen nach Simferopol. Und alle Provinzpoeten ziehen sich in die Berge der Lethe zurück. Keine Wahl.
>
> Warum bleiben wir in der Provinz, fragt Heidegger. Darum, verehrter Rhetoriklehrer, darum.
>
> Nicht zufällig bändelt derjenige, der in der Tauris auf die Welt kam und im Vorbeigehen einige Dutzend unschuldiger Gedichte geschnitzt hat, kantianisch mit dem Raum an. Nicht zufällig läuft jeder Versuch einer Autobiografie auf eine Qual der Autogeografie hinaus.
>
> Wer ist noch auf der Krim geboren? Wer wiederholt Nabokows Vorbild: Meine Heimat ist die russische Sprache? Ich. Die russische Sprache ist meine Heimat und Ort meiner metaphysischen Staatsbürgerschaft (= Utopie der Sprache). Doch dasselbe muss auch von der Krim gesagt werden. Wenn das Wort ›Patriotismus‹ irgendeinen nicht erniedrigenden Sinn für mich bergen sollte, dann ist es der utopische Patriotismus meiner Sprache und meiner Krim. Meiner belogenen, verbannten, halbverbotenen Sprache und meiner belogenen, erniedrigten und betrogenen Halbinsel …
>
> Für mich sind das Dinge, die zusammenhängen, sogar voneinander abhängen. Dort, im Flimmern von Platos Ideen, bin ich ein russischer Dichter. Hier, unter dem weich gezeichneten Schatten dieser schwarzen antiken Zypressen, auf diesen staubig-grauen Asphaltzähnen bin ich ein Krimtschane. […] Ich bin, zu einem bestimmen Maß, die Krim, und die Krim ist, zu

einem bestimmten Maß, ich. Kaum übertrieben zu sagen: Alles, was ich schreibe, schreibe ich über meine beiden Heimaten – die himmlische und die irdische – über die russische Sprache und über die Krim.

Es gibt noch etwas. Ich meine (in allen Bedeutungen) die Schichtungen polykultureller Diskurse. Sie schimmern eine durch die andere hindurch mit ihren historischen Spuren und Abdrücken, sie schimmern an der Kreuzung mehrerer zeitlicher und semiotischer Codes, ungefähr des skythisch-griechisch-römischen und russisch-imperialen, des ferienhaft-sowjetischen und arche-christlichen … jüdischen, muslimischen, heidnischen … und vieler, vieler anderer, manchmal glühend komplementärer.

All diese Cluster an Definitionen lassen sich vervielfachen – bis zu den Rändern der Welt, die die Dichtenden bewohnen. Sie lassen sich ersetzen, konkretisieren und in Anführungszeichen setzen. So eine krimige, sündige Allvermischug und Allvereinigung der Ethnien, Völker, Geschichten, Staaten, Sprachen, Kulturen, Religionen, von allem, was es hier gegeben hatte … von allem, was es hier noch (?) gibt. Wenngleich in Trümmern und Ruinen.

Auf dem Territorium der russischsprachigen Welt findet man kaum einen derart postmodernen Spielplatz wie die Krim. Was bleibt, stellt sich die Frage, mir, dem sogenannten Andrej Poljakow, hier zu tun übrig? Spielen, nach den Regeln der Krim.«

Beim Cognackaffee frage ich ihn danach, welche Rolle die Geopoetik à la Sidoyenne für ihn spielt. Als ob er auf diese Frage gewartet hätte, erklärt er:

»Das könnt ihr euch so vorstellen: Die Krim ist ein Sumpf. Sid wirft einen Backstein hinein, der Sumpf schlägt Wellen. Anfang der 1990er versammelte das Forum sehr verschiedene

Menschen, die für die russische Semiosphäre wichtig waren, darunter den legendären Rubinstein. Heute leitet er eine liberale Zeitschrift und ist langweilig geworden, damals war er mit seinen Gedichten auf Karteikarten spannend. Seine Kompositionen banaler Aussagen auf Kärtchen stellten gewohnte Bedeutungen auf den Kopf.

Das Forum öffnet die Krim gegenüber der Welt. Es öffnet die Welt für uns. Wohl nirgendwo sonst hätte man damals Lew Rubinstein neben Iwan Schdanow begegnen können. Das Forum verwandelte die Region in einen unabhängigen Raum der Polyphonie.

Sid hat nicht darüber nachgedacht, welche Narrative er anzapft, sondern daran, welche Leute er zusammenbringt. Er konnte nicht vorherbestimmen, was in diesem Begegnungsraum geschehen wird. Genau das hatte auf mich als Zuhörer einen Effekt. Das Forum fragte uns alle: Was heißt für uns Krim, was bedeutet uns die Akustik der Halbinsel? Die Leute, die hier ihre Gedichte gelesen haben, brachten die Gedichte in Resonanz mit diesem Raum.

Für das nächste Forum würde ich Menschen aus möglichst unterschiedlichen Kontexten einladen, zum Beispiel jemanden aus der Türkei, nicht nur Europäer. Das Forum müsste verschiedene Vektoren haben. Jetzt würde ich Politologen einladen, unseren Barabanow und andere. Aber ich bin kein Organisator, ich bin Dichter und lese gern vor.

Ich wähle meine Gedichte selten aus, ich nehme die, die mich gerade begleiten und mir am nächsten sind, jetzt zum Beispiel *Das Mädchen, Die Musik, Die sowjetische Krim* und *Fingerkuppen.*

Ich habe keine deklarativen Krim-Gedichte, die Halbinsel ist in meiner Arbeit sowieso allgegenwärtig. Wir sind unzertrennlich. Die Krim ist für mich die Tür zur Antike, diese Region macht für mich die Antike intim, im Sinne des Erlebnisses. Ein intim-offener Raum des Hellenismus. Ohne dieses Portal würde Russland ersticken. Sie ist ein Mythos, ein Archetyp, mit Jung gesprochen.

Wenn ich über die Krim und die russische Geschichte nachdenke, denke ich über mich selbst nach, im Dialog. Ich möchte kein monologischer Künstler sein … Wir könnten ein Buch zwischen Dostojewskis *Idiot* und Marx schreiben. Das wäre wirklich Russland, plus Benjamin. Ich vermisse Walter Benjamin auf der Krim!

Auch Max Woloschin und Koktebel sind Elemente der Offenheit der russischen Kultur, unter anderem, weil Woloschin lange in Paris gelebt hat. Diese Türen müssen offenbleiben, nach Europa und nach Asien. Wir dürfen sie nicht verschließen wie die Ukrainer, die sich eine enge Schachtel geschaffen haben. Eine unserer Türen ist Andrej Bely – einer der wichtigsten russischen Autoren, Anthroposoph, Europa zugewandt … Die Krim kann man nicht in eine russisch-nationalistische Schiene fügen. Seht, ich bin russischer Patriot, aber kein Nationalist, denn die Krim ist auch dem Westen gegenüber aufgeschlossen. Gleichzeitig haben wir hier eine große tatarische Ebene. Schaut nach, wer Izmail Gasprinski war – eine faszinierende Figur mit ungewöhnlichem Schicksal, übrigens war er Iwan Turgenjews Sekretär.

Beschäftigt euch mit den Krimtschaken. Sie hatten ihre eigene Religion, waren ein interessantes Volk, sind heute vergessen.

Eurasianismus? Ja, das alles kreuzt sich auf der Krim, sie ist energetisch stark aufgeladen, auch mit russischer Kultur, ihr entkommt man nicht … Lew Schestow lief durch die Straßen, die wir heute mit euch entlanggegangen sind. Die erste Publikation von Boris Poplawski erschien hier. General Wrangel sprach von ›linker Politik mit rechten Händen‹. Man sollte über die Wrangelkrim vom Standpunkt der Semiotik nachdenken. Wir brauchen die Krim, Russland braucht die Krim, um sich selbst zu verstehen. Die Krim brauchen wir auch, um die Konzentration russischer Nationalisten, die genauso eng wie die Ukrainer denken, nur als Russen, zu durchbrechen, weil Krim vor allem Pluralität bedeutet. Sie öffnet den Deckel zum Atmen, mit ihr atmet Russland europäischer. Nennt sie meinetwegen Gotenland, so heißt ein Teil der Westkrim noch, Hauptsache, es wird klar: nicht reaktionär, Teil der russischsprachigen Welt, aber von innen gesehen offen – gegenüber Europa, der Türkei und Asien.«

Poljakow trinkt und raucht das erste Mal nach über einem Jahr. Er spricht auf einmal Ukrainisch mit Cyril. »Tanja, schlag mir auf den Kopf, damit ich mit ihm English spreche! Und reich mir noch eine dieser handmade Zigaretten. Sag ihm, dass ich Buddhist gewesen bin. Das ist der russische Charakter in seiner Totalität, Absolutheit. Imperial, aber fragmentiert.«

Cyril: »I like your empire. I want to be a citizen.« Er notiert: Freiheit und Rebellion, Macht und Aufbegehren – immer beides in Russland vorhanden. De Custine sieht nur eines davon, die Macht.[19] Russland steckt in Widersprüchen, gerade wenn Andrej nicht klar ist, ob er sich als sowjetischer oder russischer Mensch bezeichnen würde. Als Krimmensch allemal. All das steckt in einer Matrjoschka-ID.

Unser Memolistik notiert Pols Tipps und Vorlieben:

Schest-off, Schweiz, Martina,
Hegel, Marx, Heidegger,
Althusserl, Benjamins Witz, Passagen,
Kierkegaard, Dietrich Bonhoeffer, Berdjaew.
Alle guten Philosophen fangen mit B an:
Bachtin, Benjamin, Bibichin, auch Bely und Brodsky.
Meinhard Boss, Psychologe, Therapeut aus Zürich,
Karsawin, Trubezkoj, Georgi Florowski: *Puti russkogo blagoslowia*,
Kitajskij disant, *Dialektika mifa*,
Lew Gumilew, Chlebnikow,
Danilewski, Leontjew, Spengler, Lotman.

When Nietzsche wept.
Tschaadajew: *Was tun?*

Über Simfi wird Ismet, der krimtatarische Künstler und ebenfalls Sids Freund, sagen, die Stadt sei im Schneckenhaus gewachsen. Wir sagen das über Poljakow, er lebt im Schneckenhaus, in einem offenen.

Simfi sagt mir, dass ich ein Schneckenhaus brauche. Meine Kleidung lässt den November im September durch, egal, wie viele Schichten ich anziehe, die Nase läuft, es regnet und regnet. Ähnlich im Sewahaus, dort tropft der Wasserhahn, die Toilette ein Abenteuer.

Cyril-Kirill friert und filmt, ich friere und lasse unsere Interviewpersonen auf uns einregnen, drehe manchmal durch, diskret, drehe an ein paar Schrauben. Besser später als nie. Die erste Woche verfliegt, wir fahren mit Marschrutka, Elektritschka, Bus und Taxi, mit schwarzem Rucksack und kompakter Kameraausrüstung durchs Déjà-vu.

Stille mit Sid

Ich lese, wie die Krim (gewesen) sein könnte, eine *Sozialistische Sowjetrepublik Eden*. Der polnische Journalist-Erzähler-Protagonist reiste in den 2000er Jahren nach Sewastopol, Simferopol und weiter, wähnte sich in einem Film, auf einem Drogentrip, in Indien oder in allem gleichzeitig, und er hatte das alles schon mal gesehen:

> »Ich kannte diese Wirklichkeit aus meiner verschwommenen Jugend, aus einer Zeit, da in unserem Fernseher, noch aus sozialistischer Produktion, montagmorgens sowjetische Filme liefen. In ihnen waren die glücklichen Taxifahrer zu sehen, die auf dem Klapphocker neben ihrem Moskwitsch saßen und sich die Hülsen von Sonnenblumenkernen vor die Füße spuckten. Oder die sozialistische Intelligenzija, meine Lieblingshelden aus Sowjetien – schlank, kurzärmlige Hemden in den Bund der braunen Hose gesteckt, Rentnersandalen zu beigefarbenen Socken, Hornbrille auf der Nase. Oder die Kwass-Verkäuferinnen, wie sie hinter ihren gelb gestrichenen Metallwägelchen mit Zapfhahn Kreuzworträtsel lösten.«[20]

Ich dachte beim Lesen, er schreibe das mit Sympathie. Wiedererkennungseffekt, Teilungseffekt, Teilhabe. Vertraut, wie verschroben und ineinandergeschoben die Zugehörigkeiten sich äußern – persönlich, offiziell, vom Besucher geschätzt. Die Familie der Babuschka, die der polnische Reisende in Bachtschissaraj trifft und bei der er ein Zimmer mietet, serviert ihm die Identitätsverhältnisse auf einem Silbertablett: Chochlatschka, hört er den Herrn des Hauses seine Frau rufen – eine

Ukrainerin, die ihren Mann, einen Russen, genauso »zärtlich« als *Kazap* bezeichnet.

> »Dem Sohn ging seine Identität am Arsch vorbei. Das heißt, er sagte, im Grunde wäre er schon russisch, aber nicht gleich im Sinne von russländisch, Föderation, Moskau, Kreml und so. Ukrainer wäre er auch nicht. Ganz normal halt, russisch, nichts weiter. So wie alle.«[21]

Vor dem Haus im Hof gäbe es Autoteile, Bretter, Altmetall im Überfluss, woraus man russige Rostroboter bauen könnte und – was sonst – mit ihnen über die Welt herrschen.

Ich schreibe Szczerek, dass ich seinen Roman mit all seinen Übertreibungen gern lese, wenngleich mir manche Stellen zu zitathaft scheinen. Wir chatten ein wenig, bis er in einer Mischung aus Englisch und Ukrainisch mitteilt, er fahre nach 2014 nicht mehr auf die Krim, er habe das nie wieder vor. – Warum? – Er halte sich an die NATO. – Und? – Er sei es gewöhnt, eigenständig zu denken, beendet er unser Gespräch.

Tabuisieren statt Teilhaben, das hat Tradition. Die meisten ukrainischen Autoren ignorieren die Krim seit Lesja Ukrainka, bestenfalls bashen sie sie, auf Deutsch schreibende Autorinnen und Autoren oftmals ebenfalls. Lieblos ziehen sie sie ins Exotisch-Lächerliche und hacken auf ihr so herum, dass ich mich frage, ob sie jemals in diesem Tonfall über Afrika schreiben würden, oder ob ihre *correctness* sie doch davon abhielte. Das schon vor 2014,[22] danach erst recht. Eine Ausnahme finden wir in Olga Martynowas auf sachliche Kühle bedachten Bericht, als sie ihrer »Heißneugier« gefolgt ist.[23] Hingegen wurden Esther Kinsky und Martin Chalmers auf die »kalte Krim«, kalt wie der kontinuierliche Kalte Krieg, offensichtlich von der Erwartung an eine Diskursunterkühlung verbannt – zwecks Bestätigung. Am Ende ihres deprimierenden Verrisses (was kann die »Sommerfrische für Putin-Bewunderer« schon bieten?) deklarieren sie, dass sie die Halbinsel von nun an boykottieren.[24]

Eisiges Schweigen, eiserner Vorhang.

Bei meinem ersten Besuch in Simfi 2015 geriet ich einmal in eine Situation, in der mich ein ähnliches Gefühl beschlichen hatte, nämlich dass das Sprechen sinnloser und sinnloser erscheint, je mehr man spricht. Damals verbrachte ich den Abend bei Poljakow mit Sid und Poljakows Mutter über ihrer Zapekanka (Quarkkuchen), die genauso schmeckte wie bei meiner Mutter, schlief in einem Hotel in der Nähe von Poljakow und wollte am nächsten Tag eine SIM-Karte kaufen. Für den Erwerb musste man einen russischen oder ukrainischen Pass vorweisen. Sid versuchte zu helfen, es klappte nicht. Er fragte daraufhin einen Bekannten, einen Fotografen. Der kaufte mir in einem Einkaufszentrum eine SIM auf seinen Namen.

Ein paar Straßenunterführungen weiter, gefüllt mit Strumpfhosen, Piroschki (Teigtaschen) und bunten Blumen – Vitrinen eines Landeskundemuseums –, setzten wir uns auf der weitläufigen Terrasse eines Cafés hin. Der Fotograf erzählte, dass er vor Kurzem Großvater geworden ist. Ich schaute mich um, dieser Sommertag gefiel mir sehr. Die beiden Männer kannten sich schon lange. Ich wollte sie nicht stören und wäre am liebsten durch Simfi gestreift, auf der Suche nach dem Charakter dieser Stadt. Der frischgebackene Opa hatte sowieso nicht vor, mit mir zu sprechen. Herzlich zu Sid, war er mir gegenüber kurz angebunden. Noch als ich ihn von der Moskauer Staatsbibliothek angerufen hatte, auf Sids Anraten hin und auf das Anraten eines Freundes von Sid hin (»spechen Sie mit dem Fotografen Kanischew, damit Sie solch eine Sicht kennenlernen«), sagte Kanischew am Telefon, er möchte mir kein Interview geben, »weil Sie Politik betreiben.« – Mache ich das? Ich sammle Material für eine Reportage. – »Wenn Sie auf die Krim fahren, sind sie bereits eine Aktivistin,« erwiderte er.

Im Garten des Cafés: Französische Stühlchen, nett wie im sterilen Rosengarten einer historischen westeuropäischen Altstadt, nur leer, als ob sie leer sein müssten, Kulisse für zwei Helden beim Duell. Sie sprechen nun lauter, längst übertönt der eben noch gelassene Opa den dauerdiplomatischen Sid. Hahnenkampf, Boxring. Die beiden lassen ihre Sichtweisen Schritt für Schritt aufeinanderprallen. Bald werden sie das Thema wechseln, hoffe ich, zumal der Opa nochmals betont, er möchte mir kein Interview geben, wenn ich extra dafür auf die Krim fahre. Ich zucke mit den Schultern, ich genieße die Krim auch ohne Arbeit. Das kann ich eh nicht sagen, es gibt in ihrem Streit keine Atempause. Satz um Satz rückt ihre Freundschaft in den Hintergrund, zerbröselt unwiederbringlich. Beide Männer dürften über 50 sein, sowjetisch sozialisiert, auf der Krim. Der eine verdammt die Hälfte seines Lebens, der andere nimmt sie an, höre ich heraus, und: Der Fotograf Kanischew kritisiert niedrige Löhne, hohe Immobilienpreise, die südliche Trägheit der Menschen, die aus der Zeit gefallen und gleichgültig gegenüber dem Metropolenfortschritt sind, er kritisiert auch alte Einrichtungen in Schulen und Spitälern. – Was an der ukrainischen Regierung liegt, wirft Sid ein, die die Halbinsel von Kopf bis Fuß verfallen ließ. Das dokumentieren Pflanzenwurzeln, denke ich, die seit Jahrzehnten durchkriechen, die Böden und Fassaden entlang.

14 Einsamer Schwan, Simferopol, Alexander Barbuch 2017.

Kanischew sagt, es hätte vor der Angliederung Angriffe auf Journalisten gegeben, die als Verräter gegolten haben. Die Nationalisierung der Banken auf der Krim sei ein Raub. Russland hätte die Banken der Ukraine geklaut. Das russische Fernsehen sei verlogen, die *New York Times* und der *Guardian* seien die einzigen verlässlichen Medien. Die Krim sei Russland fremd. Putin ein Teufel, Russland unfair. Man habe sich an Verträge zu halten. Ein Vertrag sei das Fundament, die unterste Etage. Alle anderen Fragen, inklusive der Lokalidentität der Krimtschanen, die neunte oder zehnte Etage. Er spreche als postkoloniales Subjekt. Er fühle sich als Ukrainer, er fühle sich von der Sowjetunion wie von Russland gedemütigt und von Kiew befreit.

Sid sagt, er sei genauso ein Ukrainer wie er, nämlich nachsowjetischer Russe mit gemischtem Background. Erhitzung, Abkühlung, ein Kellner geistert umher, Sid fährt fort: Die deutliche Mehrheit, selbst wenn man die Abstimmung noch einmal mit internationalen Wahlbeobachtern durchführen würde, was man gleich hätte tun sollen, dann hätte es weniger Zweifel am Ergebnis gegeben, hat abgestimmt, dass sie nicht in der Ukraine leben möchte.

»Aber wenn nicht die Krim wäre, hätte es keinen Krieg im Donbass gegeben, die Krim ist schuld«, ruft der Fotograf. »Die einzige Hoffnung sehe ich darin, dass Russland zerfällt. Es soll ein für alle Mal zerfallen!«

»Wenn die Krim nicht angegliedert worden wäre«, ergreift Sid das Wort, »wäre auf ihr ein Krieg ausgebrochen. Und gäbe es einen Krieg im Donbass, wenn das ukrainische Militär und das Azow-Bataillon Donezk nicht zerbombt hätten? Sie lassen seit 2014 die Waffen nicht aus den Händen, sie schießen aus dem Hinterhalt auf die Zivilbevölkerung.«

»Du wiederholst doch *Russia Today*! Sag bloß noch, die EU hätte mit ihrer Osterweiterung die imperiale Politik der NATO und der USA vor Russlands Grenzen geführt«, raunt Kanischew.

Beide ziehen Vergleiche zu anderen Regionen, Staaten, Situationen und zu ihrer eigenen Vergangenheit. Die Sonne brennt stärker. Sie reden wieder über Fundamente und Stockwerke. Der Fotograf führt eine andere Metapher ein, an der sie hängenbleiben: Die Leute in Russland und auf der Halbinsel seien Kinder. Sie würden keine Verantwortung für ihr Handeln tragen, nicht einmal Hausratsversicherungen abschließen, sondern darauf warten, dass Vater Staat es schon richte. Die Ukraine sei die Mutter der Krim (Sid: Stiefmutter, Kanischew: Mutter!), und die nehme man mit ihren Fehlern an, die liebe man bedingungslos, selbst wenn man es nicht leiden könne, wie sie sich schminkt, und selbst wenn sie herumhurt, ja, selbst wenn sie sich dem Westen verkauft. Sid lotst das Gespräch vom Ödipus zur Ratio, er bittet um Vernunft; ihm fehle das Verständnis, sagt er. Der Fotograf schreit: »Was verstehst du da nicht, du Putinapologet? Bist du nicht bei Verstand?«

Kanischew hat Sids Aktivitäten Jahr für Jahr fotografisch begleitet. Jetzt stellt er sich gegen das Forum, an welchem er selbst regelmäßig teilgenommen hat. Weil man auf die Krim nicht fährt, nur von ihr. Er wird Sid aus seinen Kontakten löschen, nach Kiew ziehen, ukrainischer werden. Die Ukrainisierung samt antirussischen Ressentiments engten Sid ein, Kanischew nicht. »Es kann sein, dass man nicht einverstanden ist, die Ukraine so, wie sie jetzt ist, mit der korrupten Regierung und der Würdigung von schlimmsten Kollaborateuren aus dem Zweiten Weltkrieg, als Bollwerk der ›europäischen Werte‹, wie es oft dargestellt wird, zu sehen.«[25]

Krim, das Museum für die Message: Die Bildung einer Nation bleibt Zündstoff. Darauf referiert der Ausgang des Referendums von 2014 und darauf, dass die Mehrheit die Idee einer ukrainischen Krim künstlicher fand als die Idee einer unabhängigen Krim oder einer Krim im russischen Staat. Letzterer erscheint von der Krim aus weit genug, um seine autokratischen Mängel in den Hintergrund zu schieben. Unabhängig wähnt sie sich schon, eine kleine Einheit in all ihrer Buntheit. Darauf bilden sich die Krimtschanen etwas ein. Sie, also wir, bilden uns auch etwas auf *unsere* Krim ein – auf eine, in der man gern aufwächst und die in eine(n) hineinwächst. Unabhängig davon, wohin wir später ziehen. Ich bin genauso Krimtschanka wie eine Uzbekin, deren Vorfahrentataren deportiert wurden, sofern sie sich der Halbinsel verbunden fühlt. Diese Art von *nasch* unterscheidet sich von jenem, das jemand in Bezug auf unsere Krim aus Moskau behauptet. Unser *nasch* ist inniger. Ob sinniger, überlasse ich anderen zu beurteilen.

Drehgenehmigung

Falls uns die Polizei anhält, benötigen wir eine Genehmigung. Was genau dreht ihr, höre ich und höre mich antworten: einen Dokumentarfilm, Arbeitstitel *Wege der Krim. Am Kreuzungspunkt der Kulturen.* Anschreiben, Stille, Hin- und Herschreiben mit dem Professorfreund, Hingelotstwerden zu seinem Vater, Politiker in Simfi.

Der Krimkollege insistierte, dass wir seinen Vater, I. senior, treffen. Haben wir erledigt, Patronatpakt vor dem Parlament auf einer Bank abgeschlossen, unweit des Denkmals für die »höflichen Männchen«. Wir rufen uns gegenseitig an, falls etwas ist, so sind wir verblieben. Und dass wir uns am nächsten Tag mit ihm und der Ministerin treffen, uns vorstellen, damit sie unser Vorhaben genehmigt.

Am nächsten Tag warten wir auf I. seniors Anruf, vergeblich. Gelbe Blätter, grauer Himmel. Am Nachmittag klappt es dann doch. Eine attraktive Frau, die Kulturministerin. Wir trinken einen Kaffee in ihrem Büro, ihr weißes Kostüm steht ihr gut. Resolut gibt sie uns Empfehlungen, wo wir filmen sollen, Sehenswürdigkeiten wie das Schwalbennest in Jalta. Schwungvoll notiert sie ihre Telefonnummer auf ein Blatt Papier, ihren Vor- und Vatersnamen. Den Zettel lege ich ins Portemonnaie.

Zwischenfall im Kulturministerium: Einer dieser Momente, wo du von Personen abhängig bist, die ihre Macht auskosten. Cyril blieb unten auf dem großen Platz in der Sonne, allein. Was, wenn ihn jemand anspricht – er würde nichts verstehen, weiterfilmen, die Polizei wäre schnell zur Stelle, wir stünden wieder unter Verdacht. Ich müsste schon bei ihm sein, dann würde ich den magischen Schlüssel anwenden, die Nummer der Kulturministerin wählen. Sie hat auch mal selbst angerufen, nannte mich Taaanetschka und wollte wissen, ob alles in Ordnung sei.

Die flachen Treppen im Ministeriumsbau hochzurennen, das fühlte sich noch gut an, all diese Bauten massieren meine Füße gleich. Kaum auf dem großen Korridor angelangt, begann aber die Hysterie. Ich wurde hin und her geschickt und vergaß in der Hektik, dass ich den Zettel mit der magischen Nummer bei mir trug. Die Beamten, denen ich letztlich zugeordnet wurde, zwei Frauen und ein krimtatarischer Mann, musterten mich feindselig. Eine Frau dünn, die andere füllig, sie aß gerade Torte. Die Magere echauffierte sich: »Erzählen Sie, was Sie wollen, aber ich sage Ihnen gleich: Sie sehen wie eine Bibliothekarin aus und nicht wie eine Filmregisseurin. Ich kaufe Ihnen das mit dem Film nicht ab. Was wollen Sie auf der Krim? Wer braucht Ihren Film? Sagen Sie mir die Wahrheit. Sagen Sie erst einmal, was Sie für eine Ausbildung haben.« Ich fing an, sie unterbrach mich: »Ha, Sie haben nicht einmal die Schule bei uns abgeschlossen. Uns können Sie nicht an der Nase herumführen. Sie werden auf die Nase fallen! Sie spionieren hier!« Sie googelte oder yandexte mich, murmelte etwas zum Mann, auch die Tortenesserin beugte sich zu ihr und meinte daraufhin zu mir: »Uns ist klar, dass nicht die Universität Zürich sie hierherschickt. Die würden sich eher in die Hosen machen, als das ›okkupierte Territorium‹ zu betreten. Mal schauen, ob wir Sie verraten werden. Interessant, was für Sanktionen drohen Ihnen seitens der Universitätsleitung, wenn die zufällig erfahren sollte, dass Sie hier sind?«

Der Mann ergriff das Wort: »Euer Film hat wahrscheinlich wieder einmal krimtatarische Aktivisten im Visier. Was werden Sie über diese erzählen? Herauspicken und Übertreiben, das ist doch Ihr Beruf! Ist das überhaupt Ihr Beruf oder ihr Hobby? Andere lösen Kreuzworträtsel, aber Sie müssen unbedingt hierher fahren!«

Ich stand. Wartete. Es kam nicht darauf an, dass ich etwas sagte. Die dünne Frau legte wieder los:

»Wer schickt Sie zu uns? Wollen Sie Geld mit dem Film verdienen? Ich versichere Ihnen, es sind schon alle erdenklichen schlechten Filme über uns gedreht worden. Seit Frühjahr 2014 fliegen ständig Kamerateams zu uns. Sie meiden Positives, ihr einziges Ziel: uns alle von Kopf bis Fuß mit Scheiße beschmieren. Stellen Sie sich vor, wir gehören gern zu Russland, wir haben jetzt endlich Zivilisation auf der Krim. Es geht uns am Arsch vorbei, was eure Medien über uns zeigen. Wir haben es einfach satt, dass Leute herkommen, die keine Ahnung haben und nur Scheiße sammeln. Wir haben eure westliche Propaganda satt! Woher sollen wir wissen, dass ihr nicht schon wieder Gülle über uns schüttet?«

Diese Situation sei das einzig Negative, was ich auf der Krim erlebt hatte, sagte ich. Die dicke Frau blickte von ihrem Teller auf: »Kein Grund zur Aufregung, wir haben Sie nur geerdet.«

Ich stand weiterhin wie angewurzelt in dem Büro der drei Beamten und wusste nicht, was tun, um den Wisch zu kriegen, den wir für den Dreh brauchten. Einige Leute traten ein, gingen hinaus. Mir fiel ein, dass ich Schokolade dabeihatte. Ich holte sie aus meiner Tasche hervor. Die drei nahmen sie schweigend entgegen. Die Füllige fragte mich, welche Orte und welches Datum sie eintragen soll. Ich rückte näher an ihren Computer heran, diktierte ihr die Angaben. Der Mann, der mich lieber Kreuzworträtsel lösen gesehen hätte, kritzelte etwas auf ein Blatt Papier und reichte es mir. Er vertrat die Kulturministerin, stand neben seiner Unterschrift.

Ich trat erleichtert und doch bedrückt von der Leichtigkeit, mit der die Anschuldigungen uns entgegengeflogen sind, hinaus, versuchte es Cyril kurz zu erzählen und ventilierte am Abend ausführlicher gegenüber I. junior. »So eine Unverschämtheit!« Er entgegnete, das seien noch sowjetische Zustände. Er müsse seinem Vater davon berichten. Am nächsten Tag versammelte sein Vater seine Mitarbeiter im Ministerium in Reih und Glied und schimpfte sie aus. Sie sagten, ich sei verrückt, dass ich mich über ihre Kooperationsbereitschaft auch noch beschwert hätte. Ich hätte es doch unheimlich gut mit ihnen gehabt, wir hätten Schokolade gegessen.

Diskriminieren

So gut habe ich es auch, wenn ich so manchen Text lese, der die Krim erklärt. Schluss mit nett, Schluss mit Schokolade. Die wanzenhafte, lasterhafte Region, sie gleicht einem Käfer, der auf dem Rücken liegt. Werft Schuhe nach ihr! Und sie verwandelt sich doch.

Ein Buch, das nach ihr geworfen wurde, von der empörten Höhe der ersten Verurteilungswelle nach 2014, verheißt eine *Diagnose: Krim. Kunst und Gewandtheit der Politik. Zu Besuch bei russischen Künstlern im Ausland.*[26] Der Autor, ein Nicht-Mehr-Russe, Mathematiker alias Medienwissenschaftler kalkuliert seine Karriere durch. Der Friedrich-A.-Kittler-Fan verkündet der Leserschaft, wovon er denkt, dass sie das am meisten hören möchte. Streichen. Er verallgemeinert persönliche und ästhetische Standpunkte der Künstler vorneweg unisono als Ablehnung der Annexion, hängt sich aber doch an einer Ausnahme auf – an einem Künstler, der Verständnis für die Entscheidung der Krimtschanen zeigte.

Lass es sein, lass los, sieh das ganz locker. Sollen die Spannungen dort bleiben, woher sie stammen. Sollen die Sirenen der Bashing-Serien sich unendlich fortsetzen, dich tangieren sie nicht. Beschäftige dich wenn, dann später damit. Ignoriere die Anmaßung. Ignoriere, dass der neudeutsche Medienprofessor unter dem Label der Kunstkritik die Diagnose einer Krim-Krankheit stellt. Ignoriere, dass er von einem Virus spricht. Ansteckend sei dieser, weil Russen, besonders die Krimtschanen, nach 2014 nicht mehr selbständig denken würden. Sie lassen sich von Massenmedien, die der Präsident kontrolliert, einen Bären aufbinden, schreibt er. Sie gleichen selbst Bären, erklärt er uns, »angesichts der Tatsache, dass das russische Volk sich gerne mit dem Bild des Bären identifiziert«.[27] Frag den Autor nicht, warum er für das russische Volk spricht, wenn er gleichzeitig so tut, als ob er ein mit bayrischem Bier aufgewachsener Bildungsbürger wäre. Sein anbiederndes Othering, seine Orientalisierung, ja Ursierung Russlands verstören dich, aber das kannst du so nicht sagen, ebenso wenig, dass es ihm um seine eigene Einverleibung des Themas aus einer medial wirksamen Sprecherposition geht.

»Und dieser Bär war trickreich«, lese ich darin über ›den Russen‹, der kommen musste, weil er ein Russe war. »Er zog sich – die Auftritte von Pussy Riot haben ihre Spuren hinterlassen – eine Mütze über den Kopf, redete mit zarter Stimme, und als er sich dem Ziel genähert hatte, trat er in die Waagschale. [...] Die Krim war ›ausgebrochen‹«.[28]

Krimkritik also als Impact Factor, als Metapher für die richtige Meinungsseite, die mehr polarisiert als differenziert, mehr über die Köpfe der Russen, der Künstler, der Bilder hinweg spricht als mit ihnen. Die eigentlich nur noch mit sich selbst spricht, auch wenn der Autor schreibt, er habe mit russischen Künstlern im Ausland gesprochen. Ihm habe es die Sprache verschlagen, als einer der berühmtesten Konzeptualisten, Pawel Pepperstein, Verständnis für den Anschluss gezeigt hatte, genauer gesagt die unzulässige »Aussage des seit 13 Jahren auf der Krim lebenden Künstlers [...], der Großteil der Bevölkerung auf der Krim hätte sich die Rückkehr zu Russland schon immer gewünscht und der russische Präsident Wladimir Putin hätte mit der Annexion ein Blutvergießen sowie damit verbundene Schandtaten an der Natur der Insel verhindert.«[29]

Doch im Grunde verschlägt der Autor seinen Interviewten die Sprache, auch diesem Konzeptualisten: »Um seine von russischen Online-Medien instrumentalisierte Aussage zu relativieren, ließ Pepperstein sein Bild *Crimea it's not a Crime* im Netz veröffentlichen.«[30]

Der Professor stellt Peppersteins Plädoyer an den Pranger, als hätte der Künstler ein Gnadengesuch gegenüber dem Westen gestellt. Dabei geht es dem Konzeptualisten um eine *krim*freundliche Position und Naturschutz. Die Homepage, die Velminski als Quelle für Peppersteins Russlandfreundlichkeit angibt, führt zu einer chinesischen Seite mit Frauen und Banknoten.

Ich stelle fest, dass Pepperstein mit seinem Werk *Crimea it's not a Crime* sich nicht für seine Position entschuldigt, sondern etwas bekräftigt, was er in einem Interview direkt nach dem Referendum 2014 gesagt hat. Darin plädiert er dafür, dass die Krim als Sanatorium weiterentwickelt und entmilitarisiert wird. In diesem Interview sagt Pepperstein zudem, er habe mit vielen Krimtschanen aus verschiedenen sozialen Schichten über die Angliederung der Krim gesprochen – sie hätten durchweg von einer Rückkehr zu Russland geträumt und die Fahnen aus eigenem Antrieb hochgehalten, so aufrichtig, wie man es auf dem Festlandrussland gar nicht mehr kenne:

> »Ich denke, es tut den Bürgern Russlands gut, wenn sie Menschen sehen, die aus ihrer Seele heraus russländische Flaggen schwenken. Die Krise des Patriotismus, die auf dem Territorium der Russländischen Föderation stattgefunden hat, hat die Krimbewohner nicht berührt. Das Paradoxon wurzelt im folgenden Umstand: Dadurch, dass die Krim der Ukraine angehört hatte, haben die Krimtschanen eine frischere Vorstellung von Russland als ihrer Heimat bewahrt. Auf dem Territorium der Russländischen Föderation ist aber der Patriotismus in eine Krise geraten. Durch die Unterstützung der Regierung hat er sich in etwas Bezahltes verwandelt, sodass niemand hier etwas Aufrichtiges erwartet.«[31]

Pepperstein sagt auch, dass die Krimbewohner bei all ihrem Patriotismus die Ukraine und die ukrainische Sprache lieben. Den Konflikt hätten sie nicht als eine Aggression der Ukraine wahrgenommen, sondern als eine Aggression des Westens, der die Ukraine instrumentalisiert, vor allem der USA. Das sieht der Konzeptkünstler ähnlich.

Der Künstler bedauert, dass seine ironischen Bilder nun politisch interpretiert werden, und dass das ökologische Bewusstsein der Lokalbevölkerung nun einem ökonomischen weicht. Dieses greife viel mehr in die Natur ein als die sowjetische Erholungsindustrie es getan hätte. Daher träume er von einer Revolution, die dazu führen würde, dass die Krimtschanen sich ums eigene Wohlbefinden kümmern und um die Halbinsel, das Natur- und Kulturjuwel.[32]

Velminskis Diagnosebuch unterschlägt die humanistische Grundhaltung Peppersteins. Es reiht den Konzeptualisten stattdessen in einen staatskonformen Neo-Sozrealismus ein, den dieses Buch damit gleich miterfindet.

Nach der Annexion existiert keine Sprache, die der Krim gerecht werden würde, kein Sound. Schweigen wir uns doch an wie »Afrika« alias Bugaew und seine Liebe in der Bergbahn über Jalta im Film *ASSA* (1987), während Boris Grebenschikow das Lied *Gorod zolotoj*, (*Die goldene Stadt*) singt.

What's next? Der Krim-Text.

Krim.exe

Der Krim-Text, die Menge der symbolträchtigen Werke über die Halbinsel, genauer: ihre semantische Schnittmenge, läuft wie ein Programm, executable file, ausführbar und cute, im Hintergrund ab. Es steuert die Wahrnehmung, könnte man meinen. Doch die Literatur über die Krim gehört der Vergangenheit und beliebiger Neuinterpretation an. Wer hat schon die Zeit, die dicken Schinken oder die vielen Gedichte zu lesen? Daher steuern am stärksten allwissende Enziantexte und Diagnosetitel das, was wir über die K. denken. Sie sind erfolgreich, diese kollektiven Presseaktionen, die die Halbinsel aus Europas Selbstverständnis hinauspressen.

Auf der K. herrscht Polyphonie, Ambivalenz bis zur Amorphie, auf ihr herrscht ein Paradies der Badenixen und Paratexte, ein Urwald der Ursprungsgeschichten. Aber in Bezug auf sie herrscht nun dicke Eindeutigkeit.

Das Mordor-Buch liegt unausgelesen auf dem Schreibtisch, auch darin ein Beispiel für ein Krimtextchen. Der trinkfreudige polnische Journalist hält sich noch im Kapitel *Sozialistische Sowjetrepublik Eden* auf. Seine Textabschnittsbegleiterin Heike verschwindet in Alupka. Seine Orientalismen verschwinden nicht. Die Krim ersetze dem Macho gleichermaßen ›Sowjetisch-Italien‹ und ›Sowjetisch-Nahost‹, das arme Aluschta hatte »Mediterranien sämtliche Verzierungen bis aufs Skelett abgebürstet, bis auf den nackten Plan« und nach einem abermalig gierigen Blick auf junge Mädchen endet sein Eden richtig traurig: Der Protagonist sieht an der Küste die alte Genueser Festung – auf einem Felsen, der einer weiblichen Brust ähnle, bei dessen Anblick er zum ersten Mal auf der Krim etwas Schönes erkenne.[33]

Ich widme mich dann mal Puschkin. Der durfte die Krim unverblümt blühend finden, sich mit ihren Weinreben, Pappeln und Birken anfreunden, ach:

»In Gursuf lebte ich als Faulenzer, badete im Meer und aß mich an Trauben satt. Ich hatte mich sofort an die Natur des Südens gewöhnt und genoß sie mit der ganzen Gleichgültigkeit und Unbekümmertheit eines neapolitanischen Lazzarone. Ich hatte es gern, wenn ich nachts aufwachte, das Rauschen des Meeres zu vernehmen, und konnte ihm stundenlang lauschen. Zwei Schritte vom Haus wuchs eine junge Zypresse; jeden Morgen besuchte ich sie und war ihr mit einem Gefühl verbunden, das einer Freundschaft nahekam. Das ist alles, was mir von meinem Aufenthalt in Gursuf im Gedächtnis geblieben ist.

Ich umfuhr die südliche Küste [...]. Wir stiegen damals zu Fuß die Felsentreppe hinauf und hielten uns am Schweif unserer Tatarenpferdchen fest. Das kam mir sehr komisch und wie irgendein orientalischer Ritus vor. Wir überquerten die Berge, und der erste Gegenstand, der mich beeindruckte, war eine Birke, eine nördliche Birke! Mein Herz krampfte sich zusammen: Ich begann bereits Sehnsucht nach dem geliebten Süden zu empfinden, obwohl ich doch immer noch auf der Krim war, immer noch Pappeln und Weinreben sehen konnte. Das Georgskloster und die steile Treppe zum Meer hinterließen mir einen starken Eindruck. Ebendort sah ich auch die Ruinen des Artemistempels. Offenbar habe ich mit mythologischen Überlieferungen mehr Glück als mit historischen Erinnerungen, jedenfalls besuchten mich wieder Reime. Ich dachte in Versen.«[34]

Des Dichters Birkenbäume reimen sich auf Träume, auf dass man nichts versäume ... Im Gegensatz zu ihm muss ich nicht mehr poetisch sein, ich muss nach Puschkin und *puschki* (Kanonen) auf dieser Erde, in diesen Sprachen, nichts mehr zwingend zum Klingen bringen, denn egal, wo ich anknüpfe, ich kämpfe mit meinen eigenen gegen fremde Heimaten. Postpoetisch streichle ich lieber absurde Kalauer, den knurrenden Nonsens gegens Fell.

Die Schön- und Schwarzfärberei der Krim, ihre Poesie und ihre Ironie, sie übermalen die Wandbilder der Potemkinschen Dörfer, jene Fassaden auf Anordnung des Fürsten, die vor allem seiner geliebten Katharina glaubhaft vorgaukelten, auf der Halbinsel sei alles bereits in der von ihr erwünschten Ordnung, und selbst das müsse man erforschen, inwiefern das tatsächlich stimmen mag. Auf die Wahrheit kommt es nicht an, wenn Städte und Häfen ihre Promenaden, Außensitzplätze und Umsätze aus den Ortsgeschichten für ihre Besucherinnen basteln. Falls Sie diesbezüglich Pretenzii haben, richten Sie diese an die Ombudsfrau Baba Klawa – im Fall der Fälle ist sie es gewesen, und wenn nicht, dann Puschkin, der begeisterte Faulenzer-Influencer vor 200 Jahren. Auf der Krim liege die Wiege seines Onegins, sinnierte er am Lebensende, während er angesichts der Birke den Süden bereits zu verlieren glaubte. Puschkins polnisches Pendant Adam Mickiewicz sehnte sich auf der Krim nach den trüben Sümpfen seines geliebten Litauens, er vermisste ausgerechnet im Süden seinen schaurig-modrigen Norden.

Ich vermisste es, die Krim zu verstehen, wenigstens halbwegs, diese Halbinsel, wie sie ist, wie sie in den Augen ihrer Bewohnerinnen sein kann. Ich unternahm einen ersten Schritt nach vorn, der einen entscheidenden Schritt zurück bedeutete, denn die eigene Biografie plus die eingefrorene Vergangenheit auf der Halbinsel lassen dich halb in der Sowjetunion wähnen, sind halb Reiz und halb Fluch.

Das Vorwärtspreschen bedeutete, dass etwas in mir einer Verschiebung folgte, sich ihr aussetzte, dauere sie so unökonomisch lang wie ein Roman, der in ein paar Worten erzählt oder weitere sieben Jahre verschwiegen werden könnte. Nahm mich die Verschiebungverdichtung in Anspruch, dichtete sie etwas ab, was lose geworden war, schob sie etwas hinaus, was mich verschlungen haben könnte, dichtete sie mir etwas an? Ich flog hin unabhängig vom Outcome, wie das so ist beim Comingout. Das hieß, dass ich nicht nur in feiner bis feiger Abgeschirmtheit einer Bibliothek über die Krim lese, sondern die Krim lesen sollte, auf ihr, in ihr. So lange, wie die Auseinandersetzung damit laufen (stehen, kriechen, keuchen) möge.

15 Herbstlandschaft mit Wäsche, Bachtschissaraj, Alexander Barbuch 2018.

Doch ohne Krim-Text läuft eben nichts. Ich setze mich hin, damit sich der Krim-Text in mir absetzt. Wenn ich lese, fahre ich auf andere Weise hin, auf eine nach-, aber unbedenkliche. Warum nicht, die Region verdankt ihre Bekanntheit der Literatur-, Film- und Kunstgeschichte genauso wie der Militärgeschichte. Sie nimmt in der Literatur und Malerei ein prominentes Plätzchen ein – mit Sonne, Zedern und Zauber. Die Landschaftsbilder von Iwan Ajwasowski wühlen ihre Betrachterinnen mit farbigem Meer auf, ohne Worte.

Wie fabelhaft muss Goethes Italienreise gewesen sein, bei der er eine Prosafassung von 1779 in ein Versdrama umwandelte, um das griechische Original von Euripides' *Iphigenie bei den Taurern* (412 v. Chr.) in neuem Licht erstrahlen zu lassen! Agamemnon, Orest, Elektra, Klytämnestra, Ägisth, Diana und Pylades durchleben darin Mord, Groll und Rache. Wo Sonne scheint, schiebt sich Schatten hinein. Goethes *Iphigenie auf Tauris* (1786) schildert die erdenklichsten Gruseligkeiten, obwohl die Krim eine Fluchtoption aus dem Drama eröffnet.

Der Fundus an literarischen Texten, der die Halbinsel als Schauplatz streift oder ihre Bedeutungsschichten antippt, erweist sich als ein Streifzug durch die Geschichte der Region. In Korssum und im Bosporanischen Reich lebten Autoren und Dichter, die Theaterstücke verfassten, Helden und Schlachten in Epen besangen. Vielleicht dichteten Frauen mit, doch bis auf den Namen Homers sind keine überliefert. In der russischen Literatur findet die Krim erstmals im 12. Jahrhundert Erwähnung, in der Nestorchronik, der ältesten erhaltenen ostslawischen Chronik. Auch der Verfasser des altrussischen *Igorliedes* aus dem 12. Jahrhundert kannte die Krim.

Zum Schatten gehört die Militär- wie die Medizingeschichte: 1347 belagerten Mongolen das damals genuesische Caffa (heute Feodossija). Sie katapultierten Pestleichen in die Stadt, so dass die Belagerten sich ansteckten. Dieser Einsatz biologischer Waffen öffnete das Einfallstor für die Pest, die sich von Feodossija ausgehend in Europa verbreitete. Anfang des 13. Jahrhunderts haben italienische Händler aus Genua die Kontrolle über die Südküste der Krim übernommen, für über 200 Jahre, bis sie von den Krimtataren vertrieben worden sind. Letztere errichteten mit Unterstützung des Osmanischen Reiches 1441 ihr Krimkhanat, das bis 1783 bestand. Die Girej-Dynastie schrieb und dichtete fleißig auf Krimtatarisch.

Russische Schriftsteller und Künstler entdeckten die Krim als poetische Ressource Ende des 18. und Anfang des 19. Jahrhunderts. Sie begaben sich dorthin auf den Spuren von Katharina II.: Nachdem sie die Halbinsel ins Zarenreich eingegliedert hatte, stattete sie ihr einen Besuch ab, angeblich entlang der von Fürst Potemkin für sie und eine internationale Delegation errichteten Fassaden. Gegen diese mythisch gewordenen ersten Medien der Krimpräsentation gilt es seitdem anzuschreiben und anzumalen.

Ihre Annexion erfolgte ohne Referendum, per Anweisung – am 8. April 1783 verkündete sie die Aufnahme der Halbinsel ins Russische Reich, am 28. Juli folgte ein Ukaz an den General-Gouverneur von Noworossijsk, ihren Lover Potemkin, am 28. Dezember eine Vereinbarung mit dem Osmanischen Reich. Sie wollte Angriffe der osmanischen Truppen beenden. Außerdem sollten die antiken Architekturdenkmäler auf der Krim Russlands Verbindung zum ureuropäischen Erbe beweisen, auf Augenhöhe mit England und Frankreich.

Gawriil Derschawin verfasste eine Ode *Auf die Angliederung der taurischen und kaukasischen Gebiete ohne militärische Maßnahmen mittels der Verträge mit dem Osmanischen Reich* (1784). Schon lobten alle anderen los: die antike, südliche, herrliche, frauliche, exotische, erotische, eigene, andere, russische, steppenhafte, bergige, saftige, trockene …

1802 prophezeite der Schriftsteller Wassili Michajlow in seinem Bericht *Reise in die südlichen Gefilde Rußlands*, in diesem Winkel der Erde liege eine neue Ader der Dichtkunst verborgen, gar der Schlüssel zur russischen Literatur. Den Schlüssel drehte Alexander Puschkin während seines einmonatigen Aufenthalts am Schwarzen Meer um. Er dürfte der prominenteste Schriftsteller auf der Krim gewesen sein, auch wenn seine Reise dorthin nicht ganz freiwillig war – eine Verbannung aus St. Petersburg. Verbannt wurde Puschkin in den Kaukasus, auf die Krim und nach Odessa in Begleitung der befreundeten Familie von General Rajewski. Der Trupp traf im August 1820 in Kertsch ein, begab sich für einige Tage nach Feodossija und reiste auf einem Kriegsschiff weiter nach Gursuf. Dort arbeitete Puschkin am Poem *Der Kaukasische Gefangene* und an einer Reihe von Gedichten, bestaunte die Umgebung und zementierte den Grundstein dafür, dass Gursuf später den Puschkinexperten Boris Tomaschewski anzog, wo er in einer Datscha weilte, ebenso wie Alexander Solschenizyn, Josef Brodsky und Tausende inspiriert-transpirierende Nichtnobelpreisträger.

Puschkin und die Rajewskis bewegten sich in ihren Pferdekutschen im September via Jalta, Alupka und Simeis weiter zu den Ruinen des Georgi-Klosters und von dort nach Bachtschissaraj zum Palast der Khane. Anhand dieser Reiseeindrücke verfasste der romantische Dandy sein Poem *Der Brunnen von Bachtschissaraj*. Auf der Krim begann seine Beschäftigung mit Lord Byron, er lernte Englisch. Seinen berühmten Petersburger Jewgeni Onegin aus dem gleichnamigen Versroman schickte er auch bald ans Schwarze Meer zur Kur von dessen metropolitischer Flatterhaftigkeit.

Mitte des 19. Jahrhunderts kam der 27-jährige Lew Tolstoj auf die Halbinsel. Er wurde nicht wegen Aufmüpfigkeit gegenüber dem Zaren bestraft, auch trat er keine Erholungsreise an, sondern nahm als Artillerieleutnant an der Verteidigung von Sewastopol 1854 bis 1855 teil. Diesen Schlachten widmeten sich seine schonungslos realistischen *Sewastopoler Erzählungen* (1855). In ihnen schilderte er die Brutalität des Krim-Krieges, begeisterte sich für den Patriotismus der Stadtbevölkerung und den Mut der russischen Militärs. Tolstoj fotografierte sozusagen mit Worten die gegenseitige Gewalt der Russen, Franzosen, Engländer und Türken. Derweil pressten britische Journalisten ihren Krimsieg, der mehr *siege* als Sieg war, fürs Königshaus in ein karriereträchtiges Narrativ: Roger Fenton fotografierte Straßen, Steppe, Kanonenkugeln, aber keinen einzigen Toten oder Schwerverletzten, er inszenierte das Kriegsgeschehen. Alles läuft nach Plan, eure Majestät, wir weichen nicht von unseren Zielen ab. Bald haben wir südliche Häfen und Kurorte eingenommen, schrieb und fotografierte er ihre Verluste zurecht. Dieser Krieg ging in die Geschichte als erster Medienkrieg Europas ein.

30 Jahre nach diesem Krieg, der die Ansprüche der Briten, Franzosen und Türken an die Krim zurückdrängte und enorme Opfer aufseiten der russischen Armee forderte, bereiste Tolstoj die Krim noch einmal – diesmal um ihrer Schönheit willen. Ein drittes Mal begab er sich 1901 auf die Halbinsel, wo er den Herbst in der Datscha der Gräfin Panina in Gaspra verbrachte. Tolstoj verfasste dort die Artikel *An die Jugend*, *Was ist Religion und worin besteht sie?* und arbeitete an der Kaukasus-Erzählung *Chadschi Murat*.

Im 19. Jahrhundert besuchten Dichter wie Nikolaj Nekrassow, Afanassi Fet, Jakow Polonski und Pjotr Wjasemski die Halbinsel. Im 20. Jahrhundert, die Südküste stieg endgültig zum modisch-mondänen Erholungsgebiet auf, verbrachten dort Marina Zwetajewa, Anna

Achmatowa, Ossip Mandelstam und Wladimir Majakowski ihre (Schreib-)Ferien.

Im Hotel *Rossija* in Jalta versammelten sich berühmte Künstler der Jahrhundertwende, u. a. die Theaterregisseure Konstantin Stanislawski und Wladimir Nemirowitsch-Dantschenko, zeitweise auch das Ensemble des vom letzteren geführten Moskauer Künstlerischen Akademischen Theaters mit ihren Familien. Sie unternahmen eine Gastspielreise auf der Krim, Tschechow begutachtete dabei die Aufführungen seiner Theaterstücke *Die Möwe* und *Onkel Wanja*.

In der Hoffnung, dass das Krimklima sein Tuberkuloseleiden mildert, hatte Anton Tschechow 1898, fünf Jahre vor seinem Tod, ein Haus mit idyllischer Aussicht bauen lassen. Es befand sich damals am Rande von Jalta im tatarischen Dorf Autka, das nun zu Jaltas Innenstadt zählt. Wie im Domizil von Maximilian Woloschin trafen sich in Tschechows *Weißer Datscha* – so tauften Einheimische dessen Haus – die schöpferischen Köpfe seiner Zeit, darunter der Maler Isaak Lewitan, die Schriftsteller Maxim Gorki und Iwan Bunin, der Komponist Sergej Rachmaninow sowie Freunde und Kollegen von Olga Knipper-Tschechowa, Schauspielerin am Moskauer Künstlerischen Akademischen Theater.

Hier hat Tschechow einen Teil seiner Erzählungen verfasst, darunter *Die Dame mit dem Hündchen*, in welcher die Protagonistin in Jalta eine Affäre anfängt, *Seelchen* und *Der Erzpriester*, die Theaterstücke *Drei Schwestern*, *Kirschgarten*, *Zur Weihnachtszeit* und *Die Braut*. Er gründete ein Sanatorium für Tuberkulosekranke und unterstützte eine öffentliche Bibliothek, woraus die Tschechow-Bibliothek, die größte auf der Krim, hervorgegangen ist.

Beim Einzug in sein Haus hat der Autor 1899 eigenhändig 100 Rosen zum Gedenken an den 100. Geburtstag von Puschkin gepflanzt. Er hat den Garten ferner mit Palmen, Unkrautpflanzen, Magnolien und Schilf gestaltet – heute eine öffentliche botanische Anlage und ein weiterer Erinnerungsort.

Nach der Oktoberrevolution erwies sich die Krim als letzter Zufluchtsort von Intellektuellen, ebenso als Abschiedshafen für den Aufbruch ins Exil. Wladimir Nabokow emigrierte 1919 aus Sewastopol in den Westen, nachdem er auf der Halbinsel eine Reihe von Gedichten geschrieben hatte, die in sein Buch *Bergpfad* (1923) eingegangen sind. Iwan Schmeljow schilderte in seiner dokumentarischen Erzählung *Die Sonne der Toten* (1923) das zerstörte Aluschta nach dem Ende des Bürgerkrieges und reiste 1922 in den Westen aus.

Die Literaturgeschichte begleitet Krim-Interessierte treu, wenn auch nicht immer verlässlich – wer geht in die Lehrbücher ein, wer bleibt draußen, wer entscheidet darüber? Klassiker, kanonisch, unbekannte Texte, Bilder und Filme, vielleicht auch die Krimmusik, ihre Akustik berührte ja Poljakow wie Kittler. Jedenfalls halten die berühmten Namen davon ab, weniger berühmten Menschen auf der K. zuzuhören, nebenbei Gesichter aus drei Generationen der eigenfremden Familie zu deuten. Für Schlögel verblasst die literarisch-künstlerische Krim, die für den Aufbruch Russlands in die Moderne stand,[33] nun angesichts von Tyrannei.

Ich habe den Eindruck, in den beiden Jahrzehnten nach 1991 stand die K. für die noch- und nachsowjetische Epoche. Eine anachronistische Region, aus Eigenantrieb und aus Marginalisierung von außen.

Ich eröffne nicht nur ein Café für Lesungen und Russkost, sondern auch für einen bedingungslosen Zuhörservice.

Peredelkino

Einmal wollte ich in Berlin mit angespartem Taschengeld, 14 D-Mark, zur Post und von dort einen Auslandsanruf bestellen. Aber plötzlich habe ich alle Nummern vergessen, alle Nachnamen, alle Nachtfahrpläne und Telefonauskünfte. Seit ich aus Sewa, verwachsen mit jenem Märkischen Viertel namens Prospekt Ostrjakowa, an einem Sommermorgen in die schöne neue Welt über Winniza und Moskau gefahren bin, fahren musste, bin ich doch dringeblieben, in einer unsichtbaren Leitung.

Man solle nicht an Orte zurückkehren, an denen es einem gut gegangen ist, höre ich, man steige nicht in einen Fluss zwei Mal. Und dann, ein Vorwand für neuen Aufwand des Zuwendens, ein hieb- und stichfester Grund für eine Rückfahrtkarte: Sid, der Dichter und auskurierende Kurator-Organisator, hatte mich zum Bosporusforum, einer Kernaktion seines Krim-Klubs, eingeladen. Der Name – ein Programm.

Sein Projekt wirkt gegen Einöde, es lenkt die Aufmerksamkeit vom Konflikt weg. Zur Kulturwüste verdurstet die Halbinsel zwar nicht, über 700 sozial und ökologisch engagierte sowie im engeren Sinn kulturelle Veranstaltungen pro Jahr listet der Plan des Kulturministeriums auf, darunter krimtatarische und jüdische Feiertage, Veranstaltungen sowie Literaturförderung, zum Beispiel das Gumiljow- und das Woloschin-Festival in Koktebel. Mag das Ministerium Rätsel und Schokolade mögen, mag die Kulturförderung der Halbinsel stagnieren, weil das Geld aus Moskau nicht immer dorthin gelangt, wo es vorgesehen ist, die symbolische Imago der Krim revitalisiert sich von selbst. Geopoetik klinkt sich genau da ein, unterschreibt und unterstreicht das Image des Imaginären, Inspirierenden, Irritierenden. Internationale Kulturveranstaltungen hätten der Halbinsel gutgetan, wenn sie genau dann intensiviert worden wären, als ihre Stunde geschlagen hatte: 2014 und in den Jahren danach. Stattdessen gerät der Akzent auf Raumpoetisierung wie dieser Raum selbst in Vergessenheit, Verdrängung, Verruf. Sids Events verwandeln sich in Geschichte. Offenbar lässt sich Geopoetik aus der westeuropäischen Wahrnehmung nach dem Majdan so leicht wegstreichen wie die Vielfalt der Krim. Letztere verschwindet kurzerhand, wenn die ukrainische Regierung beschließt, dass nur die Krimtataren die Halbinsel ihr Eigen nennen dürfen.

Sid, seit den 1990ern in Moskau in Kulturinstitutionen angestellt und im Sommer in Kertsch freischaffend, erzählte mir lange vor 2014 von seinen krimkultivierenden Aktivitäten. Es gab genug Krisen in den 1990er Jahren, angesichts derer sein Klub ein Zeichen gegen die Politisierung von Kultur und für künstlerische Kooperation setzen wollte. Die Aufgaben, die Sid sich und der Halbinsel stellte: Dialog zwischen antagonistischen Tendenzen wie Tradition und Innovation, Orientalisierung und Verwestlichung, Analyse und Synthese. Zwischen Geisteskräften und Geistern der Vergangenheit, zwischen unmittelbar daraus entspringenden und auf Umwegen angestoßenen Publikationen spannte sich ein hyperreeller Raum auf, der Deutungs- und Interessenkollisionen metaphysisch transformierte.

Das Bosporusforum bestand dabei auf der Krim als Treffpunkt, dort sollte die künstlerisch-wissenschaftliche Veranstaltungswoche im regelmäßigen Turnus von zwei bis drei Jahren stattfinden. Vielleicht besteht darin der wichtigste Beitrag des Forums und nicht so sehr in den Einzelauftritten – in dieser grundsätzlichen Rahmung des Raums, im Mit- statt Gegeneinander. Und nun? Eine Utopie. Ein Buchprojekt, wenn man so möchte. Und ich möchte. Eine Imaginationslandschaft wollte Sid aktivieren, sich und andere auf den Schichtungen des Krim-Textes mit Wort, Bild und Tat austoben lassen. Die Halbinsel vom Spielball, der Dreck am Stecken hat, zur intellektuellen Spielwiese umdeuten, vom Zankapfel zur Aprikosenkiste, deren Süße für alle langt. Dieses Forum heißt Menschen aus aller Welt willkommen, die der militanten Isolation der Krim durch Poesie entgegenwirken. Und die sich jener Poesie öffnen, die von der Krim ausgehen kann. – Ein Mantra, das Bonuspunkte fürs Krimkarma sammelt.

Im regelmäßigen Turnus von zwei bis drei Jahren denke ich, dass ich zu solch einem Bosporusforum in Simfi und in Kertsch fahren werde, es riecht nach kollektivem Sinn. Sonst packt mich die Gelegenheit eines Tages beim Schopfe. Die Angelegenheit packt ihre Köfferchen ja bereits eine Weile, stapelt sie übereinander und hämmert mir damit aufs Hinterköpfchen. Also raus, hinaus zum Schwarzen Meer, flieg, an dessen Stränden und Rändern bist du – du, das erste Du, das vor Jahrzehnten verlorene. Du musst die Gegend entdecken, neu denken, dich dazu.

Ich bin nun eine Weile unterwegs, bleibe ein paar Tage in Moskau, zuerst versteckt in der dortigen Bibliothek mit trübem Dostodenkmal davor, dann mit Sid, der mich abholt. Für das Forum sei ich die Gästin aus der Zukunft, aus dem Westen, witzelt er. Er trifft mich an der Metro, sie rauscht vertraut laut, ich lerne das Institut für Übersetzung von Weltliteratur kennen, wo er arbeitet, und einen seiner Dichterkollegen, als er mich allen der Reihe nach vorstellt. Sids Kollege nickt, die hellblauen Augen fest auf mich gerichtet. Krim sei immer gut, sagt er, und fragt: »Ist Ihnen in der Schweiz langweilig?«

In der Moskauer Staatsbibliothek erkennt mich die Bibliothekarin des klassizistischen Professorenlesesaals an der Buchausgabe wieder. Sie hat mich vor zwei Jahren für diesen Lesesaal registriert. Damals hat sie mich ein wenig ausgefragt und dafür gelobt, dass ich mein Russisch nicht vergessen habe. Diesmal hat sie mir gratuliert, dass ich auf die Krim fliege und mir eine Reihe von Empfehlungen mitgegeben: Erstens, dass ich dort eine Datscha kaufe, zweitens mehr durch Russland reise (»Unser Land ist einmalig!«), und drittens nach Karelien fahre und das Kloster Walaam besuche. Die Luft dort sei unbeschreiblich, der Ort vom heiligen Geist durchtränkt. Gesegnet. Alles dränge es hinaus, in die Höhe! Alles wachse, die Bäume platzten fast. Blaubeeren und Erdbeeren soweit das Auge reiche. Dieser Ort verändere einen.

Mein Moskau verändert sich, es schrumpft. Zufällig treffe ich Kolleginnen und Kollegen, die ich mal in Leipzig kennengelernt hatte. In einer Elektritschka mit hellen breiten Holzbänken höre ich von einem Dozenten, dass man auf der Krim einen Vermerk in meinem Reisepass hinterlassen wird, der es mir verbieten wird, jemals wieder in die Ukraine einzureisen. Ich müsse mit Sanktionen fürs Hinfahren rechnen. Ich schaue seine Frau an, ich kenne ihr Buch über ukrainische Kunst. Sie schmiegt sich schweigend an die Schulter ihres Mannes.

Ich fliege den Weg ab, den ich mit der Eisenbahn, gepanzert und schutzlos dem Schutzprogramm meiner Eltern ausgeliefert, vor über 20 Jahren in die entgegengesetzte Richtung zurückgelegt habe. Ein Weg, für den ich mich auf eine Liege hinlegen und über 20 Stunden lang ruhig sein musste. Ich nähe meine innere Abgeschnittenheit von meiner unheimlich gewordenen ersten Welt zu. Lege eine Isomatte auf die Isolation und stelle darauf ein Zelt. Dort schlafe ich, träume aus.

In der Elektritschka und am Moskauer Kiewer Bahnhof – unter dem farbenprächtigen Wandmosaik ukrainisch-russischer Bäuerinnen – angetroffene Kolleginnen und Kollegen, Autorinnen und Autoren beharren auch auf der nächsten gemeinsamen Fahrt (wir erweisen uns als Peredelkino-Pendler), die Krim würden sie grundsätzlich meiden und mir nachdrücklich dasselbe raten. Wie ein Chor im Theater. Wie eine tragikomische Figur wiederhole ich: Meine Reise sehe ich als einen Ausläufer der kollektiven Aktion, die der Krim-Klub seit den 1990er Jahren durchführt. Als Rewind, Revival, Remotivierung (remote und motiviert) zum Zuhören, wenn schon nicht zum Dialog. Zum Zuhören, das auch die eigene Stimme sprechen lässt.

Ich fahre nur zu Sids Forum, so meine Rechtfertigung, das ist vor allem mein gutes Recht und Sid mein guter Fährmann. Er hat mir eine offizielle Einladung in die Hand gedrückt, mit der Unterschrift seines Weltliteraturdirektors, für alle Fälle, gegen alle Vorwürfe.

16 Igor Sid stellt sein Buch über Geopoetik als Reisetheorie vor, Moskau, Alexander Barbuch 2017.

Die Übersetzerin in Jeans und Turnschuhen, bei der ich im Schriftstellerdorf ein paar Tage übernachte, übersetzt mir die Situation beim abendlichen Tee mit Zapekanka: Diese eisige Haltung sei nun korrekt, aber das Gefühl dahinter, die eigene Stimme, etwas anderes, nur zeige das kein Liberaler. Vielleicht lief das bei Swetlana Alexjiewitsch so ähnlich ab, die zufälligerweise – meine Fährfrau lächelt – kurz nach Ausbruch der Krimkrise den Nobelpreis erhalten hatte. Die ältere Generation in Peredelkino kenne Alexijewitsch bestens, und zwar als staatstreue sowjetische Publizistin, die ihre Texte ab Ende den 1980er Jahre nach dem Wind of change und nun nach dem Wind des Kalten Kriegs ausgerichtet habe. Seit der Perestroika sei sie dazu übergegangen, in Klagebüchern Zitate aneinanderzureihen, die die schwachen und wunden Punkte des Systems offenlegen. Polyphonie sollte das sein, sage ich zu ihrer (unserer) Verteidigung, und höre: Opportunismus lohne sich, egal, unter welchem Namen, aber Sewastopol bleibe für jeden Russen mehr als Krimsekt – eine Stadt, deren Klang wie eine Rasierklinge nahegehe. Krim klinge für alle besonders, egal, wie liberal man sich gebe, »sie trifft und betrifft alle, die Russisch verstehen«.

Einer der Enkel meiner Übersetzerin lächelt von einem Foto in Matrosenuniform. »Sewastopol« lese ich auf seiner Kappe. So fotografiere man die Kinder im Moskauer Kindergarten dieses Jahr, denn das sei für alle irgendwie eine Heimatstadt, lächelt sie und legt ihre Hand an die Brust. Ob ich den Sewastopol-Walzer kenne? Sie stimmt ihn an, alle Strophen. Ich höre das Lied wie aus der Ferne, wie zum ersten Mal.

Schaue alte Fotos an der Holzwand der Dauerdatscha an. Auf ihnen bezaubert meine Gastgeberin in Schwarzweiß, vor mehreren Jahrzehnten. Die großen Augen, die feine Nase, der sichere Blick, der robuste Körper ähneln meiner Mutter.

Hier in Peredelkino bin ich bereits auf der K.

Kollegen kühlen ab, wenn sie von meinem Trip erfahren, Bekannte und Freunde ebenso. Noch ahne ich nicht, wie viele von ihnen den Kontakt wegen der K. abbrechen werden.

Hand aufs Herz, die meisten Kontakte brechen auch ohne Krimkrise ab.

Das verbaute, von Zäunen durchzogene Dorf Peredelkino verdeutlicht die Relevanz des Autorenberufs bis in die 1990er Jahre hinein. Literaturstudenten, schaut auf das Autorendomizil im Waldpark! Im Erdgeschoss, dem weißen Rathaus, befinden sich Post und Administration, in den oberen Stockwerken liegt ein Hotel. Das klassizistische Foyer spricht Bände. Steigt hinauf und blickt vom Säulenbalkon auf den Garten hinunter, solange noch nicht alle Grundstücke verkauft, verfallen oder von Mauern (my home is my Kreml) versperrt worden sind.

Um die Ecke lassen Boris Pasternak und Kornej Tschukowski grüßen. Der Erstgenannte genießt still die Strahlen seines Ansehens, für den Letztgenannten steht in Peredelkino ein Museum, dort lernen Kleinkinder den Rhythmus der richtigen Aussprache. Ein Museum gibt es auch für Jewgeni Jewtuschenko, dort hat er eine Fotogalerie zu Ehren seiner selbst errichtet. Man sagt von ihm, er sei morgens mit dem Gedanken aufgewacht, wie er die Welt an seine Existenz erinnern könnte. Heute heißt das wohl Marketing.

Immerzu schreiben, mit dem Zeilensoll und den Klickzahlen im Nacken, das muss doch nicht sein. Nein, sagt meine Übersetzerin, Schreiben sollte man nur, wenn man gar nicht mehr anders kann, wenn es dich sonst von innen sprengt.

Auf einmal tauchen vor dem seitlichen Autofenster der Fährfrau, die mir ihr Peredelkino zeigt, zwei ältere Frauen auf. Sie grüßen einander wie Schwestern, befragen sich nach der Gesundheit, nach der nächsten Tennis- und Schwimmstunde, umarmen sich, gehen unter den großen Bäumen ihrer Wege. Ich erfahre, dass sie einander unterstützen, treue Ehefrauen ihrer Offiziere gewesen sind, auf eine arbeitsreiche Zeit und leitende Funktionen als Ärztinnen zurückblicken, Milchprodukte aus der lokalen Sowchose kaufen und besonders die Milch der Ziegenhalterin mögen, der wir bei unserer Rundfahrt gleich begegnen werden. Wie die K.: Provinz, ländlich, peripher, explosiv, Lotman würde sich freuen.

Wir kurven an berühmten Namen vorbei, an Schriftstellerdatschen und Datschen der Zeitungsarbeiter – so prestigeträchtig und großzügig entlohnt, wie wir uns das gar nicht mehr vorstellen können. Schreiben und Lesen prägten alle Bevölkerungsschichten, so wie heute das Hängen über dem Handy. Wie die K.: Literaturort, Ort von Weltliteratur, Unort dazu. Meine Übersetzerin überträgt die Gemütlichkeit ihres Holzhauses, das im Grunde auch ihr eigenes Literaturhaus ist, in das wendige Auto, das sie routiniert fährt (»Ich bin fast 50 Jahre am Steuer, habe das Fahren meinen Töchtern beigebracht und würde es Ihnen beibringen, wenn Sie sich entschließen«). In ihrer Straße, benannt nach dem berühmten ukrainischen Regisseur Dowschenko, steht noch ein anderes Haus mit ihrer Hausnummer – wie denn das, ein Doppelgänger? »Ein Teil der Straße wurde privatisiert«, erklärt sie gelassen. Fatalismus und Ohnmacht seien nirgendwo sonst so omnipräsent wie in Russland, würde der Berlin-Moskauer Dichter Hendrik Jackson sagen. Aber auch Disziplin und stoischer Optimismus, spiegelbildliche Charaktere und Biografien, die wie Doppelgänger aufeinandertreffen, wie durch die Geschichte kollektiv privatisiert.

Wir spähen aus dem Auto durch das leicht geöffnete Tor zum Anwesen des Bildhauers, der die russische Hauptstadt mit seinen Skulpturen zugepflastert hat. Schauen dem herannahenden Herbst zu, halten etwas länger vor dem Haus von Pasternak. Dessen Garten – ein Hektar groß waren damals die Grundstücke, die der Staat den Schriftstellern schenkte, – umzäunen hohe Latten. Pasternak konnte auf ein weites Feld schauen, jetzt versperrt es eine Mauer.

Drüben liege der Tenniscourt, den alle Schreibenden mitgebaut haben, erklärt die Übersetzerin, sogar Jewtuschenko soll sich daran beteiligt haben. Der Tennisplatz gehöre weiterhin allen, präzisiert sie, und fährt fort: Peredelkino werde zum Friedhof jener Elite, die die Autorinnen und Autoren früher mal gewesen sind. Heute höre man auf mit dem Lesen und das Schreiben, das verkomme wie diese Grundstücke, vom Insta-Kapitalismus gekapert. Sie lasse sich die Stimmung davon aber nicht verderben. Nicht einmal von der Gefahr eines Weltkriegs. Man gewöhne sich eben an alles und bereite sich gut vor – auf das Nichtschreiben wie auf das Nichtsterben. Sie lagere im Keller Zwieback und Speck, für den Fall der Fälle, falls ein Krieg ausbricht. Zum Glück breche er nicht aus, obwohl die russische Armee nur kurz gebraucht hätte, um die Ukraine zu besetzen, und obwohl hitzige Gemüter sagen, man sollte doch mal ein paar Bomben über Kiew abwerfen, damit die Ukrainer verstehen, was es heißt, ihren eigenen Osten zu bombardieren. Sie beginne immer noch jeden Tag mit einem Blick in die Nachrichten, ob der große Krieg losgegangen sei. Vielleicht löse sich das Problem, wenn die Westukraine zu Polen gehören würde, und die Territorien der Ost- und Südukraine, die früher zum Russischen Imperium gehört haben, zu Russland. Diesen Vorschlag werde ich noch mehrfach hören – auf der Krim, in Moskau und in Polen, auch wenn alle wissen, dass man es so nicht sagen sollte, weil alle gern selbst über ihre Zugehörigkeiten bestimmen.

Von den Landmilchprodukten bringt mich die Metro zu Wodkatoasts zwischen mehreren Gängen westukrainischer und russischer Kost: Vor dem Abflug nach Simfi besuche ich ein anderes Quasizuhause in einem anderen Satellit Moskaus. Auch das eine kleine Tradition mittlerweile. Ich probiere mit Igor Klech einige seiner Köstlichkeiten, die er im *Buch vom Essen* (2011, 2022) verewigt hat. Die Reihe der Ansprachen, das Gedenken an verstorbene Autorenkollegen und Erbeten eines blühenden künstlerischen Künftigen ergeben ein Sujet für eine Erzählung, ein Peredelkino bei ihm in Reutowo. Dieses »pere« und »del« haben etwas von Veränderung, von einer privaten Perestroika. Weiter gelange ich nicht, die Spur der Hauptstadtvororte löst sich auf, an der Naht der Personen, die mich zum Weiterfahren ermutigen. Ich bin zu schnell zu betrunken. Wohlig satt trete ich den Hauptgang an – den Gang durch den Korridor, den ich meinte, hinter einer eisernen Tür verschlossen zu haben, mit Notzugang zum Kopfkino.

Hinrückfahrt: Simfi-Alupka-Kertsch

In meinem Kopf drehten sich unendlich viele Filme über die Krim. Sie fingen spontan an und brachen abrupt ab. Ich drehte mich von ihnen weg, sortierte Argumente und Notausgänge, Fakten und Eindeutigkeiten. Kein Fakt ohne Deutung, sagte einmal Warlam Schalamow, einer der ethisch verlässlichsten Dokumentaristen.

Ich wollte nur protokollieren, mich von keinem anderen Gefühl als trockener Forschungslust leiten lassen. Flog im fröhlich vollen Flugzeug (viele Männer mit Bäuchen, viele Familien mit Kindern). Hörte die Ankündigung, wir landen. Schaute aus dem Fenster und freute mich, unsachlich. Die Steppenfelder breiteten sich aus, meine Augen kraulten den Rücken der Krimberge, die ich noch bewandern werde. In der Nähe müsste das Meer sein, von dem das Landesinnere wenig spürt, bis auf den Wind, den ich gleich spüren würde. Selbstgenügsam, geduldig sprach mich die Landschaft an: Wir haben gewartet, willkommen. Merk dir den sommermüden Duft.

Der Reisevorhang hat sich vollständig gehoben, der Vorgang fühlt sich gut an – so gut, dass du kein anderes Ziel setzen möchtest, als immerzu weiter aus dem Bus- und Zug-, Trolleybus- und Marschrutkafenster zu blicken. Nimm es, wie es kommt, nimm die Menschen und Landschaften auf, wie sie sich geben. Bekanntes, Unbekanntes, auf- und übereinander. Du hast es alles schon mal vorgefühlt, du hast das meiste schon gesehen, du hast die Erinnerung eng am Körper wie ein schlafendes Kind gehalten, ihr noch Buchschnuller in den Mund gedrückt, sodass alles wieder ruhig und gut wird, komme, was wolle.

Zurückversetzt ins Damals, vermengt mit Internet, gleitest du weiter im Kosmos der Zeitlosigkeit.

Ich schlafe keine zwei Nächte an einem Ort, ich weiß nicht, wann und wo das nächste Mal eine warme Dusche möglich sein wird.

17 Am Strand von Nikolajewka, Alexander Barbuch 2018.

Einlassen, sich darauf einlassen. Einordnen, Ordnen überfordert. Historisch klatschen sich zu viele Verweise in die Hände, als dass sie alle auf ihre Ursprünge und Zielpunkte hin identifiziert werden könnten, außer von Archäologen und Astrologen. Optisch verändert sich kaum etwas seit 30 Jahren. Die gleichen Grundmuster an den Haltestellen mit Babuschkas, Haushaltskleidung, Adidashosen, gebügelten und bunten Damenblusen, am Unterschenkel klebenden Kunststoffsitzen, Abgasen, Mosaiken, knappen Dialogen und entladendem Gelächter. Das Auge sucht und findet Anschluss, verleibt gierig alles ein, alles meins, und ich bin deins. Das Ohr überlässt sich der Musik, die es lange nicht mehr gehört hat. Die Nase, die Hände, der Bauch nehmen die größten Banalitäten mit Wollust auf. Ich habe unpassend gepackt: Ich hätte viel mehr Zeit mitbringen sollen.

Die Sonne versengt die Stirn, obwohl die Weinreben von damals über dem Eingang zur Küche hängen. Hier habe ich Opa die Haare gekämmt. Hier hat er geraucht. Hier hat mich mein Vater nach dem Schwimmen fotografiert – ich sehe fast genauso aus, wie mein Sohn aussehen wird mit sieben, nur in Schwarzweiß und mit Locken. Von hier rannte ich weg in den Garten, wo die Kartoffeln zwischen unerschöpflichen, immer wieder zum Vorschein kommenden Patronenhülsen wuchsen, und von wo man einen der Militärhäfen sieht. Krieg unter dieser Sonne, das passte noch nie unter meine Schädeldecke, auch wenn ich wusste, dass meine Oma mehrmals den Entminungsdienst rufen musste, als sie auf ihrem Grundstück gegärtnert hatte.

Sid ruft an, als ich vor der Küche des Hauses meiner Großeltern stehe, das nun meinem Cousin gehört. Ich höre dem Telefon zu, schaue auf die nördliche Bucht, ein Déjà-vu, -vu, -vu. Sid sagt, am nächsten Morgen soll ich nach Alupka fahren zu Natalia Azarowa, einer bemerkenswerten Poetin und Persönlichkeit, und dass Pol zum Forum fährt. Andrej Poljakow verlässt dafür seine Heimatstadt – er verlässt sie sonst nicht einmal, wenn er Literaturpreise erhält, und er wurde mit allen geehrt. Verbarrikadiert sich in seinem Zimmer hinter Buchstalagmiten, Schreibheften und der inneren Weitwinkelperspektive. Für das Forum steigt er doch in den Mercedesjeep bis nach Kertsch, wohin sich die Veranstaltung nach ihrer Eröffnung im Simferopoler Taurischen Museum verlagert.

Ich lande neben ihm bei meiner Rückkehr, auf der Rückbank von Azarowas Auto. Ich bestehe darauf, dass er sich anschnallt. Kümmere mich automatisch um den Dichter wie um meinen Bruder, als ihm die Witze eines Tages versiegten. Andrej redet von Medikamenten, ihm gehe es nicht gut. Ich rede ihm gut zu und weiß nicht mehr, wie es mir geht auf der endlosen Fahrt zum äußersten Osten der Halbinsel. Aus Antrieb für Wortkunst, Wissenschaft, Weltende. Dortsein, Hier, Sein.

Obwohl das Reiseziel uns allen klar ist, sodass wir einer simplen, übersichtlichen Route folgen, theoretisch, von Simfi nach Kertsch und zurück, sprengt das Überschreiben der Erinnerung die Strecke in Puzzlezacken. Sie klemmen hier und dort, passen nicht zusammen, obwohl sie zusammengehören. Fallen sinnüberfüllt bis zur Sinnlosigkeit dem abermaligen Vergessen, Zurechtrücken und Kleinreden anheim.

Das geräumige, klimatisierte Familienvehikel, mit dem wir zum Forum gleiten bis hüpfen, lotst Azarowa, die Geschäftsfrau, Dichterin, Übersetzerin und Literaturwissenschaftlerin. Sie arbeitet während des universitären Betriebs in Moskau als Professorin an der Akademie der Wissenschaften und als Direktorin des Zentrums zur Erforschung von Weltpoesie. Ungefähr die Hälfte des Jahres lebt sie mit ihrem Mann, einem Maler, in der von ihm gestalteten Ferienwohnung in Alupka. Sie hat mehrere Gedichtbände publiziert und Auszeichnungen erhalten, sie wird gefürchtet und verehrt.

Die *grande dame* – blond, groß, schwungvoll – umgibt weltläufiger Schick, mit einer Prise Ungeduld in der Stimme. Den Mercedes lerne ich zuerst in Alupka kennen, wohin mich die Marschrutka vom Sewastopoler Busbahnhof bringt. Azarowas Mann holt mich von der Landstraße ab. Er ist pünktlich, still, befördert meinen Koffer mühelos in den Jeep und hält vor einer abgeschirmten, luxuriösen Neubausiedlung am Meer. Hier verbringen auch Azarowas Tochter und ihre Enkel ihre Ferien, wobei ich die mittleren Generationen nicht mit Sicherheit unterscheiden kann, als ich alle Personen treffe. Die Frauen sehen allesamt hübsch aus, das Alter der meisten von ihnen bleibt undefinierbar. Die Familie feiert ein jüdisches Fest mit Honig, Äpfeln und Kerzen, schnappe ich auf. Massagen, Kuren, Schönheitsprozeduren, Ernährung und Namen werden erwähnt, die Putzfrau und Organisatorisches, bis sie zur Feier, zu Literaten und zu mir schwenken. Sie denken, ich sei im Bilde, aber ich bin mit jüdischen Festen weniger vertraut als mit Moskauer Dichtern.

Die Poesiegöttin – gesetzt, in wallendes Rot gekleidet – fragt mich nach Heideggers Gedichten, sprudelt über chinesische Poesie, über den Moskauer Literaturbetrieb, über ihr Lyrikinstitut. Mich reizen die Wandgemälde ihrer Wohnung mehr als Heideggers Gedichte. Wie verpacke ich das als Geheimnis? Wie frage ich sie, was sie vom Forum hält und warum sie chinesische Poesie ins Russische übersetzt? Sie leitet jedes Gespräch.

Ihre Gastfreundschaft und ihr Begegnungswille passen nicht zu ihrer Verschlossenheit. Die Dichterin-Direktorin lerne ich umrisshaft kennen, wenn überhaupt, nämlich durch Gerüchte. Eine Unternehmerin, die in den 1990ern aus Moskau vor Erpressern nach Portugal geflohen ist. Eine Schokoladenmagnatin, die in der Schweiz ein Vermögen mit Pralinen erarbeitet hat. Eine Gönnerin, Mäzenin, Unterstützerin von Literatur und Kunst. Sie soll sich zuletzt unweit der Uni Zürich aufgehalten haben, in der Privatabteilung des Spitals. Die Privatärzte hätten sie für einige Millionen geheilt, obwohl jeder Kassenpatientin sonst die Todesdiagnose gestellt worden wäre. Sie habe dafür ein Schloss verkaufen müssen. Mit ihrem Geld und Geschmack beeinflusse sie die zeitgenössische russische Lyrikszene. Ihren Mann lasse sie das Schlafzimmer bemalen, aber in der Abstellkammer schlafen. Das Geheimnis ihres jugendlichen Aussehens könne trotz aller Nachforschungen nicht gelüftet werden. Ich beschließe, dass sie ihr Recht auf Geheimnisse und auf Wegleitung behalten soll, und frage sie nichts.

Nach einer Pause sagt Azarowa, dass wir nun aufbrechen. Ich folge ihrem Mann und ihr in das Städtchen. Mein Kleid werde ich in Kertsch im Hotel vergessen, eine Spur hinterlassen, doch jetzt passt es erst einmal zum Abendessen. Akazien weichen Pinien, Pinien einem Restaurant. Russia today – diese Riviera, die verglühende Südküste, die knusprige Kuchenkruste.

Ich höre dem Pärchen im luftigen Lokal zu, stochere im Fisch, den die russisch-jüdische Mona Lisa für mich bestellt, trinke den Smoothie, den sie empfiehlt. Der Maler wirkt irgendwie selbst pittoresk, seine kantigen Gesichtszüge und die sommerliche Windwasserhaut spannen sich über das, was er erzählt: Er hat seine ersten zehn Lebensjahre in Ostdeutschland verbracht, seine Eltern waren dort nach dem Krieg stationiert, wie die Eltern meines Vaters. Azarowa fügt spiegelbildlich hinzu, dass sie zehn Jahre lang in den USA und in Westeuropa gelebt hat. Sie kenne beides gut, den Westen und Russland. In jedem Land gebe es seinen eigenen »marazm«, fasst sie zusammen, den Irrsinn.

Die Luft riecht nach unsichtbarem Meer, jeder Atemzug berauscht.

Woloschin sei ein Hipster seiner Zeit gewesen, hallt mir Azarowas Statement nach beim Wegdriften, beim Wachschlafen, beim Augenaufreißen (wo genau bin ich?). Er scheint ihr weniger interessant zu sein als die Ereignisse vom Frühjahr 2014. Die neue Krimzugehörigkeit krabbelt zu uns hinein, setzt sich auf den Schoß und speist mit.

Bei der Wiederangliederung der Krim, sagt Azarowa in der Tonlage einer Ärztin, sei die Stimmung so gewesen, als ob Juri Gagarin aus dem All zurückgekehrt wäre. Oder als ob in Deutschland die Mauer gefallen wäre, ergänzt ihr Mann, der den Mauerfall in Berlin erlebt hat. Fraglich, sagt sie, ob die Angliederung wirklich gegen das Völkerrecht verstoße. Was in Kiew passiert ist, das verstoße gegen das Völkerrecht – ein Umsturz der gewählten Regierung, ein Putsch, Schüsse auf die Zivilbevölkerung, Krieg der Ukrainer gegen Ukrainer. Zudem hätten wir Kosovo als Präzedenzfall, und im Übrigen sei die Wiedervereinigung Deutschlands völkerrechtlich mehr als fragwürdig gewesen. »Hat man die Bevölkerung in Ostdeutschland je gefragt, ob sie den Kapitalismus möchte? Wer hat ihnen die BRD übergestülpt, war das eine Mehrheitsentscheidung der Ossis?« Die gut ausgebildeten Spezialisten, die danach ihre Jobs verloren hatten, begrüßten die Wiedervereinigung definitiv nicht, sagt sie, und auch nicht all die Ostdeutschen, die sich noch heute in ihrem Land als Menschen zweiter Klasse fühlen. Im Vergleich zu ihnen hätten die Krimbewohner eine Wahl gehabt.

Weiter erfahre ich von der Internetblockade: Bis März 2014 konnte man auf der Halbinsel die beliebtesten russischen Nachrichtenseiten nicht lesen, die Ukraine hatte die Server gekappt. Azarowa befürchtete, wie andere Immobilienbesitzer auch, dass ihre Wohnungen und Häuser von der ukrainischen Regierung enteignet werden. »Vor allem fürchteten wir den Krieg.« Sie stößt mit uns auf den Frieden an.

Damals, 2014, als sie wie jeden Sommer in Alupka weilten, habe Azarowa auf eigene Faust Interviews mit Hunderten von Menschen im Ort und in der Umgebung geführt, berichtet sie, weil sie wissen wollte, ob die offiziellen Ergebnisse des Referendums ansatzweise stimmen. Ihre Umfrage habe ungefähr 500 Personen einbezogen. Sie könne daher mit gutem Gewissen behaupten, dass wirklich alle gefragten und ihr bekannten Personen gern zum Referendum gegangen sind, niemand sei dazu gezwungen worden, es standen keine Militärs mit Waffen herum, die sie eingeschüchtert hätten. Ihr Mann bestätigt, dass auch er nichts von der verstärkten Militärpräsenz bemerkt hat. Unisono: »Die Leute hier wollten diese Angliederung.« Mir fällt ein, wie kurz zuvor Poljakows Mutter, alteingesessene Simferopolin und Ärztin, das Geschirrtuch ablegte und sich in unser Gespräch mit Pol, Barbuch und Sid einschaltete:

> »Was für unfreie Wahlen? Bedrohungen? Schreibt man das so bei euch, dass wir hier zum Referendum getrieben wurden? Wir sind froh, dass das Majdanmassaker an uns vorbeigezogen ist. Niemand hat auf uns Druck ausgeübt. Viel eher hätten uns die Ukrainer mit Gewehren von unserem Gang zur Urne abhalten müssen. Wir wollten aus der Ukraine austreten, wir wollten wählen, sogar ganz Alte, die sonst alle Wahlen ignoriert haben, die kaum noch auf die Straße gegangen sind, aber zur Abstimmung haben sie sich in ihre Rollstühle gesetzt oder sind hingehumpelt, damit ihre Stimme zählt. Beim Referendum haben wir uns wie am Tag des Sieges gefühlt, als ob der Krieg vorbei war, denn so fühlte sich die jahrelange Unterdrückung Kiews an. Genau so. Endlich! Wir haben aufgeatmet. Und sind noch immer dankbar. Jetzt sollte man die Beziehungen zum Westen kitten. Die Europäer sollen auf die Krim fahren und selbst sehen, wie schrecklich besetzt wir sind!«

Poljakows Mutter, die zum Teil polnische Wurzeln hat, erzählte weiter, wie ihre Freundin aus Warschau mit dem Auto nach Simferopol gefahren ist, aber von der ukrainischen Seite trotz Visum nicht auf die Krim durchgelassen wurde. Sie hätte eine Spezialerlaubnis vorweisen müssen, sagte man ihrer Freundin, die Krim sei okkupiertes ukrainisches Territorium, betreten verboten. Und dann wieder dieser Satz:

»Wir sind so froh, dass kein Krieg ausgebrochen ist.« Und wieder diese Angst im blassen Gesicht. Sie fuhr fort:

> »Ich weiß nicht, ob es euren Zeitungen klar ist, aber den Krimtschanen ist klar, dass auf dem Majdan die Rechten enormen Einfluss hatten. Den haben sie auch in den Kämpfen in der Ostukraine und im ukrainischen Parlament. Zusammen mit den Söldnerheeren stellten sie für uns genau solch eine Bedrohung dar wie für die Leute im Donbass, die mit einer Ukraine nach Lembergs Vorbild nicht einverstanden sind. Auch ist hier allen klar, dass die NATO-Osterweiterung eine Neubelebung des Kalten Krieges ist. Der Westen baut eine militärische Allianz gegen uns auf. Sollen wir das gut finden?«

Natalia Azarowa erzählt später über sich, ihre Poesie, ihren Bezug zur Krim und zum Forum. Sie öffnet sich im Gespräch, ein schöner Moment.

> »Ich weiß nicht, wer ich bin, das ist für mich schwierig zu definieren. Ich weiß oft nicht einmal, in welchem Land ich lebe und mit wem ich verheiratet bin. So geht es mir auch mit Orten. Krim ist eine Ausnahme, sie begleitet mich als eine Konstante. Eine Insel, deren Schicksal sich im Verlauf von Jahrhunderten geändert hat, eine Utopie im Leben vieler Menschen.
>
> Mein Uropa besaß vor der Revolution eine Reihe von Apotheken, die berühmten Lemberger-Apotheken, zum Teil bestanden sie bis in die Sowjetzeit, so in Jalta. Oma und Opa haben in Jalta geheiratet. Diese Konstante blieb in unserer Familie.
>
> Die Krim ist überall in meiner Poesie. Sie ist ein Ort der Konzentration. An diesem Ort kann man zu jeglichem Raum arbeiten. Zuerst kennzeichnest du diesen Raum, wie es die chinesischen Künstler gemacht haben, und auf der Krim denkst du ihn fertig. Das ist ein perfekter Ort, um Dinge zu Ende zu denken. Ich habe hier mehrere Bücher fertig geschrieben.

> Dank des Ausblicks auf Aj-Petri habe ich zuletzt den altchinesischen Dichter Du-Fu übersetzt. Solch eine Geopoetik erlaubt es, mit Dichtern über Jahrhunderte hinweg zu sprechen.«

Auf Sid angesprochen, antwortet sie spontan, er gefalle ihr, weil er verrückte Ideen realisiere. Das Wort, das das Bosporusforum charakterisiere: wopreki (trotzdem), kein Dafür, kein Dagegen, kein Neutral:

> »Eher ein Interessiertsein, Interessiertsein an Menschen auf der Krim, die mit anderen Menschen agieren. Während sonst die Teilnehmenden auf Festivals unter sich bleiben und die Einheimischen außen vor lassen, unterhalten sich beim Bosporusforum die Teilnehmenden mit allen Menschen, denen sie begegnen, sei es mit dem Wächter, mit der Kellnerin, mit Zuhörern aus dem Publikum. Das ist Teil dieser Geopoetik, das ist wichtig. Das Forum sollte eine Konstante sein, wie Aj-Petri, ein poetisches Aj-Petri, das trotz allem Menschen anzieht. Wie man das entwickeln könnte? Dadurch, dass es sich um Geopoetik handelt, kann man hier kaum in Projekten denken, das ist zu rational. Geopoetik ist ein physisches Spüren der Landschaft. Sie selbst wird jedes Jahr etwas empfehlen, wenn man hineinspürt, jedes Jahr etwas anderes, aber kontinuierlich.«

Sie liest ein kurzes Gedicht über Tschufut-Kale vor, ein avantgardistisches Gedicht über einen Wasserfall bei Jalta, ein Gedicht über Jewpatorija und ihre Derwische und ein Gedicht in Notizform vom 2.1.2016. Das letzte sei etwas politisch – sie habe es geschrieben, als der Strom abgeschaltet wurde, »eine ukrainische Aktion«, wie sie bemerkt. Dennoch sei dieses Silvester das lustigste überhaupt gewesen, das bezeuge ihr Gedicht. »Als ob alle trotz allem gut drauf sein wollten, eben ›wopreki‹. Wir sind in ein Restaurant gegangen. Dort gab es Tische mit Moskauern, mit Ukrainern, mit Einheimischen. Am Ende haben die Musiker, die als einzige nichts getrunken haben, alle Gäste gratis nach Hause gefahren.«

Koktebel und Woloschin seien nicht ihre Krim, eher die südliche und westliche. »Ich mag auch das Woloschin-Festival nicht, dort dominiert ein vorgegebenes Thema mit ›Krimnasch‹ im Hintergrund. Ich bleibe ihm jedes Jahr fern, obwohl ich in der Nähe bin.«

Ich frage sie danach, wie das ideale Forum aussehen würde. Auch darauf hat sie prompt eine Antwort. Die Krim sollte, sagt sie, wie Spanien ein Ort sein, an dem die Gemeinschaft der christlichen, muslimischen und jüdischen Kulturen gelebt wird, also die Geschichte der Halbinsel. »Dafür sollte sie ein offenes Territorium sein, wo diese Kulturen und ihre Poesie aufeinandertreffen. Ich denke, Jewpatorija wäre ein perfekter Ort für solch eine geopolitische Aktion. Ich meine natürlich geopoetische, in Ablehnung der Politik.«

Eine Stunde nach dem Abendessen mit Natalia Azarowa schreibe ich eine Nachricht nach Zürich, dass es mir gut geht und den Menschen hier auch. Eine Stunde später merke ich, dass das Schreiben mehr Unruhe stiftet als Verständnis. Dass ich für uneuropäisch gehalten werde, zusammen mit den Krimtschanen.

Also dann Bosporusforumteilnehmende als Ersatzfamilie für kurze Zeit, mit Azarowapaar und Pol auf dem Weg nach Kertsch. Ich gewöhne mich an ihre Gesellschaft, sogar an die vorübergehende Hierarchie. Es würde mich nicht wundern, wenn sie Katharina heißen würde, die Mächtigen strahlen ihre Herrschaft selbst mit dem Rücken aus.

Zoom raus, sinne nach. Eine Region, die sich nicht ganz von der Sowjetunion gelöst hat, aber vielleicht auch nicht ganz muss, weil sie damit demonstriert, dass das Danach ein alles andere als chronologischer Prozess ist, in welchem der Westen nicht zu richten hat, und dass er länger dauert, als eine Jahreszahl wie 1991 es signalisiert, und weil dieser Vorgang, einem Reisevorgang gleich, ständig abgewogen, in Vergleiche einbezogen, abgeschmeckt wird.

Die Raumzeit dehnt sich in meinem Minitransit ebenfalls, wie türkische Süßigkeiten im Mund, die als Krim-Souvenirs verkauft werden. Bald denke ich darüber nach, was wäre, wenn ich geblieben wäre, oder wenn ich bleiben würde, mit Sein und Zeit und unbeschränkten Gesprächen mit dem Universalgelehrten aus Simferopol, der über europäische Ideengeschichte philosophiert, als ob sein Plattenbau in ihrem Mittelpunkt stünde.

18 Sicht auf Tschatyr-Dag, Simferopol, Alexander Barbuch 2016.

Die Bäume und Büsche streben in die Höhe, der Maßstab schrumpft. Betreten der Erinnerungsspur erlaubt. Vielleicht veräppelt mich jemand mit diesen Pappeln, vielleicht fahre ich an Fassaden aus Pappe entlang. Vielleicht testet jemand ein Videospiel, die Wirkung hyperrealistischer Details, an mir, die Risse an den Wänden, die Pfingstrosensträuße, die Strandmode, den Mattfilter, die Erstarrung im Vorbeifahren zusammen mit dem Drang, auf Fenster, Frisuren, Lippen und Aufschriften zu starren.

Der Jeep springt hoch und prallt auf. – Ein übles Schlagloch. Für die ca. 200 Kilometer über die schmale, zerplatzte Asphalthaut brauchen wir über vier Stunden. Poljakows Kopf stößt, wenn wir in solche Überraschungen fallen und aus ihnen, bis an die Decke. »Grüße aus der Ukraine,« kommentiert er. »Die Ukraine scherte sich keinen Deut um die Krim«, sagt er, »bereits seit 1991.« Wenn ich ihn richtig verstehe, setzen ihm die Ignoranz und Ironie immer noch zu: Wir halten dich in unserer neuen Ideologie fest, wir geben euch neue Denkmäler, Straßennamen und Lehrbücher, die unsere Sprache sprechen.

Beim besten Willen, bei großer Frustrationstoleranz, dieser Weg erschwert jegliche Neutralitätsbemühungen. Er definiert Kertsch als Arsch der Welt. Die Kränze am Straßenrand informieren über mögliche Folgen des Roadtrips. Den Blütenstaub der Straße strapazieren Lastwagen, Ladas, Trolleybusse in Farben der russischen Fahne und Ikarusbusse voller Touristen. Erstaunlich, dass sie alle auf die schmale Spur passen.

Seine Aufgabe am Steuer erledigt Azarowas Mannmaler wortlos. Manchmal, wenn sie eine Pause verkündet, lässt sich erspähen, wie ihn die Fahrt auslaugt. Für ihn sei es keine *exotique*, sagt er, sondern extraordinäres Aufpassen. Wahrscheinlich gibt es nicht viele solcher Straßen in Europa. Auch diese wird es bald nicht mehr in diesem prähistorischen, spätsowjetischen Zustand geben. Seit die Krim an Russland angegliedert wurde, oder wieder zusammengeführt, wie Poljakow mich berichtigt, laufen die Reparaturarbeiten. Reparieren, repatriieren.

Dieser Straßenschaden kennt keine Gnade, nicht einmal in einem Mercedes. Unerschütterlich bleiben, nicht alle Verbindungen zerrütten lassen. Obwohl die Strecke an den Planetenrand zu führen scheint und kurz vor dem Ende der Welt abbrechen wird. Stell dir doch vor, die Unebenheitenreihe sei Rummel. Vergnügen in vollen Atemzügen.

Bald werden unsere Pausen häufiger und länger. Durchschnaufen können wir nur auf den kurzen Abschnitten, die seit der Angliederung saniert wurden. Wahrscheinlich waren sie gar nicht mehr befahrbar. Noch gänzlich undenkbar ist, dass diese Straße je für eine glatte Fahrt sorgt. Doch, doch, neue Belagerung durch Belagerneuerung, Okkupation infastruktureller Oberflächen.

Wir steigen aus, trinken Kaffee in einem armenischen Spontanlokal, Mini-Imbiss mit ausgerolltem Terrassendach, wie eine Dönerbude in Berlin. Die Dichternamen, die Azarowa nennt, hauchen Poljakow etwas Farbe ein. Heidegger und Kuzmin, schon haben die beiden eine gemeinsame Sprache gefunden, und ich kann mich darauf konzentrieren, wie sich die Übelkeit im Kaffee auflöst. Als ob ich von der Krim nie weggefahren sei, höre ich Pol sagen, mein Russisch sei so, und ich selber.

Aber die unrasierten Felder – die Steppe streckt sich auf sie aus – könnten aus einem Amifilm sein, passende Kulisse für eine Autoverfolgungsjagd. In der Steppe stehen Radargeräte. Sie neigen ihre Metallohren zur Seite, als ob sie den Himmel nach der Zukunft befragen würden. Ich dachte, ich hätte die Fahrt über geschwiegen und den Asphalt als ein archäologisches Zeugnis ertragen, aber wahrscheinlich habe ich doch versucht, laut zu denken. Mir schlage die Krim auf den Kopf, konstatierte Azarowa.

Meine Freunde werde ich nie finden, keine Natascha von früher in der Nähe, sondern die Rede von der NATO, keine vorbeiplätschernde Dori, sondern die unaufhörliche Rede vom Donbass. Damals spielten wir Coolsein und keiner merkte es. Heute engagieren wir uns mit dieser beschwerlichen und in ihrer Brutalmaterialität gefährlichen Fahrt für den Frieden. Wir glauben an die Macht der Poesie. Macht sie überall und aus allem, allein und miteinander. Stellt ihre Bedeutungen nicht in Frage, stellt sie auf den Kopf und klopft ihren Rhythmus ab.

Begriffe greifen

Der Slogan »Geopoetik statt Geopolitik« hatte mich in einer Vorlesung angesprochen. Mama mia, ein Mantra, das man braucht!

Auf der Wirkungsmacht von Literatur und Kunst beharren, verhärteten Fronten die Stirn bieten. Kunst statt Krieg, *Alternative* lautete eines der Zauberwörter. Geopoetik sollte die zermürbende Bedrohung in den Hintergrund, ins Lächerliche rücken, sie wollte uns auf das Menschliche in uns zurückbringen. Sie hätte eine Plattform sein können, die die militärischen Konflikte um die Krim in vergangenen Jahrhunderten und Spannungen der letzten Jahrzehnte auflöst. Dank ihr verlaufe eine *ästhetische Achse der Welt* durch diese Halbinsel, sagte und schrieb Sid – die künstlerische Ermächtigung, diesen Raum als einen zu denken, der zu konstruktivem Dasein anleitet.

Also, wie war das noch mal? Sid, der aus Dnepropetrowsk, heute Dnipro, stammt und lange in Kertsch gelebt hat, gründete den Krim-Klub auf der Suche nach dem damals schon, in den 1990ern, abnehmenden Dialog zwischen Parteien, die sich noch heute, drei Jahrzehnte später, um sie streiten. Neben Russland, Ukraine und Krimtataren habe übrigens auch die Türkei Interesse. Letztere beruft sich darauf, dass das Krimkhanat vor Katharinas Eingriff zum Osmanischen Reich gehörte.[36] Halbernst und tonicbitter, wie eine Antwort auf die nahende Apokalypse erscheint Sids Suche nach Gespräch, und sei es nach provokanten Performances und happy Happenings.

Labels wie »Faschisten«, »Trolls«, »Putinversteher« und »Verschwörungstheoretiker« verformen den runden Tisch schnell in einen eckigen. Verurteilt man das Verstehenwollen anderer Positionen, blendet man aus, dass es ein Prinzip demokratischer Meinungsaushandlung ist, kommunikatives Handeln und notwendige Voraussetzung von pluralistischen Gesellschaften. So belehrend kann man das auch nicht sagen, über keinen Tisch hinweg.

Es war wie ein lustiger Gruß, als mich der *Krim-Klub* im Berliner Vorlesungssaal einholte, die heimliche in der offiziellen Heimat. Dieser Verein wurde offiziell am 25. Oktober 1995 in Moskau nach Beendigung des dritten Bosporusforums gegründet. Der Klub sollte eine exterritoriale Fortführung des Forums ermöglichen. Die Mitgliedschaft im Krim-Klub braucht nicht fest fixiert zu sein, Sie und ich können uns dort wiederfinden, wieder erfinden, die Geopoetik wieder toll finden. Der Name referiert auf die internationale futurologische Gesellschaft *Club of Rome*, initiiert in den 1960er Jahren von Aurelio Pecchei. Dieser wollte das Gefälle zwischen den Industrie- und den Drittweltstaaten ausgleichen. Sid gesellte zur Forderung nach einer Nord-Süd-Balance jene nach einer Gleichrangkeit zwischen Ost- und Westeuropa, zwischen Staats- und Kunstinteressen hinzu. Die Klubsitzungen fanden in Kertsch, Kiew, Lemberg und in Moskau statt, darunter im Literaturmuseum der russischen Hauptstadt, im Salon namens *Klassik des 21. Jahrhunderts* und im Moskauer Zoo. Sie umfassten Aktionen, Diskussionszyklen und Programme wie *Zoosophie*, *TraumaText*, *Runder Stuhl* und *Phänomenologie des Namens*. Unter seiner Ägide wurden insgesamt über 300 (!) Veranstaltungen durchgeführt. In diesem Rahmen hat Sid 1996 und 2009 internationale Konferenzen zur Geopoetik organisiert, 2012 eine zur Anthropologie der Reise.

Dabei sei der Krim-Klub, so der Literaturwissenschaftler Alexander Korabljow aus Donezk, ein weiterer Teilnehmer am Bosporusforum, mit seiner Zusammensetzung von Akteuren, mit dem synkretistischen Stil seiner Aktionen, mit seiner Neigung zur futurologischen und soziologischen Problematik eine scharfsinnige Travestie des Rom-Klubs – mit ebensolchen globalen Ansprüchen, die sich in eine Maskerade der Ideen verwandeln, in ein Mysterium der Imitationen, gar in die Utopie des »Vierten Roms«. Dieses Spiel sei die wohl einzige mögliche Ernsthaftigkeit innerhalb der zerreißenden Skepsis zeitgenössischer Intellektueller.

Also, nochmals auf den Punkt gebracht: Sid hat ›Geopoetik‹ in den 1990er Jahren als eine Bezeichnung für eine Lebensphilosophie gebraucht, die landschaftstypische Mythen kreiert und bestehende korrigiert.[37] Er schlägt weiterhin vor: Wenden wir uns statt dem Streiten dem Schreiben, wenden wir uns den kulturhistorischen Ressourcen der Halbinsel zu, ihren Legenden und lexikalischen Eigenheiten, erstellen wir ein *Glossar des Bosporusforums*, das neben Woloschins *Kimmerien* archaische und modernistische Begriffe auflistet,[38] greifen wir nach den Sternen verschiedener Bedeutungen gleicher Orte, Worte, gleicher Kohorten.

Seit den 2000er Jahren hält er an der Geopoetik als einer grundsätzlichen Kategorie »innerhalb eines neuen Denkens über das Wesen des Menschen« fest,[39] eines Appells an Menschenverständigung, an das Imaginieren und Projizieren. Doch vielleicht ist es am menschlichsten, sich nicht zu verstehen?

Das Institut für Übersetzung von Weltliteratur in Moskau, wo Sid angestellt ist, förderte mit ein paar Reisekostenzuschüssen das letzte Forum von 2015, das im Gegenzug das Motto *Übersetzen* trug. Retrospektiv umso bemerkenswerter, wie er mit einem symbolischen Budget seit den 1990er Jahren, in einer nicht ungefährlichen Zeit, als die Zugehörigkeitskonflikte bereits fast eskaliert worden sind, nationenübergreifende Veranstaltungen initiiert hat.

Das Institut schickt ihn gelegentlich auf Dienstreisen, sie laden ihn mit Kraft auf. Manchmal ruft er von solch einer Reise an, zuletzt eines Abends aus Kalkutta. Die Buchmesse in Indien laufe gut, berichtet er, Russland sei Ehrengast. Er habe vier Zitronen gegessen, das würde gegen seine Infektion helfen. Nicht weiter schlimm, morgen präsentiere er auf der Buchmesse ein Thema des nächsten Bosporusforums, sein *Wörterbuch der Kulturbegriffe des 21. Jahrhunderts*. Ja, das Forum werde stattfinden. Googelt man »Xenophobie«, tauchen massenweise Ergebnisse auf, bei »Xenophilie« kaum welche, sagt er. Tippe man das Wort ein, korrigiere es das Programm gleich zu »-phobie«. Die Abwehr des Anderen scheine angeboren, gar normal zu sein, aus Schutz – ein Überlebensinstinkt, meint Sid, wir aber, wir hätten mit unserem kreativen Knall ein Gespür dafür, dass durch die Anziehung zu(m) Anderen die tröstendste aller Energien entstehe, die Poesie.

Er erhoffe sich nicht, dass ich prompt eine halbe Stunde für ihn Zeit hätte, doch falls, würde er sich über ein paar Statements zur Xenophilie freuen, als einer weiteren Formel für literarische und kulturelle Übersetzung. Unter Berücksichtigung der Zeitverschiebung, die zwischen Schweiz und Indien zwei Stunden mehr beträgt als zwischen Indien und Russland, bittet er um eine halbe Seite in einer halben Stunde, *operatiwnenko*.

Zeit lässt sich raffen, lässt sich dehnen, der Raum lässt dich hinein- und hinauszoomen, in die Geschichte und aus ihr in die Gegenwart. Die Gespräche mit Sid und seine Publikationen[40] haben meinen Blick auf die Umschreibungen geografisch-kultureller Räume in Osteuropa gelenkt. Mal entspringen sie dem Durst um Anerkennung, mal dem Dunst von Gewalt.

Sid, der gern mit der Herkunft von Begriffen arbeitet, betont, dass er ›Geopoetik‹ zuerst 1994 verwendet hat, bei einem Vortrag in Jalta auf einem Symposium anlässlich des 50-jährigen Jubiläums der Jalta-Konferenz in dem berühmten Liwadijski-Palast. Geprägt hat er den Begriff als Gegengewicht zur Diskussion der Historiker und Politologen, die Samuel Huntingtons Unkenrufe von der Teilung der Ukraine als unvermeidlich aufnahmen. Sid führte die Geopoetik im Sinne einer geisteswissenschaftlichen Position ein,

> »als eine *hypothetische neue Disziplin* […], die die Mechanismen kultureller Gravitation *und der Strukturierung des menschlichen Raums* untersucht, allerdings nicht ganz nach Huntington. Diese Mechanismen müssen auf künstlerischen Ambitionen basieren, nicht auf denen der Macht. Das war natürlich eine seltsame und freche Utopie. Dennoch hat der neue Begriff trotz seiner Abstraktheit und Unklarheit viele ›berührt‹. Und so entschied ich mich, das entsprechende Epitheton zu dem Namen des Klubs hinzuzufügen, den ich ein Jahr später in Moskau gegründet habe.

Das war die Epoche des Krim-Separatismus unter Präsident Meškov, und ›literarische‹, unpolitische Konnotationen kamen beim Publikum kaum an. Aber an der ersten Geopoetik-Konferenz in Moskau 1996 nahmen trotzdem Größen wie Michail Gasparov teil. Bald wurde der ›wissenschaftliche Begriff‹, den ich in die literarischen Kreise geworfen hatte, als Bezeichnung einiger neuer künstlerischer Praktiken wahrgenommen.«[41]

Hat Huntington Recht behalten? Oder hätte sich der Krieg im Donbass durch intensivere Geopoetik vermeiden lassen? Sid wollte zunächst einmal das Engagement des schottisch-französischen Philosophen Hayden White fortsetzen. White treibt ein ökologisch engagierter Pantheismus an, Sid eine reflexive, oft verwissenschaftlichte Aktionskunst, die den Raum konfliktfrei zu strukturieren versucht, seine territorialen Bedeutungen herauspräpariert, seine genuine Mehrdeutigkeit.

Diese Idee hat ihre Relevanz für die Krim und für die Ukraine akkumuliert.

Mein Coming-out als Kulturtransvestitin entstand in mehreren Situationen, die mir Huntingtons *The Clash of Civilizations and the Remaking of World Order* (New York 1996) leider als erwünscht vor Augen führten, und im Beginn einer neuen Haltung. Sie besteht in einer Hinwendung, einer neuen Hirnwindung, die sich gegen Krieg engagiert. Ich befinde mich in einer Nebenaktion des Bosporusforums, deren Enden es zu einer Schleife zu verbinden gilt oder gerade zu ziehen, von Kertsch bis in die Rhizomwelt des digitalen Zeitalters.

19 Bergplateau, Simferopol, Alexander Barbuch 2016.

Die Rezeption der Geopoetik bewegte sich in verschiedene Richtungen, unter anderem ausgerechnet dorthin, wogegen sich das Konzept wehrte. Einen Akzent der mitteleuropäischen Geopoetik mit Sympathie für die Karpaten und für Osteuropa, inklusive Russland, hat Andrzej Stasiuk gesetzt, doch blieb sein Entwurf nicht lange in der europäischen Erinnerung. Stasiuks und Sids Kollege Juri Andruchowytsch hat den Begriff erfolgreicher übernommen, vielleicht auch dessen selbstironische Art, darüber zu sprechen. Er hat seine Version der Geopoetik mit einer westukrainischen Vision ausstaffiert: Seht her, wir sind EU-fähig, die in der Ost- und Südukraine weit davon entfernt, aber werft mir keine Arroganz vor, ich meine das ironisch, ich bin nämlich herrlich postmodern, genauso wie meine Protagonisten.

Sid hat übrigens mit Anna Braschkina dessen Roman *Perversion* 2002 ins Russische übersetzt, ebenso hat er Gedichte von Serhi Zhadan aus dem Ukrainischen ins Russische übertragen.[42] Andruchowytsch hat mit dem Label der Geopoetik das Programm seiner Wahl verkleidet, orange-majdanesk, ein »Weltanschauungssystem«,[43] in welchem die Verantwortung für sowjetische und postsowjetische Gewalt Russen und Ostukrainer tragen. Im Grunde hat der Majdan das realisiert, was die Karnevalszenarien seiner Romane seit Anfang der 1990er Jahre gefeiert haben, wobei die Scharfschützen, die auf die protestierende Menge geschossen haben, natürlich Mythos sind – oder nationale Heldenschar. Zusammen mit anderen Autorinnen und Autoren, Politikern und Politikerinnen hat Andruchowytsch Huntingtons Prophezeiung von der gespaltenen Ukraine mit rhetorischen Mitteln zementiert. Sid dazu:

> »Jurij habe ich 1998 von der Geopoetik erzählt. Auf unsere Einladung hin kam er zum ersten Mal seit fast 10 Jahren nach Moskau. Auch wenn der Krim-Klub kein erklärtes ›anti-imperialistisches‹ Projekt war, sondern einfach ästhetisiert als ›nicht-imperialistisch‹, wurde dieser für ihn zu einer bequemen Plattform. Seitdem war er noch mehrere Male bei uns. In der Interpretation Andruchovyčs reproduziert Geopoetik ein Motiv der klassischen Geopolitik Ratzels, Mackinders und Huntingtons – die Idee der Konkurrenz und Unvereinbarkeit, ja sogar Feindschaft verschiedener kultureller Räume. Seine Geopoetik ist eine Publizistik über dramatische Unterschiede und den Streit von Nationalkulturen und Mentalitäten, die mit dem Vektor von leitenden Ambitionen geladen ist.«[44]

Im Klartext: Westukraine > Ostukraine & Krim, kulturell inkompatibel. Andruchowytsch subsummierte unter ›geopoetisch‹ Suggestionen einer Geschichtsinterpretation, in welcher die ehemals österreich-ungarischen und polnischen Gebiete der Ukraine wahrhaftig ukrainisch seien, die Ost- und Südukraine hingegen russosowjetisch, asiatisch. Dass die Habsburger ihre »Kleinrussen« zivilisieren wollten, und dass Polen und Ukrainer sich gegenseitig einige Male abgeschlachtet haben, vereint vom Antisemitismus und von Lembergverehrung, hat er lässig ausgelassen. Er wurde dafür mit dem Buchpreis der Europäischen Verständigung geehrt, vermarktet als Diplomat der gesamten Ukraine. Dass er sich gegen die Diversität seines Landes einsetzte, ging unter oder war erwünscht. Kultureller Rassismus? Das kann man so nicht sagen. Der darüber in Vergessenheit geratene Sid argumentierte mit Augenmerk auf die gleichberechtigte Vielfalt lokaler und translokaler Kultur*en*. Ich hole hervor: Sids Geopoetik bestand aus einer international offenen Bottom-Up-Initiative. Er intervenierte damit sowohl gegen neoimperiale Tendenzen Russlands als auch gegen die Expansionspolitik westlicher Einflusssphären. Seine ersten Foren und Publikationen verstand er als Undergroundaktion gegenüber nochsowjetischer Kunst und bald gegenüber Kiew.

Richtete sich Sids Kritik integrativ aus, so strich Andruchowytsch den unliebsamen Osten und Süden aus seiner Vision, ebenso die sowjetische Vergangenheit der Ukraine und jene Gegenwart, die mit der russischen Sprache, Alltagskultur und Wirtschaft zu tun hat. Das Auseinanderdividieren in Freund- und Feindlogik erfolgte also zunächst diskursiv. Diese Wiederholung ex-jugoslawischer Konfliktrhetorik fand Zuspruch. Kaum jemanden schien es bei Veranstaltungen, wie die der Heinrich-Böll-Stiftung (grün, Frieden, Böll?!), zu kümmern, wie Andruchowytsch (er steht für den generischen Plural ähnlich gesonnener Kolleginnen und Kollegen) sich über der Krim äußert – die könne man den Russen verkaufen, sagte er, sie sei fürs ukrainische Projekt unbrauchbar.

Derweil hatte Sid auf Deeskalation gesetzt, ohne einflussreiche Verlage, Zeitungs- und Meinungsmacher. Seine Geopoetik, ein wiederholter Kassandraruf, schallt seit 30 Jahren.

Dabei zeigt Sids Biografie, dass die Position, die alle Mittel der ukrainischen nationalen Identitätsbildung rechtfertigt, sich verändern kann. Sympathisierte er in den 1990er Jahren zusammen mit seiner Partnerin, der Ukrainisch-Russisch-Übersetzerin Anna Braschkina, eine Zeit lang mit der neonationalen Seite, so äußerte er sich ab den 2000er Jahren desillusioniert:

> »Sind die diversen Sprachkulturen, die auf ukrainischem Boden koexistieren, nach europäischem Vorbild in ihren Rechten gleich zu behandeln? Oder ist es stattdessen geboten, die rus-

sische Sprache, die russischsprachige Kultur und ihre Träger zu entrechten? Ich persönlich vertrat, bevor mich meine beunruhigenden Erlebnisse des Jahres 2008 nachdenklich gemacht hatten, die letztere Meinung. Das Jahr bedeutete aber einen Paradigmenwechsel in meiner Wahrnehmung der ukrainischen Wirklichkeit.«[45]

Auf Grundlage seiner Erfahrungen versteht Sid die Position der Krimbewohner, die einen Anschluss an Russland gewählt haben. Eine langfristige ukrainische Option habe sich kaum gestellt, resümiert er, Kiew habe vor Neid auf möglichen Erfolg den wirtschaftlichen Aufschwung der Halbinsel mit Absicht unterbunden, sodass die autonome Republik mit Absicht im desolaten Zustand gehalten wurde.[46] Den Erfolgskurs hätten die Massnahmen des Schriftstellers, Ökonomen und Bildungspolitikers Jewgeni Saburow herbeigeführt, Vize-Premier der Krimregierung Mitte der 1990er Jahre. Er hatte sich vorgenommen, die Halbinsel in eine für Investoren attraktive Freihandelszone zu verwandeln, frei nach Aksjonows utopischem Roman *Insel Krim*.

Lange hat Sid jede Positionierung gescheut, bis er sie 2020 doch formuliert hat. In seinem Rückblick erklärt er die Folgen der Anfeindungen von ukrainischer Seite, auch vonseiten ukrainischer Autoren und Autorinnen:

»Das ›postimperiale‹ und das ›antikoloniale‹ Ressentiment haben im einvernehmlichen Zusammenwirken die Krim nach Russland zurückgeführt. Das ›postkoloniale‹ Ressentiment hat die Krim und faktisch auch die Donbass-Region abgestoßen und aller Welt die expansionistischen Absichten Russlands vor Augen geführt. So hat dank des synergetischen Zusammenspiels der ›entgegengesetzten‹ Modi des Ressentiments jede der Parteien in einer bemerkenswerten Win-win-Situation ihr Wunschziel erreicht. Selbst die Weltbilder, die die unversöhnlich miteinander verfeindeten Parteien jeweils produzieren, sind einander zum Verwechseln ähnlich, auch wenn sie von

> diametral entgegengesetzten moralischen Standpunkten aus artikuliert werden.«[47]

Diese Ressentiments stehen in Wechselwirkung zueinander, mit ihrer Deutungsmacht haben sie zum Othering der Krim zwischen 1991 und 2014 und zur innerukrainischen Aggression beigetragen. Obwohl sie in dieser Zeit immerhin 23 Jahre im Bestand der Ukraine gewesen ist, hatte die Halbinsel kaum Bestand in den *mental maps* der Festlandukrainer – sie haben sie lange vor ihrer Abspaltung abgespalten. Degradiert und geduldet, blieb die Republik noch- und dochsowjetisch, ohne eine Chance auf eine Überwindung dieses zeitlosen Schwellenzustandes. Das westukrainische Vorbild passte nicht auf sie, so viel man sich von solch einer Überstülpung versprechen mochte. Mit der Orientierung gen Russland wehrte sie sich gegen Medienlenkung aus Kiew, im Wechsel mit Wasser- und Stromausfällen bis hin zur Versorgungssabotage im Winter 2015/16. Das Identitätsbild der Ukraine profiliert sich nach 2014 intensiver auf Grundlage dessen, dass es die Krim und den Donbass zu ihrem ›eigenen Gegner‹ erklärt, den man umerziehen sollte. Aber das kann man so nicht sagen.

Mit ihrer offiziellen Isolation zahlt die Krim dafür, dass sie sich unabhängig von neuen nationalen Ideologien erklärt hat, wenngleich abhängig von der großen sowjetischen Erzählung. Jene billigte ihr einen Platz als Erholungsort der Massen, Inspirationsort der Kunstschaffenden, Verteidigungsort der Mutigen zu – als entspannende und spannende Region mit Geltung in der Welt.

Forum und Festung

Der Aktionsradius der Teilnehmenden zerreißt den Diskursvorhang. Obwohl einer der Teilnehmenden aus Irkutsk anreist, das viel weiter von der Krim entfernt liegt als Zürich, repräsentiere ich den internationalen Part. Die einzige Westeuropäerin, die erste Mohikanerin, eine leise Kamera mit Objektivsprung, ein flauschiges Mikrophon.

Das Forum steht allen offen.

Azarowa sagt, was ich denke: Gedichte schreiben sich auch dann, wenn sie nicht aufgeschrieben werden. Sie schreiben sich halb bewusst genauso gut wie bewusst, auch dann, wenn sie nicht nach außen gelangen. Sie schreiben sich mit und ohne Papier, mit und ohne Bildschirm. Sie klingen auf einer Frequenz an, werden hörbar, von innen, wie Musik ohne Noten, wie Wasser. Poesie, sagt sie, entsteht, wenn die Koordinaten einander in Sequenzen aufbrechen, wenn das Innehalten zum Singen wird.

Also Sids Generalplan aus den 1990ern hervorholen. Die Krim aus ihrer Randsituation ins Zentrum des Billardtisches stoßen, diesen Zankapfel zähmen, die Bomben entschärfen, den nächsten Krieg vermeiden – wir sind Heldinnen und Helden, ein bisschen. Wir entprovinzialisieren den Zipfel, verweben ihn für den Moment der Ausführung mit unseren Abfahrtszielen. Die Fahrt performiert schon das Ziel, besonders die Zusatzfahrt auf den östlichsten Punkt der Halbinsel, an die bescheidene Nasenspitze über die höhnische Hauptstraße. Kertsch lockt nicht wie Jalta mit Palmen, Kertsch rostet wie Mariupol oder Rostow am Don im Gedächtnis Europas bis zur Unkenntlichkeit, wächst mit Büschen zu, verwittert im Meereswind, wird überschwemmt und ist selbst dann den Nachrichten keine Erwähnung wert.

Durch das mühsame Unterwegssein dorthin dämmerte mir: Ja, für solche Projekte braucht man Fantasie, Standhaftigkeit, Idealismus, plus eine Prise *pofigizm*: Pfeif darauf, was die anderen sagen, pfeif auf die Schlaglöcher. Rück nicht vom Fleck, auch wenn es ruckelt. Glaub an die Sinnhaftigkeit der Präsenz, auch wenn der Kopf sich umso mehr leert, je weiter wir vordringen.

20 Ein Teilnehmer des Bosporusforums im Gras, Tatjana Hofmann 2015.

Menschen, Orte, Aktionen – losgelöst aus ihren Kontexten zeichnen sie sich wie Zeilen, Wortkombinationen und Klangschalen aus der Ferne ab. Von Nahem begehen sie wie Großbuchstaben auf einem Blatt Papier die trockene Erde von Kertsch, steigen auf Ruinen, sitzen in Busreihen, im Vortragssaal und in der Mensa.

Sid hat in der apokalyptischen, wildräuberischen, hungrigen Zeit der 1990er Jahre alle damals namhaften Autorinnen und Autoren, angefangen mit Ajzenberg und Aksjonow, motiviert, dass sie ihre verehrten Popos auf die Krim schwingen, für fünf lange Vorlese-, Diskussions- und Exkursionstage. Abgesehen vom Forum hat er viel gegen die Kulturverwüstung unternommen, und dies sollte die Geschichte auch irgendwo dokumentieren, inklusive der aussichts- und erfolglosen Unternehmungen, zum Beispiel jener von 2010, als er erfuhr, dass die Munizipalität von Kertsch entschieden hatte, die Hälfte aller Stadtbibliotheken zu schließen. Er schrieb darüber und bat zwei befreundete Journalistenkollegen aus Kiew, die sich mit soziokulturellen Themen befassten, um Unterstützung. Doch sie reagierten nicht. Darauf wurde die Zahl der Stadtbibliotheken um die Hälfte reduziert. »Meinen einflussreichen Kollegen erschien es offenbar unter ihrer Würde (und ihrer Reputation in Kiew abträglich?), sich öffentlich für die russischsprachigen Bibliotheken auf der Krim einzusetzen.«[48]

Sid hat auch Andruchowytsch eine Dauereinladung zum Bosporusforum ausgestellt, mehrmals hat er ihn persönlich eingeladen, genauso wie Serhi Zhadan aus Charkiw. Doch beide fahren in einem großen Bogen um die Krim zu ihren Lesetouren. Dabei bestehen Andruchowytschs Romane wie seine Karriere aus ähnlichen Tagungen, Vorträgen, Interviews – sie krönen seine Bücher und seinen Status im deutschsprachigen Raum. Sie dirigieren die Symphonie dieser als Weltliteratur gefeierten Bücher, die vom Jung- und Mächtigsein von Tschortopil bis Venedig träumen.

Man könnte eine Parodie auf seine männlichen Helden schreiben und eine Protagonistin ins Zentrum rücken, die mit dem Charisma einer tätowierten, magersüchtigen, musizierenden Diva an einem Festival auf der Krim teilnimmt, in seitenlangen Aufzählungen, die ganz viel Europäisches enthalten oder was man dafür in Lemberg halten mag, etwas Alkoholisches, Kopulatives, ein paar Antonytsch-Zitate und unbedingt Unterwäsche aus Wyschywankastoff. Sie würde mit ihrer Ukrainischkeit die Bühne sonnenblumengelb und himmelblau rocken, den Laden aufmischen, die Region sprengen, die Krim zur Brüsselfiliale erklären und dorthin alle Akademikerinnen und Akademiker schicken, die Finanzierungen für Forschungsprojekte und Stipendien beantragen, mit besonderer Berücksichtigung der

Postcolonial Studies, eines Sonderforschungsbereichs. Aber das kann man so nicht sagen, dieses Narrativ würde der Krim facettenreiche Aufmerksamkeit schenken statt den Karpaten … Worauf ich hinausmöchte: Ukrainische Autorinnen und Autoren meiden seit 2014 Sids Forum. Die, die früher hingefahren sind, erfreuen jene, die fernbleiben, so sehr wie Wespen über dem Abendessen.

Das Forum widerspricht dem Gesetz des Mitteleuropäers. Es erinnert sich nicht ständig an Panzer.

In Kertsch herrscht kein Karneval, höchstens eine Veggi-Variante davon. Light und delight. Weder Augenmasken noch Orgien. Keine Tierischkeiten außer dem Bedürfnis nach Poesie. Oder wenn, dann so spät und diskret, dass ich es verschlafen habe, müde wie prüde.

21 Andrej Poljakows Auftritt, moderiert von Alexander Livergant, Tatjana Hofmann 2015.

Darf ich werben: Westliche Kooperationspartner sind beim Forum auf der Vielvölkerinsel (und dafür werbe ich auch) ausdrücklich erwünscht, genauso wie ukrainische Intellektuelle. Ko-Organisatoren waren zuletzt das Tauris-Museum Simferopol und das wissenschaftlich-technologische Zentrum UNIS, das vom Inhaber der Pension *Bospor* in Kertsch gegründet wurde. Der Hotelier, fast wie aus einem Roman von Andruchowytsch, sponserte die Unterkunft, ähnlich verwinkelt und unheimlich wie jene in seinem Roman *Zwölf Ringe*. Das Forum konnte seit 2015 nicht mehr durchgeführt werden – nicht nur wegen fehlender finanzieller Mittel, sondern vor allem wegen mangelnder Akzeptanz. Sid plante es, wopreki, trotzdem, für 2020 und erkrankte an Corona, mehrmals. Cyril und ich hatten vor, die Teilnehmer zu porträtieren und das Forum 2020 als einen Höhepunkt des Trotzallems zu dokumentieren, als Beginn des neuen Zusammens. Nun dokumentierten wir sein Scheitern, ein bezeichnendes.

Unter den durchweg russischsprachigen Teilnehmenden begegnete ich 2015 dem krimtatarischen Maler und Performancekünstler Ismet Scheich-Zade. Sein Urgroßvater war Scheich im Krim-Khanat. Ismet wurde in Usbekistan geboren, hat in Leningrad und Moskau die Schule besucht und in Moskau als junger Maler in den 1990ern bei prominenten Künstlern seine Ausbildung genossen, bis seine Eltern und er auf die Krim übersiedelten.

Ich lernte außer ihm, Azarowa und Poljakow den Philologen Alexander Korabljow aus Donezk kennen, wo er trotz des Krieges an der Universität unterrichtete (»Besuchen Sie uns, meine Studenten dürsten nach Inputs!«); den Dichter Amarsana Ulzytuew, der seine Gedichte auf Russisch schreibt und sie in burjatischer Intonation von der Bühne brüllt; Andrej Sizych, der Geopoetik am Baikalsee betreibt (er hat in der Sowjetunion Geschichte studiert, später in Russland, Kanada und Japan Management und organisiert seit 2009 Literaturfestivals am Baikalsee mit Hilfe der Stiftung *Baikal-Kulturschicht*) and last but not least Jan Schapiro, den Autor und Übersetzer aus dem Englischen.

Das Forum begann damit, dass der Organisator, im weißen Hemd und Jeans, über die Bühne des luftigen Pompsaals im Taurischen Museum hüpfte. Eröffnung, Auftakt, Takt bei jedem Wort. Übernächtigt sah Sid aus, Pferdeschwänzchen noch oben, Kopf demütig geneigt. Er stellte sich der Pressekonferenz. Vom Medienpublikum wurde er mehrmals gefragt, was er vorhat, was wir vorhaben. Was das Forum soll angesichts der Situation infolge von 2014. Warum all diese Menschen so weit zu ihnen auf die Krim fahren. Sid erklärte geduldig, dass wir uns in der Provinz vorfinden, damit sie nachhaltig in ein kulturelles Ereignis verwandelt wird.

Die wichtigste Funktion des Forums sei seine Rubrik »Überlebenstraining der zeitgenössischen Kultur«. Das sei, so Sid, nichts Geringeres als Psychotherapie für die Region: Die Veranstaltung könne ein Beispiel dafür sein, dass Initiativen, auch wenn sie nichtkommerziell sind, etabliert werden können. Dass Projekte eine Gemeinschaft über Jahre und Länder hinweg ermöglichen. Sofort hebt der Organisator hervor, dass das Forum gar keine zeitgenössischen Fragen behandelt, außer man betrachtet die Genueser mit ihren aristokratischen Dynastien und Kolonien auf der Krim als Vorläufer, wie er hinzufügt, auf die dauernden Besitzfragen und die oligarchischen Machtstrukturen anspielend. Der Bosporus, betont Sid, sei ein Symbol der Begegnung zwischen dem Osten und dem Westen.

Was hier nun der Westen ist, wage ich nicht zu fragen. Man sagt mir ja ständig – Poljakow ist hier eine Ausnahme –, dass ich ihn repräsentiere. Meinetwegen, ich schweige dazu und darüber, was ich dort lese, zum Beispiel, dass die Krimbrücke eine baudrillardsche Kopie sozialistischer Bauvorhaben sei, instabil wie der russische Staat. Ich schweige mich selbst an, während ich denke, dass man die Rhetorik der hiesigen und dortigen Zeitungen mit jener aus dem Kalten Krieg vergleichen könnte – vielleicht auch eine Kopie der Kopie?

Vielleicht nimmt »sozialistisch« in diesem Reservat der 1980er bis 1990er Jahre eine andere Bedeutung an, von heute aus gesehen verwischen sich die Zeichen der Zeiten. An jeder Ecke sitzt in Russenhocke ein »Noch immer, ja doch, geht genauso easy wie Sonnenblumenkerne knacken«. Gebüsch und Grünzeug, wo man es nicht erwartet, efeuartig, verwuchert, verwunschen, von allem etwas. »Alles sieht wie früher aus« wechselt sich ab mit »alles scheint fast wie früher zu sein« und »das kann nicht sein, Jahrzehnte sind Jahrzehnte«.

22 Amarsana Ulzytuew, Tatjana Hofmann 2015.

Fragil und doch unverrückbar. Es gibt neben dem Konferenzsaal des Taurismuseums im Gastronom gegenüber Internet mit starkem »Americano« und zum Kaffee jene gelb-grün-roten Törtchen von früher neben einem gekühlten Eclair, dessen wuchtiger Geschmack mir sofort in die Kehle kriecht. Kann mich nicht entscheiden, will ich das oder nicht. Ich will einfach in diesem Laden stehen, langelange. Das kann ich keinem Journalisten sagen: Noch mehr als von Eröffnungswehen bin ich so platt von der Forumseröffnung, dass ich einen Kaffee brauche, mich davonschleiche, über die schattige Straße, in den kleinen vollen Laden mit all den Dingen, die es früher gab, nur nie auf einmal. All die kleinen Backkunstwerke im Gesamtkunstwerk K., so gesund euch zu sehen, euer Zucker und Fett vereinigen sich in meinen Augen zur besten aller Madelaines, ich bin auf Anhieb hypnotisiert. Ich fange bald zu rauchen an, damit ich euch nicht essen muss, auf Balkonen über den unruhigen Pappeln, mit Poljakow, mit Barbuch, mit Azarowa und Krimkirill. Vor Akazien, hinter Akazien, im Einsamsein, im Einssein. In der Steppe, auf den Bergen, am Meer, in drei Klimazonen, vier Jahreszeiten, jahrelang.

Ich war am Herausfallen aus dem Forum, aus dem Taurismuseum, aus dem überhitzten Saal, aus den Bussen, Marschrutkas und Autos – aus dem Manifest gewordenen Erinnern. Eine Teilnehmerin hatte mich bemerkt oder mein Fehlen, sie war mir gefolgt, stellte ich im Gastronom fest, und hatte pro forma einen Apfel gekauft. Dezent führte sie mich zurück in den großen Saal, auf jenen der Holzklappsitze, unter welchem ich meine Turnschuhfüße versteckte. Ich setzte mich hinten hin und beobachtete, dachte ich, wie diese Menschen ohne Papier und ohne Powerpoint auftreten. Wie sie wissen, was sie sagen, oder wie sie improvisieren, oder beides. In der nächsten Pause kam ein Journalist auf mich zu. Er zückte seinen Notizblock und fragte: Ob ich Reiseschwierigkeiten gehabt hätte, und ob ich angesichts der Energie-, Wasser- und Reiseblockade der Krim seitens der Ukraine am Perekop keine Angst hätte, hier zu sein. – Nein, nein. Ob ich Sanktionen bei der Rückkehr befürchte wegen dieser Reise. – Vielleicht gibt es subtile Sanktionen dieser Aktion, vielleicht aber Interesse und Verständnis für die K., für euch.

Wie kann ich sagen, dass die Krimverdammung sich wie eine Außenverstärkung einer inneren Blockade anfühlt. Ich habe lange jegliche Brücken zur K. abgeblockt, meine Notizblöcke gelöscht, um mich in deutschsprachige Bubbles zu integrieren, bis ich Kafka exzerpiert habe: So sehr du dich anstrengst, du bleibst eine Affenfrau, albern gut dressiert. Nun blocken mich mehrere Personen, weil ich versuche, jene K. in unser Alphabet zu überführen, ihre und meine Vergangenheit in die gesamteuropäische Gegenwart.

Zum nächsten Bosporusforum bringe ich Verstärkung mit, bestimmt, das wird anders, wir werden anders. Ich fliege mit der Autorin O., ihr gerader Rücken ein Ausrufezeichen, und mit dem Dichter Z., mit Zhadan und allen meinen Kollegen im Schlepptau.

Etwas in mir schwebt, schließt die Augen, will und will nicht, hat Angst, Freude, Angst, Freude. Sortieren, blinde Flecken lokalisieren. Simferopol, administrative Hauptstadt der Halbinsel, kenne ich nur von der Karte. Die Stadt wirkt unfertig – fast alt, fast renoviert, halbgar. Kertsch hingegen richtig veraltet, sitzengelassen. In Kertsch, ehemals Pantikapaion, nun Verbindungsstadt zum russischen Festland, wurde mit dem Bau der Brücke begonnen. Davon war noch nicht viel zu merken, wie auch nicht viel davon zu merken war, dass das Jahr 2015 und nicht etwa 1995 herrschte: Zum Bau bereite oder durch Abriss befreite Areale mit provozierender Breite, Leere und Wind, viel Wind. Sachlichkeit der Panelblockfassaden. Sie haben etwas Verlässliches und Freundliches – auf der Hinterseite, in den Durchgangshöfen.

Auf einem dieser Bauten prangte ein Graffiti, das ich vergessen hatte abzufotografieren, wir sind zu schnell daran vorbeigefahren: Der russische Präsident lächelte von der Hauswand der Krimkarte zu, darüber stand die Aufschrift *#Putin, Krim*. Der älteste Teilnehmer des Forums beugte sich vom Bussitz zu mir nach vorn und fragte, ob ich wisse, was dieses Zeichen vor Putin bedeute. Ich nehme an, ein Hashtag. Er nimmt an, eine Zweideutigkeit: Putin hinter Gittern.

23 Natalia Azarowa mit Mann, Tatjana Hofmann 2015.

Verschüttete Perspektiven und Bedeutungen, darum drehte sich alles in dieser Stadtsteppe, so die Forumslosung. Kunst als Spielraum, dafür hat sich bereits Friedrich Schiller im seiner Abhandlung *Über die ästhetische Erziehung des Menschen* (im 11. bis 16. Brief) von 1793 eingesetzt: Erst das ästhetische Spiel lasse den Menschen human werden. In diesem Sinne bemüht sich das Bosporusforum um ein denkendes und fühlendes Zusammenspiel, um Anstöße zu ungewöhnlichen Meinungen, um deren Pluralität. Nötig, nach wie vor, genauso wie das Augenzwinkern, Nichtdenken, Genießen. Das Forum setzt die Residenz der Könige des Bosporanischen Reichs fort. »Spor«, russisch für Diskussion, klipst Früher mit Heute zusammen und Republikgrenzen auseinander.

In einer Pause stellt mir Natalia Azarowa Fragen – Übersetzung, Translatio, Wissenschaft –, sie hat gerade ihre Version eines chinesischen Gedichts auf Russisch vorgetragen, auch Fernando Pessoa hat sie übersetzt, mit Auszeichnung. Ich lese ein bisschen über sie und von ihr im Netz, darunter ihr Gedicht *rose ausländer*, das ich mal übersetze:

Entverbindung

gespiegelte Karpfen
in Paprika gestopft
verstummen in fünf Sprachen
die Liberalen bevorzugen Sterne
die Diktatoren bevorzugen die Sonne

mampf mampf mampf

der Mond ist nicht wiederbesetzt
die Monde sind geöffnete Munde
die Löwen verstreut
über tausend Treppen

Entverbindung[49]

Während ich noch in meinem Laptop stöbere, ordnet sie an, ich solle meinen Kaffee austrinken. Zusammen mit Sid schubsen sie mich auf die Bühne, gefühlt ohne Turnschuhe, ohne alles. Ich trete spontan auf, wie die anderen ohne Papier – und bin für eine halbe Stunde wie sie, indem ich mich auf diese Vortragsart einlasse. Rede darüber, dass mich Übersetzungsskepsis umhüllt, die Praxis aber all die Jahre begleitet, wie ein Schatten. Ich entkomme dem Übersetzen ja nie, auch wenn ich still übersetze (wenn das Russische unaufhörlich im Hintergrund rattert), so wie Gedichte auch ohne Aufschreiben geschrieben werden können, nicht wahr. Schön weiter zwischen Sprachen und Modellen schalten, auch wenn du spürst, dass du nicht alles ausdrückst-vermittelst-verbindest. Ständig dringt die eine Sprache in die andere hinein, ein einziges Störkochen. Du weißt schon beim Sprechen, dein Versuch wird zum Teil scheitern. Es wird nicht allen schmecken. Du weißt, du musst da durch, und dass Sprache in ihrer normativen Korrektheit, in den Erwartungen an sie gestört werden muss, damit sie würziger wird.

Ich erzähle darüber, wie ich Igor Klechs *Buch vom Essen* übersetzt habe. Was ich nicht sage: Da gebe es die Überführung aus dem Nonverbalen ins Verbale, wie das Schreiben einer Reportage anhand von Erlebnissen, die einem etwas bedeuten, und anderen nicht, und den Übergangszustand, wenn die nüchterne, nach den Regeln des Genres gebaute Reportage in einen Roman zerrieselt. Die Übersetzung des Erlebten und Gelesenen in den Bericht verläuft vertikal, aus dem Unbewussten ins Rationale, hier waltet das Über-Ich. Die Übersetzung aus der Reportage in einen Roman verläuft horizontal, im Unbewussten, hier arbeitet die Intuition. Die Übersetzung aus einer Sprache in die andere verläuft horizontal und vertikal, du musst sie fühlen und grammatikalisch durchdringen, zwei verschiedene Musikinstrumente bespielen. Mit vorprogrammierter Dissonanz klarkommen. Mit kultureller Distanz, Anbandelung und Abnabelung. Der Übersetzungsvorgang – Tanz, Balz, Vogelgezwitscher und Froschkonzert. Das Hineinversetzen lässt sich nicht erzwingen, nur anbieten, und darauf wartet das Publikum, es möchte an Erfahrungen anderer teilhaben, durch einen unsichtbaren Sprachvorhang eintreten. Es möchte über Screens swipen und den Rest der Welt vergessen, oder selbst auf Berge steigen.

24 Natalia Azarowa mit Notizblock, Tatjana Hofmann 2015.

Sid, unser Lieblingstrickster, führt uns am Höhepunkt des Forums auf einen Hügel in der Festungsanlage von Kertsch. Wir lassen uns als Gruppe neben einem Kunstwerk an diesem Ort fotografieren, während der Performer das Bild erklärt – ich nehme das erste Mal an einer expliziten Performance teil. Ismet, der krimtatarische Künstler und Kunstwissenschaftler mit der Zusatzberufsbezeichnung »Monumentalist«, lässt sein Plakat mit nacktem Michelangelo von der Festung hinunter. Ismet sieht in den Fresken Michelangelos in der Sixtinischen Kapelle gut verborgene Körperteile – Genitialien und Hirneingeweide. Er vergleicht die Proportionen der Kapelle mit dem dargestellten Körper, zieht Parallelen zwischen der Renaissance und der krimtatarischen Kunst und lässt sein Publikum verstummen, bis jemand scherzt: Die »inneren Organe« verfügen wie immer über die größte Macht. Die Scherze verselbständigen sich, die Gruppe lüftet ihre Kommentare über dem Hafenpanorama, Ansichten vieler Unpolitischer. Jemand sagt, auf die ukrainische Blockade der Personen- und Güterbewegung über den Landweg könnte Russland so antworten, dass ukrainische Waren nach Russland nur über die Krim gelangen dürfen. Jemand anderes sagt, es mögen zwei verschiedene Länder sein, aber die Menschen, sie sind dieselben. Jemand rückt den Sonnenhut zurecht, die Hitze haftet an der Haut. Ich rücke zur Festungsführerin, die in ihrer schwarzen Hose, ebensolchem T-Shirt und dem nach hinten gebunden Kopftuch einem Seeräuber ähnelt, rücke ein paar Daten im Gedächtnis zurecht und vergesse sie kurz darauf wieder.

25 Ismets Plakat mit einer Skulptur von Michelangelo, Tatjana Hofmann 2015.

26 Ismet erklärt seine kunsthistorischen Entdeckungen neben der Festungsführerin, Tatjana Hofmann 2015.

Als wir uns neben Ismets entlarvenden Poster fotografieren lassen, fällt mir ein T-Shirt auf. Ich gehe auf dessen Besitzer zu, den MGIMO-Professor und Leiter des Instituts für Europäische Beziehungen Oleg Barabanow. Spreche ihn auf die junge Frau auf seinem Bauch an, die Generalstaatsanwältin der Krim Natalia Poklonskaja, seit 2014 ein beliebtes Animé-Motiv. Er glättet das T-Shirt, ich darf ihn fotografieren.

Dem Politologen bin ich etwas suspekt – er schaut professionell ernst drein, ironisch gebrochen vom Mangagesicht. Barabanow sagt, er habe in Kertsch vor 30 Jahren als Student der Geschichtswissenschaften einen Sommer lang bei Ausgrabungen geholfen. Nun ist er zum Forum gefahren, um seine Jugendstadt in einer sich verändernden Krim zu sehen. Ich frage ihn, was er über die Angliederung denkt, ob er als Politologe dazu eine Position formuliert: »Es gab den Präzedenzfall Kosovo,« sagt er. Ist Kosovo ein Fall von Rechtmäßigkeit oder ein Präzedenzfall von Rechtüberschreitung? »Ja, die Angliederung ist eine Wiederholung der Rechtüberschreitung von Kosovo. Aber wenn sich die meisten auf der Krim darüber freuen, ist es ein Unrecht?«

27 Der Politologe Barabanow und ironische Brechung, Tatjana Hofmann 2015.

Ansichten eines kritischen Patrioten, wie Barabanow sich selbst bezeichnet. Poljakow gesellt sich zu uns. Er schießt mit drei Fragen pro Minute auf den Politikprofi ein. Jelzins Bande sei schlimm gewesen, sagt Barabanow, Putin sorgte für deutliche Besserung, ökonomischen Aufschwung, bisher nicht gekannten Wohlstand und soziale Versorgung, aber auch hier Bande, eine Straßenbande, Mafia. Das Gesetz der Straße schaffe es bis in den Kreml und möchte da in den nächsten Jahren nicht wieder hinaus. Wie interne Quellen berichten, wird im Kreml ein teurer Swimmingpool für das sportliche Staatsoberhaupt gebaut, und auch andere Quellen deuten auf neues Zarentum hin. »Ich habe Putin dafür zwölf Jahre lang verachtet, das muss ich schon sagen«, betont Barabanow, »aber nach der Krim respektiere ich ihn.«

Der Respekt lasse selbst die skeptischsten Hauptstädter die Kosten des Coups in Kauf nehmen. Seine Außenpolitik sei halt besser als seine Innenpolitik, endet der Politologe.

Die Führerin erklärt uns die Anlage der weitläufigen Festung, eine Piratin auf ihrem privaten Territorium. Das kann man so nicht sagen. Sie bewegt sich zwischen Kanonen und Steinen wie eine Gärtnerin zwischen Gurken und Tomaten, welche sie Schreibtischmenschen demonstriert. Das vielleicht auch nicht. Ich fotografiere sie in einer Reihe neben dem Burjaten, dem orthodoxen Juden und dem Krimtataren mit kühnem Hünenblick, was sonst. Unsere Gruppe – eine bunte Truppe, eine friedliche Festungsbande. Ein Fest, ein Karneval gar. Kertsch, die älteste Stadt Russlands, lese ich auf einem Plakat neben der Festung: 20 000 Jahre alt. Werbopoetisch erklärt der Ort seine Geschichte, die unter den Platten schlummert.

Auf dem Festungsgelände drückt die Hitze, Präriefarben paralysieren. Die Gruppe verteilt sich, einige strecken sich auf dem Gras aus. Auf den Ruinen schreitet eine Frauengestalt dahin: Azarowa, als ob ein Regisseur sie so eingeplant hätte. Hinter ihr – ihr Mann. Die roten und blauen Streifen ihres bodenlangen, dreieckig geschnittenen Kleides halten die Augen auf: Seht her, seht die poetische Macht der Präsenz.

Sie schwebt wie ein gestreiftes Steppensegel über dem Meer. Der Putin-Gitter-Scherzkeks legt sich zu einem anderen Mann auf das gelbe Gras zwischen den Säulenstümmeln. Azarowa sagt, sie habe ein Gespür für die Poetik von Landschaften. Diese Stadt gefalle ihr, hier verweigere ihr GPS-Gerät die Verbindung. Das haben wir auch auf dem Hinweg gemerkt, denn noch lange vor Kertsch mochte das Telefon uns nicht mit Googlemaps verbinden. Hier, in dieser Stadt im Umbruch, breche die Welt ab, und hier beginne etwas, so betriebsam sei das Meer, so viel Energie hänge in der Luft.

In der Mensa in Kertsch steht die Zeit still, sowohl was die Speisekarte betrifft als auch die adrette Arbeitskleidung der Frauen hinter der Theke, über denen ein Putin-Portrait hängt. Wir kaufen nach dem Mittagessen Gemüse auf dem Markt von ewig feisten Verkäuferinnen (oder es sind ihre Jacken) und von Rentnerinnen hinter Gartenblumensträußen, die wie immer auch Säcke mit Sonnenblumenkernen hüten. Dill, Petersilie, Milchprodukte, Bubliki und Baranki, Fässer frischen Fischs. Auf der jüngst hergerichteten Uferpromenade mit Urlaubern und Brückenbauarbeitern verspeisen Azarowa und ich am nächsten Tag in Sesam gebratenen Lachs zu griechischem Salat in einem Hipsterlokal.

Kertsch entwickelt sich zu einem meiner Verbindungspunkte mit dieser, mit meiner Heimatregion, per Seeweg bereits stark frequentiert, per Gedankenweg noch stärker, bald mittels der kilometerlangen Megabrücke, bald wieder ins Vergessen gedrängt. Gedichte einfangen, so verstummt das Forumsmotto und mit ihm diese Form von Rückkehr, Aufbruch und Bruch mit einigen Menschen daheim. Das Leben besteht nicht nur aus Verbindungen.

Am letzten Tag hatte ich plötzlich Fieber. Sid meinte, psychosomatisch. Sizych meinte, ich hätte mit ihm doch Kognak mit Melone trinken sollen im Pensionat, dann wäre ich gesund geblieben. Das hatte ich abgelehnt, als mich der Schlaf überwältigt hatte.

28 Amarsana Ulzytuew und Jan Schapiro neben anderen Teilnehmenden, Tatjana Hofmann 2015.

Schlafend verpasste ich Poljakows Gedichtlesung in Kertsch, den krönenden Abschluss des Forums. Er wurde sauer, dass ich bei seiner Performance nicht dabei gewesen war, stürzte betrunken in mein Zimmer, fiel in seiner Jeansjacke auf das Nebenbett und trug Gedichte mit seiner angeschlagenen, verrauchten Stimme vor. Erschöpft vom *Dortsein* entging mir, dass ich ihn verletzt hatte, bis mir ein anderer Dichter, Sergej Zawjalow, später erklärte: Welch große Beleidigung für den größten Kopf der Krim!

Allein schon aus Europa nach Russland zu fahren, sei ein gehöriger Schlag aufs Hirn, kürzte Azarowa auf der Rückfahrt vom Vordersitz meine Retrospektive mal wieder ab. Hopsten wir auf dem Hinweg noch auf der Bank des Jeeps über Enjambements, so grippierten wir auf dem Rückweg aus Kertsch schon sippenhaft – Poljakow legte sich alsbald in seinem Zimmer hustend hin. Seine Mutter beschloss, dass ich mich in ihrem Wohnzimmer erholen soll. Sie brühte mir einen Tee mit Honig auf, platzierte eine Tablette auf der Untertasse, rückte mir das Kissen zurecht. Ich schlief unter Urkunden und Preistrophäen Poljakows auf dem Sofa seiner Eltern, zwei Tage vor meinem Rückflug. Betrachtete all die Auszeichnungen Andrejs in einer Vitrine und auf der Wand, sie passten kaum hin, so viele waren es. Obwohl er selbst fieberte, trug er mir wieder seine Gedichte vor, leise, soweit es seine Stimme erlaubte. Zum Einschlafen. Nein, zur Anregung. Zum Abschied – aber wir haben doch eben erst angefangen! – stellte sich heraus, dass sein Vater in der Schule meiner Brüder Lehrer gewesen war und auch in meinem Puschkin-Gymnasium Nr. 1 unterrichtet hatte. Andrjuscha scherzte, ich könnte seine kleine Schwester sein. Er krächzte zuletzt, dass wir uns gar nicht zu verabschieden bräuchten, ich sei doch nie weg gewesen.

Histblick

Eine kleine Bilanz, ein Rück-/Rundumblick auf Aktionen des Krimklubs: Das in Kertsch und vor dem Brückenbau auf der Grenzinsel Tuzla stattfindende Bosporusforum hatte kurz nach seiner Gründung über 160 Literatur- und Kunstschaffende versammelt. Das Konferenzfestival schloss von Anfang an konzeptualistische Performances ein, darunter Landart, bei der im Freien aus Naturmaterialien Kunstwerke geschaffen werden, und Happenings – Aktionskunst, die das Publikum einbindet, indem sie Ereignisse improvisiert.

29 Igor Sid bei dem vorerst letzten Bosporusforum, Tatjana Hofmann 2015.

Im September 1993 fanden Installationen im Rahmen der Ausstellung *Tabula rasa* auf der Insel Tuzla statt. So erstreckte sich zum Beispiel die Arbeit *LOOK TO THE HEAVENS* (*Schaut zum Himmel*) von Rostislaw Jegorow auf dem Strand über einen Kilometer lang: Die Buchstaben dieses Mottos hat er aus schwarzen Algen ausgelegt. Die Aufforderung erinnert den Zuschauer an verschiedene Welten und daran, dass etwas, was sie vereint, über ihnen steht, denn über der Aufschrift kreisten Hubschrauber der ukrainischen und russischen Grenzwache, der Fisch- und Jagdinspektion. Einen Monat später soll Michail Ajzenberg, der mit einer eigenen Ausstellung in den USA gewesen ist, dem Organisator des Forums Aufnahmen überreicht haben, die tief gerührte NASA-Mitarbeiter von dieser Aufschrift angefertigt haben, so der Mythenliebhaber Sid.

30 Geoglyph 0, Andrej Kanischew 1993. Diese und die folgenden Abbildungen des Kapitels von Andrej Kanischew erschienen zuerst in »GF – Novaja literaturnaja gazeta«, 1994, Nr. 2(2), 1–6.

31 Geoglyph S, Andrej Kanischew 1993.

32 Fazil Iskander, Wassilij Aksjonow und Igor Sid, Andrej Kanischew 1994.

33 Jewgeni Saburow und Igor Sid, Andrej Kanischew 1994.

Ajzenberg hat mit Irina Danilowa *Aphrodites Geburt aus der Eizelle* unter freiem Himmel gezeigt – eine Installation, die zuvor in einigen Galerien Westeuropas ausgestellt worden war und die nun die antiken Wurzeln der Krim betonen sollte. Es handelte sich um ein sechs mal sechs Meter großes Quadrat, arrangiert in parallelen Reihen aus Gipseiern, die an einigen Stellen mit der Kopfkopie der Königin der Liebe ersetzt wurden.

Ferner platzierte die australische Kunsthistorikerin Maria Gough ihre Gipsfigur *Ohren des Paleopolis* am Strand. Dieses Kunstprojekt führte sie gemeinsam mit Konstantin Ioannidis auf allen Kontinenten durch. Neben antiken Assoziationen sollte das überdimensionale Ohr auf eine Redewendung von Wladimir Wojnowitsch zum dystopischen Roman *Moskau 2042* anspielen, so Sid: »Wenn man sein Ohr auf die Erde legt, kann man die gesamte Welt hören.«[50] Er interpretiert weiter, das Projekt hänge mit der Ursprungsmythologie von Marias Heimat zusammen, und zwar handle es sich um *Uwana Kimpala*. Dieser Dämon nächtlicher Ängste aus dem Pantheon nordaustralischer Ureinwohner besitze weder Augen, Hände, Beine noch einen Körper, sondern nur ein großes Ohr. Er verstecke sich auf einem Baum, was eine aufdringliche Parallele zum ostslawischen Fest *Iwan Kupala* sei, und steige in der Nacht der Baumblüte hinab, um am Bauch der Kunapipi, der fruchtbaren Erde, zu lauschen, ob sie bald jenen Menschen gebärt, der ihn mit seinem Säuglingsgeschrei TAUB werden ließe.[51]

Eine der wirkungsvollsten Land-Art-Performances des zweiten Forums 1994 hieß *Zyklopische Geste*. Sie bestand darin, dass die Teilnehmenden, darunter die Dichter Andrej Poljakow, Timur Kibirow, Iwan Schdanow, Michail Ajzenberg, Viktor Babanin und Wladimir Mikuschewitsch (Dichter, Schriftsteller, Religionsphilosoph, Übersetzer aus dem Deutschen), einen pseudoskythischen Grabhügel (Kurgan) aufschütteten und in ihm persönliche Artefakte in Erinnerung an das Forum vergruben. Den Hügel, der an die Tradition der Skythen anknüpfte, nannten sie *Juz-Adyn-Oba*: Dieser Name in der fiktiven Sprache Jaki, die Wassili Aksjonow in seinem Roman *Insel Krim* ausgedacht hat, amalgamiere die krimtatarische und die russische Sprache, so Sid, und bedeute ungefähr *Die 101. Höhe*. Dafür schaufelte der Forumsorganisator 1993 gemeinsam mit Aksjonow, im Jahr darauf mit dem Konzeptualisten Lew Rubinstein zur Eröffnung des zweiten Forums. Die Bewohner der Stadt Kertsch hätten den Kurgan bald darauf geebnet, da sie ihn immer wieder ausgegraben hätten, um die Talismane der Teilnehmer zu bergen, stellt Sid fest, und im gleichen Atemzug, dass Landart mit verschiedensten mythopoetischen Verfahren einhergehe.

Unter den kollektiven Performances findet sich die Aktion *Flaschenpost*. Auf Anregung von Andrej Poljakow schreiben die Teilnehmenden Briefe für die Zukunft, werfen sie in ein Holzfass (das sollte ökologischer sein als einzelne Glasflaschen, so Sid) und legen damit den Grundstein für eine neue Tradition. Dieses Fass sollte nach dem Jahr 2000 in das Mittelmeer gelangen, und vielleicht weiter. Jeder Brief enthielt eine Botschaft für die Nachwelt.

Während des Einsammelns fehlte der Kameramann, der aus privaten Gründen im Gebüsch verschwunden war. Als er zurückkehrte, bat er um eine Wiederholung der Szene, bei der jeder Teilnehmende seinen eigenen Zettel einwirft. Dafür mussten die Briefe entnommen und gelesen werden. Timur Kibirow wunderte sich über das, was auf dem ihm zugefallenen Zettel stand: ein Fluch auf die »Genossen Nachkommen«. Auf Fluch reimt sich Buch, auf naiv intensiv, auf Mühen die Vergeblichkeit.

34 Beginn der Fassaktion auf Tuzla, Andrej Kanischew 1994.

Zu weiteren Teilnehmenden gehörten bei den ersten beiden Foren die international berühmten Prosaautoren Wassilij Aksjonow und Fazil Iskander, Veronika Bode (Journalistin, Redakteurin, Dichterin und Autorin), Ruslan Elinin (Dichter; Verleger), Leonid Panasenko (Fantasy-Autor und damaliger Vorsitzender der Autorenvereinigung der Krim), Anna Galitschenko (Kunsthistorikerin), Alexander Ljusy (Literaturwissenschaftler, von ihm stammen die Bezeichnungen »museales Krimgefühl« und »Krim-Text«), Maria Maximowa (Dichterin),

Alexander Asmolow (Psychologe und Dichter), Alexander Golubjow (Dichter), Juri Netschiporenko (Dichter) und Iwan Achmetjew (ein Dichter, über den Sid bemerkte, seine Sätze seien hart wie Steine).

35 Ende der Fassaktion auf Tuzla, Andrej Kanischew 1994.

Das zweite Bosporusforum im Jahr 1994 hatte die meisten Kulturschaffenden involviert. Eine Videoaufnahme, die Sid uns geschenkt hat, hält Sids Begrüßung fest – er erzählt eine gute halbe Stunde aus dem Stegreif. In seiner Rede führt er nicht nur die oben genannten Teilnehmenden ein, sondern auch die *Taurologie*, die Wissenschaft von der Krim als einem Kreuzungspunkt der Kulturen, und seine an Woloschin angelehnte Konzeption der Krim als *mirowoj poligon*, einer spielerischen Teststrecke, einem Übungsplatz der Welt – und des Friedens. Er spricht von der Notwendigkeit einer Alternative zur Krim als Museum und zur Krim als Streitobjekt, bezieht sich dabei auf Aksjonows *Insel Krim* und legt nahe, dass die Krimtschanen eine Grundidee dieses Romans übernehmen sollten, nämlich die Halbinsel als magnetischen Ort auffassen, eng verbunden mit dem Mittelmeerraum und mit der Antike.

36 Sid und Mikuschewitsch auf *Juz-Adyn-Oba*, Andrej Kanischew 1994.

37 Teilnehmende des Forums stehen auf dem Kurgan *Juz-Adyn-Oba*, Andrej Kanischew 1994.

38 Sid tanzt mit Aksjonow, Andrej Hanischew 1994.

Die Videoaufzeichnung der Forumsvorträge auf VHS-Kassette endet mit einem Interview: Ein junger Mann fragt Aksjonow, warum der Exilautor aus den USA nach Kertsch gereist ist.

> **Aksjonow:** »Das ist Sids Beharrlichkeit zu verdanken. Ich teile seinen Enthusiasmus und schätze seine Hingabe an die Kunst, Geschichte, Mythologie und Zivilisation des Mittelmeerraums. Es ist selten in der jungen Generation, die Sid repräsentiert, angesichts ihrer – gelinde gesagt – pragmatischen Adaption ans Leben. Sids Underground ist einmalig. Außerdem habe ich die gesamte Krim bereist, als ich *Insel Krim* geschrieben habe, aber hier war ich noch nie. Daher wollte ich diesen weißen Fleck auf meiner Karte füllen. Bereits heute habe ich gemerkt, dass es das wert ist – das Meer, die Sonne, der Berg Mithridates und die Ausgrabungen!«

Ist die Krim heute weit von jener Insel Krim *entfernt, die Sie erdichtet haben?*
A.: »Kosmisch weit entfernt, würde ich sagen. Einige behaupten, mein Roman sei eine Voraussage. Für mich war er ein Spiel. Ich hatte Spaß dran, diesen Staat auszudenken. Aber offenbar habe ich dabei eine Konzentration von Träumen der Krimtschanen getroffen, und auch der Bevölkerung in Metropolen.«

Sehen Sie eine Möglichkeit, dass die Krim sich in Ihre Insel Krim *verwandelt?*
A.: »Ich denke, das wäre eine fruchtbare Option, die eine Lösung in den Streit zwischen Russland und Ukraine bringen könnte angesichts der aktuellen Sackgasse und der Angst auf beiden Seiten, das Gesicht zu verlieren. Ich sehe die Krim als eine unabhängige Enklave der russländischen und ukrainischen Kulturen im Mittelmeerraum unter der Ägide der beiden Staaten, aber je unabhängiger, desto besser.«

Wie könnte man die Situation auf der Krim verbessern?
A: »Drei Millionen Bevölkerung bergen natürlich Potential. Doch wegen der barbarischen Bedingungen des Imperiums gibt es hier keine Wurzeln. Menschen, die hier Wurzeln haben, wurden vertrieben. Ich begrüße die Anwesenheit der krimtatarischen Bevölkerung, wenn es ein Miteinander gibt, keine Feindlichkeit. Wir sollten eben ein FORUM sein, ein Dialog der Völker. Ich würde es begrüßen, wenn man italienische Weinbauer einladen würde, türkische Silberschmiede usw. Viele würden hier ihr Geschäft eröffnen, und das würde der Halbinsel gut tun.«

Im August 2008 veranstaltete der Krim-Klub in Kertsch und auf der Grenzinsel das ukrainisch-russisch-weißrussische Literaturfestival *Barrikade auf Tuzla* (*Barrikada na Tuzle*). Seinen Namen leitete es von dem ukrainischen Festival *Die letzte Barrikade* (*Ostannja Baryka-*

da) ab, das ab 2001 in verschiedenen Städten der Ukraine junge Menschen anzog. Die kaum bewohnte Sandinsel Tuzla, schmal und langgezogen auf sechseinhalb Kilometern, liegt im Kertschkanal zwischen der Halbinsel Kertsch im Westen und der Halbinsel Taman im Osten. Eine Geschichte als alternativer Festivalort hatte die Insel bereits – dort probten Ende der 1990er Jahre die Rockgruppen *Keine Matrosen* (*Matrosami ne pachnet*) und *Schweineferkel* (*Swinoj porosjonok*) aus Kertsch, von 1987 bis 2000 versammelte sich auf ihr jährlich ein internationales Lager von Fantasy-Liebhabern. Die entlegenste Insel der Halbinsel, sozusagen ein überspitztes Symbol für die Rand- und Grenzlage der Krim, wurde beim Bosporusforum zur zentralen Location geopoetischer Aktionen, die ihre Bekanntheit als Konfliktzone zwischen der Russischen Föderation und der Ukraine umdeuteten. Wahrscheinlich zeichnete sich damals ab, dass Tuzla ein strategisches Objekt sein wird, seit 2015 trägt sie einen Teil der Festlandbrücke. Einer von mehreren Grenzkonflikten entbrannte im November 2018, als 24 ukrainische Matrosen vor Kertsch festgenommen wurden, da sie aus russischer Sicht den Vertrag über die Passierbarkeit der Meeresenge verletzt hatten.

Das Tuzla-Festival bestand aus Autorinnen und Autoren aus der Ukraine, Belarus und Russland, darunter krimtatarischer Herkunft: Gulnara Abdulajewa, Dinara Awaz, Diljawer Alimow, Elnara Batyrowa, Elmara Mustafajewa und Sejran Sulejman. Aus Belarus lasen Sewerjan Kwjatkowski und Sersch Minskewitsch. Aus der Ukraine traten Eduard Dratsch, Serhi Pantjuk, Saschko Uschkalow und Artjom Poleschak auf, letzterer führte seine Gedichte in Ein-Mann-Stücken auf. Unter den russischsprachigen Literaturschaffenden befanden sich Anna Russ, Andrej Rodionow, Igor Lewschin und German Lukomnikow, der das ungewöhnlichste Genre vertreten hat – Palindrome. Die Teilnehmenden wechselten sich in Sololesungen und kollektiven Performances auf Russisch, Belarussisch, Ukrainisch und Krimtatarisch ab. Eine Besonderheit bildeten Lesungen im Gefängnis vor Häftlingen.

Bei der Performance des ukrainischen Künstlers Saschko Nedonij, die den Titel *Vertiefung des ukrainisch-russischen Freundschaftskanals* trug, gruben die Teilnehmenden einen Kanal auf der engen Landzunge der Insel zum Meer aus. Den Sand nahmen sie aus dem Meer und brachten ihn ans Ufer. Kinder freuten sich am meisten darüber und verkündeten, sie würden einen Kanal bis zum Asowschen Meer buddeln, dem Nordufer Tuzlas.

Der Künstler Ismet Scheich-Zade ließ einen Drachen steigen – dieser sollte als einziger Überblick über die Landesgrenze haben. Allen Beteiligten und Zuschauern des Festivals hat er angeboten, ein Fragment der Fotokopie von Tuzla aus dem Weltall zu wählen und ihren Fußabdruck in goldener Farbe zu verewigen. Neben dem Abdruck wurde der jeweils persönliche Eindruck vom Festival festgehalten. Während Ismet den Freiwilligen die Fersen anmalte, las Lirnik Saschko (Alexander Wlasjuk) ein Märchen für Erwachsene vor.

Der Maler Anatolij Fedirko aus Czernowitz verabschiedete sich mit Luftballons von Konflikten: Auf den Wellen wiegten große, farbige Kugeln, die auf ihren Aufstieg warteten. Kinder schrieben ihre Wünsche auf die Ballons. Danach wurden sie vom Wind hochgetragen, in Richtung der vor Anker stehenden (Kriegs-)Schiffe. Seine Aktion nannte Fedirko *Ich liebe die Krim und die Krim liebt mich*, womit er die Aktion *I like America and America likes Me* (1974, New York) von Joseph Beuys zitiert hat. Bei seiner Aktion hatte sich Beuys für zwei Tage mit einem lebenden Kojoten in einer New Yorker Galerie einschließen lassen, was ihm den Ruf eines Schamanen einbrachte.

Eine Spezialabteilung der Polizei beobachtete das Geschehen im rar gesäten Gebüsch. Sid erzählte, dass die Künstler beim Wasserlassen auf die heimlichen Zuschauer gestoßen sind. Es stellte sich heraus, dass die Polizisten auch am Festival teilnahmen, denn sie hockten nicht nur den ganzen Tag hinter dem Rücken der Teilnehmer, sondern übernachteten in derselben Pension wie die Performer und Besucher. Dies wurde zur letzten ukrainisch-russisch-krimtatarischen Aktion. Soweit die Geschichte, von Sid erzählt, von mir verdeutscht.

Vielleicht hinterlässt das Forum als historische Spur in den mentalen Karten der Teilnehmenden eine Demo, eine Memo: Wie gezeigt, der Ort verleitet zum Zusammensein, zur erträglichen Leichtigkeit. Die Einzelnamen der Aktionen, Sids Vorliebe fürs Ausgraben etymologischer Raritäten, fürs Übertragen von Bedeutungen, für Wieder- und Umbenennen und Mystifizieren, vor allem die Geste, die die Notwendigkeit eines solchen Forums ermahnt, holen diese fernen geografischen Räume ins Gedächtnis, und, wenn man möchte, ins Europareservoir. Sie erinnern daran, dass die Geschichte dieser Orte nicht nur, aber auch für Verbindung steht.

Noch eine Aktion: Bevor ich aus Simferopol nach Zürich zurückfliege, möchte ich das Zürichtal aufsuchen, einen Ort westeuropäischer Überlebenskünstler. Aber ich fühle mich noch zu fiebrig, um in das Dorf mit halböffentlichen Verkehrsmitteln zu gondeln, und besuche erst einmal eine Apotheke. Die Medis schmecken wie früher aus dem Westen importierte Kaugummis. Ich laufe weiter, lege einen Zwischenstopp im Schuhgeschäft im Souterrain ein, angezogen von der Klimaanlage. Sehe mich um, rieche Leder, Plastik, Kellerkühle. Die Mode scheint farbenfroher zu sein als bei uns. Ich laufe weiter und rieche wieder etwas, wo ich hineinmuss, diesmal länger – die Bibliothek. Auch ohne Nutzerausweis bearbeitet die Bibliothekarin meine Anfrage. Ich bin die einzige Besucherin. Sie händigt mir eine Abhandlung über die Kolonisierung des Südens im Russischen Imperium aus und weist mir einen dunklen Sitzplatz für meine Buchreise zu.[52]

Ich lese: Zürichtal hieß die bekanntere der Schweizer Kolonien auf der Krim, gegründet 1805, gelegen in einem halbverfallenen tatarischen Dorf namens Dschejlaw-Saraj auf dem Handelsweg von Simferopol nach Feodossija nahe dem Flüsschen Indol. Der Name sollte an die Heimat der Umsiedler erinnern, sie kamen aus dem Kanton Zürich auf Einladung von Katharina der Großen. Die meisten Umsiedler (136 Personen), die die Kolonie Zürichtal gebildet hatten, stammten aus Affoltern, Bonstetten, Hausen, Hirzel, Mettmenstetten und Seebach. Fünf Familien zogen aus Wallisellen los. Außerdem befanden sich unter den Kolonisten einige aus Aargau, Bern, Fribourg, Glarus, Graubünden, Luzern, Neuenburg, Solothurn, Sankt-Gallen und Waadt. Die meisten wohnten zuvor in Städten, weiß das Buch, viele hatten als Seiden- und Baumwollweber gearbeitet. Daher war ihre Existenz von der Erfindung des Webstuhls betroffen. Einige emigrierten aus Angst vor dem Dienst in der französischen Armee Napoleons.

Auf Einladung und unter der Leitung des Großmarkthändlers Hans Kaspar Escher, der mit Versprechungen Katharinas warb, brachen sie in Richtung Russland im Oktober 1803 aus Konstanz auf. Die Reise führte über Regensburg, Wien, Pressburg (Bratislava), Tatra und Lemberg. Sie war derart beschwerlich, per Schiff und Pferdewagen, dass einige umgekehrt sind. Die Siedler aus Luzern blieben kurzerhand in Wien. 30 bis 40 Personen, vor allem Kinder, sind unterwegs an Pocken gestorben. Im Sommer 1804 gelangten die restlichen Schweizer auf die Krim. Von Landwirtschaft verstanden sie wenig, die Lokalbevölkerung und Beamte konnten sie leicht betrügen, und dennoch prosperierten sie bald, wahrscheinlich dank ihrer protestantischen Ethik.

1860 wurde im Zentrum der Siedlung das neue Gebäude der lutherischen Kirche eingeweiht. Schweizer Protestanten vereinigten sich mit schwäbischen Lutheranern. Aus den protestantischen Kolonien in Feodossija entstand der Zürichtaler Kreis. Zürichtal wurde zum Zentrum der Gemeinden aus 36 Kolonien, inklusive Stary Krim, Feodossija und Kertsch. Die Bewohner sprachen einen Dialekt, der schweizerdeutsche und süddeutsche Sprechweisen verband. In der Schule wurde Schriftdeutsch gelehrt, die Kinder heirateten untereinander. In der zweiten und dritten Generation lernten sie auch Russisch und Krimtatarisch. Mit der Zeit verwandelte sich Zürichtal in eine Vorzeigekolonie.

Doch die Gesetze der Expropriation des Landbesitzes beendeten ab 1915 das Bestehen der Schweizer Kolonien. 1933 wurde die Artel *Fünfjahresplan in vier Jahren* (*Pjatiletku v tschetyre goda*) gegründet, die 268 Haushalte zusammenschloss. Vor Einmarsch der Wehrmacht 1941 wurde die deutschsprachige Bevölkerung nach Kasachstan deportiert. In die leeren Häuser zogen Russen und Krimtataren ein. Nach dem Krieg wurde die Siedlung in *Solotoje Pole* (*Goldenes Feld*) umbenannt.

Wie das Bosporusforum erinnert das Zürichtal daran, dass Besitzfragen die Halbinsel in den letzten Jahrhunderten besonders häufig betreffen. Seit Jahrtausenden rollen enthusiastisch an und donnern wütend davon Imperien und Staaten, zu denen sie gehört, Teile ihrer Bevölkerung und ihrer Besucher ebenfalls. Ein Durchzugsgebiet par excellence, *okraina*, für einige heart-, für einige bloodland.

Wilde Felder übersetzen

Zurück in meinem Zürichtal möchte ich ins Sihltal, dolmetsche aber bei einer Filmpremiere – bei der Verfilmung eines Romans von Serhi Zhadan. Kurzfristig, gratis, bei über 30 Grad. Ob Kertsch oder Zürich, ohne Klimaanlage übersetzt der Körper die Hitze in Hilferufe. Ich fahre aus dem Büro zum Kino.

Ich nehme mir vor, bei der Verfilmungspremiere freundlich-neutral zu sein, während ich für mein Ticket in der stickigen Schlange anstehe, emotional unbeteiligt und strategisch netzwerkend gemäß Frauenratgebertipp Nr. 1. Denke bald daran, wie schade es ist, dass weder die ältere Diva von O.s Lesung noch Zhadan am Bosporusforum teilnehmen, weder Juri Andruchowytsch, Andrej Kurkow, Oxana Zabuschko noch Boris Chersonski. Dass jede und jeder mit Gleichgesinnten spricht und die eigene Inselhaftigkeit für den besten Dialog hält. Dass der Eiserne Vorhang vor Perekop hängt.

Wenn schon nicht ans Schwarze Meer beame ich Zhadan in diese Krimtrips. Lasse einen leeren Kinderwagen die Treppe von der obersten Etage der ETH zur Zentralbibliothek hinunterkullern, lasse mich auf Kontraste und Montage ein.

Herren im Anzug, Damen in Sommerschminke, Abgesandte und Repräsentanten der Botschaft sitzen bei der Filmpremiere in den ersten Reihen plus die ukrainische Diaspora in Trachtenhemden, Wyschywankas. Das sorgt für Eindeutigkeit statt Wischiwaschi. Genauso gut könnten sie sich Kostüme aus der ukrainischen Fahne schneidern, gelb und hellblau. Aber das kann man so nicht sagen.

Der Autor, dessen Roman gleich als Film gezeigt wird, sagt mir vorab in der Tür auf Russisch – er spricht immer Russisch mit mir, seit ich ihn in Berlin vor einem Jahrzehnt kennengelernt habe –, er werde mit mir bei der Diskussion nur Ukrainisch sprechen. Auch dies Teil der Fahne. Ich möchte mich in der Sihl abkühlen, aber ja, kein Problem.

Seinen Roman hat Zhadan vier Jahre vor dem Ausbruch des Donbasskriegs verfasst und ihn gut verkauft, wieder mal an Suhrkamp, wo die Lektorin seit der sogenannten Orangenen Revolution von 2004/2005, die manche Stimmen ›braun‹ nannten, mit sorgfältiger Auswahl der zu übersetzenden Werke den Frieden in Osteuropa fördert. An der Drehbuchadaption des Romans hat ein ganzes Team gefeilt, dem Produzenten seine Wünsche von den Lippen abgelesen.

Der Produzent spricht keine ostslawische Sprache. Muss er auch nicht, um die Bösen unverkennbar charakterisieren zu lassen – sie sprechen Russisch, erschießen unschuldige Ukrainer, drücken sich brutal aus, benehmen sich wie Kosaken, aber nein, das darf man so nicht sagen, denn die gelten ja, unter Ausschluss der Donkosaken (die könnten Russen sein), als urukrainisch, basisdemokratisch, weder schwul noch frauenfeindlich. Solche Kategorien gab es damals noch nicht, die Kategorie des ukrainischen Nationalvolkstolzes erwuchs hingegen aus ihren Muskeln, Kampfrufen und Siegen gegen all die Heere, gegen die sie angeheuert wurden – mal gegen die Türken, mal gegen die Polen. Lassen wir das. Vor uns die Leinwand. Das Russisch der Bösewichte klingt richtig okkupantisch, besonders als der Oberbösewicht den Helden, einen smarten Ukrainer, auffordert, er solle zum Frühstück ein Lamm töten. Die Szene spielt sich im gepanzerten Zug ab. Der Russischsprachige verkörpert Leo Trotzki, den Kommunisten, Juden und Agitator, der vor 100 Jahren mit solch einem Zug gereist ist, um im Süden des Imperiums für die Revolution zu werben. Nun wirbt der Oligarch im Film für die Macht des neuen Imperiums.

Der Lammheld antwortet auf Ukrainisch: »Ich frühstücke nicht mit dir.« Damit hat er es ihm gegeben. Immerhin akzentfrei. Andere Figuren sprechen so, als ob Statisten, die sonst Russisch sprechen, gebeten worden wären, ukrainische Schauspieler zu sein. Die, die im Surschik, der gemischten Umgangssprache aus Russisch und Ukrainisch, einander beschimpfen, sprechen so, als ob man sie gerade angeschrien hätte: noch einmal, authentischer!

Der Saal ist voll. Erwartet das Publikum Unterhaltung, empfindet es Lust an ranziger Exotik des Ur-Ostens? Machohafte Männer, Helden und Huren, Russenhundeschuld, kaum eine Minute ohne *chuj*. Der Autor spielt eine kleine Rolle im Film, er sagt zum Mafiosi mit einem Maschinengewehr in der Hand: *chujowo*, verschwanzt schlecht.

Zhadans Buch, das im Original *Woloschilowgrad* (2010) und auf Deutsch *Die Erfindung des Jazz im Donbass* (2012) heißt, ist eigentlich eine Hommage an Starobilsk und das Gebiet Luhansk, jene Ortschaft nahe der russischen Grenze, in der er aufgewachsen ist (Hartbass im Donbass: Wodka, semetschki i tri poloski). Der Roman unterbreitet seinen Schutzraum, seine Apologie von Sozialisationsorten, die du mit dir herumträgst, egal, wohin du dich begibst. Diese Orte geben dir etwas mit, Souvenirs für die Kühlschranktür und eine magnetische Last.

Im Roman geraten Wanderer, Nomaden und Drogentrips in der Ostukraine fließend ineinander, genauso die beiden Sprachen, Surschik und ein Hauch anhaltender Transformation – das alles um eine Tankstelle herum. Der Text handelt von Grenzen, auch in uns, in unseren Familien, Biografien, Orten und Hoffnungen, die unauffällig vor sich hin blühen, bis sie in Maschendrahtzäune und mentale Mauern umgebaut werden, aber auch von Entgrenzungen. Früher ließ sich das Nebeneinander aushalten, in all seiner föderalen, förderlichen Paradoxie. In Ex-Jugoslawien und in der ehemaligen Sowjetunion. Aber das kann man so nicht sagen, was für ein Vergleich.

Die Grenze drängt zum Heran- oder Herausschreiben. Die poetischen Stellen des Romans schmelzen zwischen Sonnenblumen und blauem Himmel. Feld, Fluss, Bahn, Jeep, rohe Männer, heiße Frauen. Das Transithafte des Romans verpufft im Film wie ein Teil des Gases, das zu günstigen Konditionen in die Ukraine geliefert, von ihren Oligarchen abgezweigt und weiterverkauft wurde, seit den 1990ern in Millionen und Milliarden übersetzt. Das kann man so nicht sagen. Die arme Pufferzone, ein wildes Feld. Der Film: ein schlechter Scherz über den Osten, extra für uns zum Schrottplatz aufpoliert.

Auch kein Fußball mehr. Die zentrale Bühne des Originalbuchs vereinte alle Lager in der Dramaturgie, in der Sprache, im Spiel, immerhin einem Aushandlungsprozess. Das Feld vergammelt nun, leergefegt durch fette Karren, gepimpte Kurven und wehrhafte Männerhorden. Ein Pseudo-Western.

Der Produzent ruft mich auf die Bühne, schiebt mir einen Stuhl zu. Ich setze mich hin, zu Diensten des Publikums direkt vor den Botschaftertrachten, und stolpere gleich über Zhadans erstes Statement. Er sagt, das Problem liege in der *perekonlywist* der Protagonisten. Sein *pere* klingt für mich wie *pri*, in der Aufregung höre ich *prikolywist*, von *prikol*, Witz. Vielleicht hätte ich sagen sollen, was ich verstanden habe: Der Film ist nicht lustig. Aber auch sonst besteht ein Problem: Der Protagonist überzeugt nicht.

Ich überzeuge mich selbst nicht in meiner Rolle. Beim Apèro schütteln mir Botschafter die Hand. Sie halten mich für eine waschechte Ukrainerin, eine Sprachbotschafterin. Eine Frau erkundigt sich nach der Marke meiner Brille und Handtasche. Eine andere fragt, wo ich mein Kleid gekauft habe. In Moskau, sage ich, und habe meine Ruhe.

Die Intonation im Film stimme nicht, in seinem Buch sei sie anders, und die kosakenhaften Klischees haben ihn zum Abschied von seinem Buch gezwungen, gibt der Autor hinter den Kulissen zu, als keiner zuhört, auf Russisch. »Den Film fand ich katastrophal, aber dann habe ich ihn noch einmal gesehen und habe versucht, ihm etwas abzugewinnen.«

»Sind Sie Ukrainerin?«, fragt Pedro Lenz, ein Freund Zhadans, mit lauter Stimme von der Seite. Ich drehe mich zu ihm, blicke auf, blicke auf seine vielen Ringe, in seine dunklen Augen und antworte: unter anderem. »Woher genau sind Sie?« – Von der Krim. – »Oh.« Er wendet sich ab. Zum Abschied möchte ich Zhadan sagen, dass ich seine Übersetzerposition nicht beneide, vom Roman zum Film, von Mehr- zu Eindeutigkeit, von Poesie zum Markt. Dass Gedichte die Grenzschmerzen besser lindern als Hollywoodabklatsch. Er fällt mir ins Wort: »Schreiben Sie mir, ich werde es diesmal lesen. Morgen fahren wir nach Paris zur Filmpremiere.«

Ich steuere auf die Ausgangstür zu. In einer Ecke des Foyers bemerke ich den Redaktor der Enzianzeitung, der mich mit dem Artikel über Krimtataren beauftragt und ihn abgelehnt hat. Ich sollte mich vorstellen, mir vorstellen, dass er Texte, die er bei mir bestellt, druckt, statt mir mitzuteilen, dass es zwischen uns nicht gefunkt hat … Ich gehe hinaus.

Zwei hochgewachsene Männer rauchen vor der Tür. Sie fragen mich etwas im bemühten Hochdeutsch. Ich reagiere mich bei den geduldigen Schweizern über diese Show ab. Frage sie, was man denn als Autor aus der Ostukraine all dem abgewinnen könne, außer einem Honorar und dem Fortsetzen des Horrors auf der Leinwand. Vielleicht müsse man Mitgefühl mit so einem Film aufbringen, ein kompensatorischer Selbstentwurf im jungen Nationalstaat kann nicht anders als peinlich, peinvoll sein. Sie verstummen.

Eine Urukrainerin, die ich vorher nicht bemerkt hatte, ruft neben mir: »Sie können das so doch nicht sagen, dass die Ukraine ein junger Staat ist! Uns gibt es seit der Kiewer Rus!« – Ja, und die Moskowiter stammen von euch ab, ich kenne diese Version. – »Das ist keine Version, das ist die Wahrheit.« – In der Kiewer Rus sieht Russland auch seinen Ursprung. Die heutige Ukraine besteht seit 1991, genauso wie die Russländische Föderation. – »Was erlauben Sie sich? Sie dürfen nichts über die Ukraine sagen, weil Sie nicht aus der Ukraine sind!« Ich frage sie, ob sie wisse, woher ich bin. »Nein«, sagt sie und meldet sich wieder, als ich die Schweizer frage, wie sie die Männer im Film finden. Während sie nach freundlichen Worten suchen, ruft die Nachfolgerin der Kiewer Rus: »Das stimmt, im Film gab es nur toxische Männlichkeit!« Die beiden Männer stellen sich daraufhin vor: ein Schriftsteller und sein Freund, Marketingmann. Erster fragt in Zürideutsch, woher ich stamme. Ich stammle: K. Ich will von nirgendwo herkommen an diesem Abend, ich will nach Hause gehen. Vielleicht sollte ich sagen, dass der Vater meines Vaters, der Held der Sowjetunion, in Lugansk aufgewachsen ist, in den wilden Feldern der Leinwand. Stattdessen sage ich dem Schriftsteller, dass ich mich nie als Ukrainerin gefühlt habe. Er: »Ha, eine Krypto-Ukrainerin!«

Permanente Konferenz

Einige erweisen sich als Krypto-Teilnehmende am Bosporusforum, vielleicht auch Zhadan eines Tages. Einige besuchen das Forum im Geiste. Als Geister. Als Aussagen und Fragen, als Texte und Fiktionen. So ist es gewesen, so hätte es sein können. Wir finden darunter westeuropäische Poeten, Märchenerzähler, Märtyrer und Musen, die zusammengebracht werden sollten oder doch zumindest zusammengedacht. Wer ist es? Raten Sie! Werden Sie selbst eine(r) von ihnen! Fahren Sie zur Premiere eines Forums mit ost- *und* westeuropäischem Publikum. Jeder Mensch könne die Welt verändern, jeder Mensch ein Künstler sein, fand Joseph Beuys.[53] Warum nicht auch Sie? Er sagte, dass Kunst allgemein zugänglich sein sollte, löste die Vorstellung auf, dass nur Gemälde und Skulpturen als Kunst gelten, und fasste sie weiter – hin zu Ereignissen, Gesprächen und Denkprozessen, angestoßen von Aktionen.

Wovon wurde er zur Teilnahme am Zweiten Weltkrieg angestoßen? Der international berühmte Künstler, einer der berühmtesten des 20. Jahrhunderts, hatte sich 1941 freiwillig zur Luftwaffe gemeldet. Insgesamt hat er sich bei der Wehrmacht für zwölf Jahre verpflichtet. Beuys, der Navigator, Bordfunker und Bordschütze, griff die Krim aus der Vogelperspektive an. Im März 1944 drängte die Rote Armee die Wehrmacht aus der Ukrainischen Sowjetrepublik zurück und schoss seine JU 87 ab. Er erlitt nach dem Absturz eine Gehirnerschütterung. Die Krimtataren hätten ihn gesund gepflegt, indem sie ihn in Fett und Filz eingewickelt hätten. Daraus entspringe seine Faszination für die schamanische Magie dieses Materials und für die nomadische Lebensweise der Krimtataren, so seine biografische Verhüllung. Er begegnete dabei genauso vielen Tataren, wie er für seine Legende gebraucht hatte: Dort, wo Beuys abgestürzt ist, befanden sich keine krimtatarischen Dörfer. Abgesehen davon, Stalin hatte sie am 18. März deportieren lassen. Solange sie auf der Krim lebten, besaßen sie Häuser. Eine nomadische Lebensweise führten eher die Fantasien des Künstlers und über ihn, sogar nach seinem Tod.

Wladimir Kaminer schreibt in seiner *Reise nach Trulala* (2002), dass Deutsch sprechende Tataren auf der Krim Ausflüge zu den Absturzstellen von Beuys anbieten, Wrackteile des Flugzeugs als Souvenirs verkaufen und Viktor Josefowitsch Beuys, einen leiblichen Sohn des Künstlers, für Fotos vermieten.

Wenn Sie am Bosporusforum, der *permanenten Friedenskonferenz*, teilnehmen möchten, könnten Sie wie Beuys mit Materialien wie Fett, Filz, Margarine, Honig, Speck, Wurstranz und Metall den Ekel in Ästhetik umformen. Sie könnten wie er den Zweiten Weltkrieg, das Dritte Reich und Auschwitz als rhetorische Figuren beanspruchen. Oder Sie pflanzen auf der Krim Kiefern unter dem Motto »Verwaldung statt Verwaltung«. Sie können sich wie er einen alternativen *Lebenswerklauf* erstellen, mit Höhenflugdistanz zu Ihrem realen Ich. Falls niemand dafür eine App programmiert, beschönigen Sie mit barer Drucktinte Ihren CV, dichten hinzu, was Sie schon immer geleitet und erlitten haben wollten. Wie wäre es mit einer Metallplatte im Kopf, Orden und Außerirdischen? Mit dieser fiktiven Vita legen Sie einen Insta-Account an, posten inszenierte Authentizität. Beweisen Sie mit Filtern und Radierern, dass Sie Ihre Einfälle dokumentieren. Denken Sie daran, dass Beuys die kapitalistische Vermarktung ablehnte, wenngleich er darin einen festen Platz einnahm. Aber das kann man so nicht sagen, nicht über ein Genie, das wie Maximilian Woloschin in Rudolf Steiners Fußstapfen getreten ist, statt, wie du, böse Zunge, in Fettnäpfchen.

39 Verschiedene Generationen mit Luftballons, Simferopol, Alexander Barbuch 2020

Ein anderer Krypto-Teilnehmer am künftigen oder zumindest, hier und jetzt, am fiktiven Bosporusforum, ein weiterer Kunsttext, steht vor uns in Gestalt von Sergej Bugaew alias Afrika, einstmals sympathischer Sänger aus *Assa*. Er bezieht sich auf den Mythos des Luftwaffenpiloten Beuys, wobei er Filz und Fett mit sozialistischen Gegenständen ersetzt. Er sammelt, sammelt, sammelt, darunter Statuen, Teppiche, Bücher, darunter welche über Stalin und Lenin. Berühmt wurde Afrika mit seinem freiwilligen Aufenthalt in einer psychiatrischen Anstalt in Simferopol 1993. In der Klinik, seinem Narrenhaus, sammelte er Fotografien der Insassen und der Psychiater. Seine Kur hielt er in Skizzen und Krankengeschichten fest. In guter alter Medientradition errichtete er eine Wandzeitung, das Internet von damals. Dazu meint der Philosoph Michail Ryklin, Bugaew habe kunstvoll die Kunst aufhören lassen, Kunst zu sein, und das Spital in ein Museum verwandelt.

> »Die Erfahrungen Afrikas in Simferopol sprechen auch davon, daß nicht das Sammeln ein Zusatz von Kunst ist, sondern daß

im Gegenteil in der Kunst eine der Möglichkeiten des Sammelns ausgedrückt ist, und zwar bei weitem nicht die authentischste. Die Wandzeitung und die persönlichen Geschichten des Kranken sind nicht weniger gesetzmäßige Sammelobjekte als Eisengußskulpturen oder ein seltenes Buch von Malewitsch. Eine bestimmte Privilegiertheit des Ausstellungskontextes ist nicht zu trennen von der Fähigkeit der Kunst, über sich selbst hinauszugehen, aufzuhören, Kunst zu sein. Über eine ähnlich privilegierte Position verfügt, wenn man Afrika glauben kann, auch der Kontext des Krankenhauses, der in seiner Internationalität dem Kontext des Museums gleichkommt.«[54]

Diese Aktion Afrikas galt als Vorbereitung auf seine große Wiener Ausstellung *Crimania* im MAK. Sid nennt sie »eine Vorgeschichte des Bosporusforums«. In ihr halle ein Echo davon nach, dass Sid die Wissenschaft von der Erforschung der Halbinsel, die Taurologie, als Maßnahme zur Revitalisierung des geistigen Lebens auf der Krim postuliert hatte, wobei die Taurologie einen Teil der Geopoetik bilden sollte, sagt Sid, als ich ihn frage, ob er Afrika kenne. Mit ihm hat er sich nie getroffen, da ersterer in Petersburg seine Tusowka, sein sozial-künstlerisches Umfeld, hatte und letzterer in Moskau. »Obwohl ich ihn wirklich nett fand, auch seine Rolle in *Assa*, er hat gut gespielt.« Auf der Krim hätten sie sich treffen können, bei dem Sänger und Dichter Boris Grebenschikow, einem Freund Afrikas, aber etwas sei immer wieder dazwischengeraten, sagt Sid, und dass wir noch Sergej Druschinins gedenken sollten.

Druschinin, der zum Teil litauische Wurzeln hatte und in den 1990er Jahren mit probaltischen Abzeichen auf der Krim herumgelaufen ist, war den politischen Organen zwar ein Dorn im Auge, arbeitete aber dennoch als Berater des Kulturministers der Halbinsel. Er trank nicht, dichtete und übersetzte mit Vorliebe die Gedichte der Krimkhane ins Russische. Diese Leidenschaft hat Druschinin mit Ismet Scheich-Zade verbunden, der Russland als Erben der Goldenen Horde sieht und von manchem Krimtataren mehr für einen

Zigeuner denn für einen Krimtataren gehalten wird, wie Sid hinzufügt. Gemeinsam haben sie mit dem Nachfolger des Krimkhans Girej, einem jungen reichen Prinzen in London, im Jahr 2000 eine Aktion durchgeführt: Ismet hat sich zum Hofmaler Girejs erklärt, Druschinin und sich Papierkronen aufgesetzt, gemeinsam haben sie Gedichte gelesen. Die Aktion führten sie in drei Städten durch, von denen aus sie sich per Telefon kurzgeschlossen haben: in London, der Residenz des Prinzen, in Simferopol, der Hauptstadt der Krim, und in Bachtschissaraj, der historischen Hauptstadt der Krimtataren. Nach einem Abend bei Poljakow während eines heftigen Sturms ist Druschinin ein entwurzelter Baum auf den Kopf gefallen.

Ferner begegnen wir unter den Forumsgästen der Geisterliga Juri Lejderman, einem Künstler aus Odessa, der seit Langem in Berlin lebt. Er verstehe sich als Liberaler, daher lehne er die Ereignisse seit 2014 als Krimnasch-Unrecht und die Region als Unort ab, erklärt Sid, fügt aber hinzu: Bei seinem Besuch in Berlin habe er festgestellt, dass Lejderman zu den wenigen gehöre, die konträre Meinungen aushalten. Die beiden hatten sich noch nie getroffen, obwohl sie unabhängig voneinander mit dem Begriff der Geopoetik gearbeitet haben, bis sie sich am Tag von Sids Abreise aus Berlin persönlich kennenlernten. Sid hielt sich dort kurz auf, um das Buch *Sirenen des Krieges* (2019), herausgegeben von Matthias Schwartz und Roman Dubasevych, zu präsentieren. Spontan kreuzte er nach der Buchdiskussion bei Lejderman auf, und, wie er sich erinnert:

> »Da erkannten wir uns auf den ersten Blick. Juri, ein wundervoller Kerl, sieht aus wie die jüdischen Jungs aus meiner Schulzeit in Dnepropetrowsk. Auch er hat mich auf Anhieb erkannt, etwas Vertrautes in mir gefunden. Seine Geopoetik hatte mit meiner nichts zu tun, so nannte er eher kulturologische Untersuchungen. Ich habe ihn sogar für seine Abgehobenheit kritisiert: Er schreibt vor allem für Kunstkritiker, damit sie anbeißen. Vielleicht ist meine Kritik zu ihm durchgedrungen,

denn für die Beiträge zum Bosporusforum, die ich herausgebe, hat er einen Artikel verfasst, in welchem er sich meinem Verständnis der Geopoetik nun annähert. Ein wahrhaft demokratischer Mensch, der Positionen abwägt. Er hat mir zugehört. Er hat meinen Artikel in *Sirenen des Krieges* gelesen und versteht mich seitdem besser. Wir haben so gut zusammen getrunken, dass ich beinah mein Flugzeug nach Moskau verpasst hätte. Ich bitte mal Juri darum, dass er dir seinen Artikel schickt. Und ja, ich gebe die Beiträge zum Bosporusforum noch dieses Jahr heraus, versprochen!«

Auf der Seite Kunstforum.de finde ich ein Interview mit Lejderman. Sein Verständnis der Geopoetik deckt sich eigentlich mit dem von Sid und dem künstlerischen Irresein Afrikas, sie ergänzend:

> »*Seit etwa sieben Jahren arbeiten Sie mit Filmen, Installationen, Performances und Fotos an Ihrer Geopoetik-Serie. Wenn ich richtig informiert bin, brachte Kenneth White, der schottische Dichter und Begründer des ›Internationalen Instituts für Geopoetik‹, den Begriff in Umlauf?*
> Yuri Lejderman: Durch Kenneth White mag der Begriff bekannt geworden sein, er wurde jedoch nicht von ihm erfunden. Von ›Geopoetik‹ war etwa bereits die Rede, als die Theorie von der Kontinentalverschiebung entstand. Ich denke, dass es niemanden gibt, der sozusagen das Copyright für sich beanspruchen könnte. Man kann ›Geopoetik‹ im Sinne des 19. Jahrhunderts verstehen, als sich Goethe und die Romantiker für die Naturwissenschaft zu interessieren begannen. In diesem Sinne ging es um Geologie und Poesie oder Geografie und Poesie, was mich durchaus auch interessiert. Wichtiger jedoch für mich ist, ›Geopoetik‹ als eine Art Gegenbegriff zu ›Geopolitik‹ zu verstehen. [...]

Es geht darum, auf dem Partikulären zu bestehen. Ich bin durch und durch Relativist. Es gibt nichts, was nur einfach ist, alles existiert so, aber auch so und so. […]

Die Konstruktion nationaler Identitäten, wie ich sie verstehe, ist eine Art von poetischer Wahl, die eine Person trifft. Es handelt sich dabei nicht um die Entscheidung von Politikern, sondern um die poetische Entscheidung eines Einzelnen, der bereit ist, dieser Entscheidung zu folgen und womöglich sogar sein Leben für diese doch ziemlich absurde Identitätswahl zu opfern. Wir sollten uns klar machen, dass wir uns keineswegs mit nur einer Entscheidung zufriedengeben müssen, wir können gleichzeitig dies und jenes sein. […]

Wie ich immer wieder sage: Die Realität ist viel geopoetischer als irgendein Geopoet. […]

Es ist wirklich schwer, die Geschichte ins Absurde zu ziehen, denn das absurde Potenzial der Geschichte ist viel größer als dein eigenes. […]

Neben visuellen Mustern spielt der Umgang mit Sprache für Ihre Ornamentalisierung der Geschichte eine entscheidende Rolle. Eine Ihrer geopoetischen Arbeiten spielt auf Chatyn und Katyn an. Das Massaker von Chatyn wurde von Deutschen an Weißrussen begangen, das Massaker von Katyn von sowjetischen Truppen an Polen. Die Veränderung nur eines Buchstabens verändert die Frage nach den Schuldigen vollständig.

Die Idee hierzu kam von Raymond Roussel, den ich sehr schätze, und seinem Buch ›Locus Solus‹. Er verwendet dort dieselbe Methode. […]

In den Untergrundkreisen war Kunst fast wie ein Verbrechen, und wir waren irgendwie verrückt. Wir sagten nie, dass wir besser wären, wir sagten, wir sind schlimmer, aber besonders und verrückt, und wir betreiben eine Art Therapie im bestehenden Irrenhaus.«[55]

Weitere Prominenz auf dem Orbit des Bosporusforums: Der verstorbene Medienwissenschaftler Prof. Dr. Friedrich Kittler. Mitte der Nuller Jahre flog Kittler auf die Krim »zur Erforschung der U-Boot-Bunker von Balaklawa«, wie sein Berliner Kollege mir auf meine Nachfrage hin mitteilte. Das automatisch vorinstallierte Korrekturprogramm, diese unsägliche Wortmaschinerie, verbessert ›Kittler‹ hartnäckig zu ›Kitzler‹.

Ein anderer Kollege berichtet, dass Kittler einen Vortrag über den Sound von Tonscherben bei einer Konferenz in Chersones gehalten hat. Vielleicht sang Kittler »Macht kaputt, was euch kaputt macht« von *Ton Steine Scherben*? Und vielleicht war das ein spannender Vortrag, den ich lesen sollte. »Was habt ihr für Perlen vom Meeresgrund gehoben«, soll Kittler über seine Texte auf jener Forschungsreise gesagt haben, in die die Konferenz eingebettet gewesen ist. Danach flog er nach Frankfurt weiter, zu einer anderen Tagung. Dort blieb er vor der Universität an einem Zaun hängen, bis er hinunterfiel und für seinen Vortragssound nach Publikum suchte. Es war Sonntag, das Gelände abgeschlossen. Kittler aber dachte, er verspäte sich zu seinem Vortrag, und stürmte zum Vorlesungssaal über alle Medien hinweg.

Auf Empfehlung eines Kollegen des Kollegen kontaktiere ich die Medienkünstlerin Joulia Strauss (Julija Strausowa), die das damalige Konzept der Forschungsreise und Tagung mitgestaltet hat. Auf meine Anfrage schreibt sie zurück:

> »Eine sehr schöne Reise war es. Wir (die Kulturwissenschaftler aus dem Kreis Friedrich Kittlers und ich) haben dort eine Schildkröte gejagt. Ein Musikwissenschaftler aus dem Kreis von Friedrich Kittler, Martin Carlé, und ich, haben diese Schildkröte auf dem lokalen Markt erworben. Wir haben aus der Schildkröte, so wie einst Hermes, eine Lyra gebaut. Im Ernst. Diese Lyra können Sie auf dieser Aufnahme *First Delphic Hymn to Apollo* sehen und hören: https://www.youtube.com/watch?v=58Z9RFxJ1B8
>
> Das Video, Teil unseres komplexen künstlerisch-wissenschaftlichen Projekts, zeigt die Verbindung zwischen der Simu-

lationstechnologie in Folge der Militärtechnologie des II. Weltkrieges und dem Pergamonaltar in einem Atombunker.

Friedrich Kittler wurde von Sebastian Kaiser eingeladen. Sebastian, der zu dem damaligen medientheoretischen Kreis gehörte, hat eine spannende Hypothese entwickelt, dass Odysseus auf der Krim war. Wie Sie vielleicht spüren, ist solches Denken ein Stück weit von Friedrich Kittler inspiriert. Dazu gibt es ein Buch, aber auch eine Website: http://www.balaklava-odyssey.com/bb-std/tp/bo10start.html

Für mich war diese Reise sehr speziell, weil mein Vater aus Chersones stammt, und weil ich das oben genannte Video dort zeigen konnte. Nachdem ich Friedrich Kittler zum ersten Mal nach Russland (nach St. Petersburg) mitgenommen hatte, war es hochinteressant nachzuvollziehen, wie sich sein Denken auf dem russischen bzw. ukrainischen Territorium ändert. Es war unglaublich, Friedrich Kittler die östlichste Provinz Griechenlands zu zeigen. Die erste Reise konnte ich in der Publikation *Kabinet Man-Machine* (Sankt-Peterburg 2004) festhalten. Das war ein wirklich unglaublicher Vortrag von Friedrich Kittler im *Museum der Träume Freuds*, im Rahmen der Ausstellung und des Symposiums *Man_Machine*, die ich dort organisiert habe. Die zweite, also Chersones, wird im Archiv von Sebastian zu finden sein. Ich weiß nicht, ob Marbach die Aufnahmen hat. Der Vortrag von Friedrich Kittler dort in Balaklava, den ich damals übersetzt habe, war atemberaubend. Dort sagte er zum Beispiel: ›Die Geschichte zwischen Rußland und Deutschland ist nicht eine Geschichte des Krieges, sondern eine Geschichte der Liebe.‹

Viel Glück auf Ihrer Spur!«

Ich klicke auf die Homepage des Kurators, Essayisten und Dramaturgen Sebastian Kaiser. Frage meine alte Baba Klawa, wie es ihr auf der Odyssee vor Ort in ihrem selbstgenügsamen Geisterdasein geht, am und unter Wasser. Ich recherchiere im parallel geöffneten Fenster, doch das dazugehörige Buch und den Dokumentarfilm besitzen die Bibliotheken nicht mehr. Sie gelten als vermisst, verschollen, vielleicht sind sie Kaltkriegsverlust. Was noch zu finden ist, archiviert, ist nunmehr die Geschichte eines künstlerischen Konzepts – eine mediale Spur dessen, was im August 2006, kurz nach der Orangenen Revolution, als Medienkunst- und Performancefestival in Balaklawa stattgefunden hat. Es handelte sich ebenfalls um ein geopoetisches Projekt, diesmal an einem über 2500 Jahre alten »europäischen Kulturort«, bereits von Homer bemerkt, in der Antike Schauplatz des Tantalidenmythos und des Theaterstücks *Iphigenie auf Tauris* (Euripides, Goethe), bis 1995 für Zivilisten abgeriegelt, nachdem Chruschtschow 1953 dort einen U-Boot-Hangar anlegen ließ, u. a. für Nuklearwaffenträger.

Dorthin hat Sebastian Kaiser mit dem Kurator Roman Marcholija Künstler aus der Ukraine, der Schweiz, aus Russland, Rumänien, Moldawien, Polen, Österreich und Deutschland eingeladen. Die Geschichte des Ortes inspirierte sie zu Videos, Animationen, Multi-Media-Werken und Performances. Das Festival *Balaklawa-Odyssee* im U-Boot-Hangar, der nun als Museum betrieben wird, versuchte – wie Sids Forum – eine Wiederbelebung des Ortes in neuer Rahmung. Dafür wurde der U-Boot-Stollen mit seinem Hauptkanal, seinen Belieferungstunneln, dem Trockendeck, den Offizierszimmern und Lagerhallen während der Ausstellung in fünf Bereiche aufgeteilt. Jeder Bereich entsprach einer für Balaklawa kennzeichnenden Epoche und leitete das Publikum durch die Ausstellung:

> »*1. Hauptkanal / Balaklawische Odyssee – Die Odyssee* von Homer gilt zusammen mit der *Ilias* als der Initiationstext der abendländischen Kultur. Nach einer Lesart spielt der 10. Gesang der Dichtung in Balaklawa. Tatsächlich ist die Ähnlichkeit zwischen den Beschreibungen Homers und der topologischen Gegebenheit der Hafeneinfahrt in Balaklawa erstaunlich! Odysseus muss sich hier gegen Laistrygonen wehren, menschenfressende Ungeheuer, die einen Großteil der Schiffscrew des griechischen Helden vernichten. Balaklawa ist darüber hi-

naus mit der Antike durch den Taurisberg verbunden, einen wichtigen Schauplatz innerhalb des Tantalidenmythos. Hierher wurde Iphigenie, Tochter des Agamemnon, verbannt. Dieses Motiv ist etwa von Euripides, Goethe oder Gluck in Theaterstücken und Opern mit dem Titel *Iphigenie auf Tauris* verarbeitet. Der Hauptkanal des Stollens ist dem Thema der Antike gewidmet; die Zuschauer sitzen in Booten und ›kreuzen‹ zwischen den einzelnen Kunstinstallationen, gleich einer Odyssee, durch Zeit und Mythologien.

2. *Trockendeck / Kino Mon Plaisir* – Anfang des Jahrhunderts, kurz nach der Erfindung des Kinematografen, war Balaklawa ein populärer Kurort. Schriftsteller, Schauspieler, Militärs und Angehörige der Zarenfamilie erholten sich an der Schwarzmeerbucht. Eines der ersten Kinos im russischen Zarenreich überhaupt öffnete in Balaklawa, mit dem Namen *Mon Plaisir.* Das alte Lichtspielgebäude steht immer noch – heute heißt es *Rodina* (Heimat) – und zeugt als Ruine von den (auch unerfüllten) Illusionen des Kinos, das nicht zuletzt einen wichtigen Bestandteil der Konstruktion von kollektiver Identität in der Sowjetunion ausmachte. Auf der gegenüberliegenden Uferseite des Kinos befindet sich der Eingang in den U-Boot-Hanger. Über die Bucht hinweg ergibt sich ein Kontrast aus kinematografischer Vision und militärischer Realität, den die Künstler aufgreifen können. Das Trockendeck im Hangar wird in das Abbild des Kinos *Mon Plaisir* verwandelt, Zuschauer werden hier die Möglichkeit haben, auf Stühlen wie in einem Saal zu sitzen.

3. *Tunnel / Thin Red Line* – Im Krimkrieg diente Balaklawa als Hauptquartier der Briten; die Schlacht von Balaklawa hat im englischen geschichtlichen und kulturellen Bewusstsein einen festen Platz inne. In den Sprachgebrauch übergegangen ist der Satz von der *thin red line*, die für einen besonderen Kampf-

geist steht. Der *The Times*-Korrespondent Russell beobachtete, wie am 24. Oktober 1854 eine Übermacht russischer Streitkräfte die in Balaklawa liegenden britischen Truppen angriff. Deren Kommandeur, Sir Colin Campbell, gab den Befehl an seine Soldaten im roten Uniformrock, der Überzahl der Angreifer in einer Verteidigungslinie zu begegnen und selbst bei hohen Verlusten keinen Fußbreit zurückzuweichen. Für den beobachtenden Journalisten ergab das das Bild einer *thin red line*, einer feinen roten Linie. Buchstäblich oder mit abstrakten Bezügen: der ca. 400 Meter lange Belieferungstunnel – der vom Eingang des Stollens bis hin zum Wasserkanal führt und in dem Transportwagen auf Schienen bewegt werden können – ist Schauplatz dieses Themas der Dünnen Roten Linie.

5. Offiziersräume / Traum des deutschen Soldaten – Auf seinem Feldzug gegen die Sowjetunion galt ein wichtiges Augenmerk von Hitler den Ölquellen im Kaukasus. Auf dem Weg dorthin wurde die strategisch entscheidende Krim besetzt. Unter der Führung von Generaloberst Manstein setzte die Eroberung ab November 1941 ein – die Schlacht dauerte bis in den Sommer 1942 und endete mit der Einnahme Sewastopols. Die Wehrmacht und SS hinterließen ein Bild der Zerstörung: Allein auf der Krim kamen über eine halbe Million Menschen ums Leben, Städte wie Kertsch oder Sewastopol wurden dem Erdboden gleichgemacht. In diesem Schrecken finden sich persönliche Schicksale einzelner Soldaten, die das Humane mit dem Barbarischen zu verbinden scheinen. Bei der Rückeroberung der Krim durch die Rote Armee im Frühjahr 1944 finden sich im *Taurischen Tagebuch* des Wehrmachtmitglieds Erwin Damian auch Einträge aus Fiolent und Balaklawa, dem südlichsten Punkt der Ostfront. Danach sei der Ort aufgrund der sowjetischen Angriffe kaum noch zu halten; nach der Schlacht gehe der befehlshabende Oberstleutnant Sch. jedoch seinen eigenen archäologischen Studien nach. ›Nie war er dem Mythos so nahe!‹ Und abends sitzt er am Lagerfeuer und liest aus seinem eigens gedichteten Poem *Iphigenie auf Tauris* vor. Verschiedene Träume oder (Alb)träume von Soldaten werden von den Künstlern in den ehemaligen Offiziers- und Aufenthaltsräumen neben dem Hauptkanal inszeniert.

6. Lagerhallen / Symbolon Limpe – Bucht der Vorahnung. Wie wird die Zukunft des Kulturortes Balaklawa, noch vor zehn Jahren für Zivilisten nicht zu betreten, aussehen? In der Vergangenheit hinterließen in der Schwarzmeerbucht viele europäische Länder ihre Spuren – sowohl militärische als auch kulturhistorische. In der Antike errichteten hier erst die Griechen, dann die Genueser eine eigene Stadt – die Ruinen des unter den Römern gebauten Dolchineustempels bilden noch heute das Markenzeichen der Bucht. Im Krimkrieg kämpften in Balaklawa die alliierten osmanischen, englischen und französischen Truppen gegen Russland. Und im Zweiten Weltkrieg waren es schließlich die Armeen Deutschlands und Rumäniens, die die Krim, die als deutsche Riviera figurieren sollte, besetzten. Das Schicksal militärischer Nutzung des Kulturortes Balaklawa zog sich bis in die Sowjetzeit fort, als hier ein Kommando der Schwarzmeerflotte stationiert wurde und Atomwaffen lagerten. In der Antike hieß Balaklawa Schembalon, was so viel wie Vorahnung bedeutet. Am Ausgang des Stollens, als Abschluss des Installations- und Kunstparcours, sollen Künstler aus den genannten Ländern Zukunftsphantasien oder Vorahnungen formulieren, wie der Ort in Zukunft gemeinsam und friedlich genutzt werden könnte.«

Auch Sid ist dabei gewesen, hat Honig und Bier getrunken – sie sind ihm den Schnurrbart hinuntergeträufelt, aber sind nicht in den Mund gelangt. Er hat Kaisers Festival fotografiert und darüber in seinem *Livejournal* berichtet.[56] Ein Unterwasserkonzert im U-Boot-Museum hat ihn am stärksten beeindruckt, durchgeführt von Tauchern der

Universität Sorbonne. Ihre Instrumente ersetzten sie mit einem tragbaren Synthesizer, der hermetisch abgeschirmt und mit Hunderten bunter Lampen ausgestattet war. Dazu schienen sie zu tanzen, oder sie hatten Angst vor einem Fisch, der sie bedrohte. Am meisten hatte Sid eine Performance von Ismet gefallen: Er hatte Schlösser aus Styropor gebaut. Sie tauchten vor den Zuschauern plötzlich auf und segelten im Stollen davon. Diese Aktionen, so schlussfolgert Sid, haben uns daran erinnert, dass das Element des Wassers die Urheimat des Menschen sei, und dass wir dorthin, in die Tiefe unserer Quellen zurückkehren sollten.

Sonnenhaus

Sieh hin, fahr hin, erfahr was über deine Quellen. Wozu, andere Länder haben schönere Städte als mein Sewa. Zum Beispiel Bern, die hübsche Stadt der Krimtalk-Kollegin. Ihre Kulleraugen lächeln sogar durch den Bildschirm so herzig, dass ich am liebsten einen Apfel-Zimt-Kuchen backen und heiße Schokolade mit ihr trinken würde. Aber das kann man so nicht sagen, ist vielleicht übergriffig.

Ich fahre zu einer Arbeitssitzung hin. Die Uni Bern liegt erhaben über den Dingen, gut angebunden. Die Welt ist so was von in Ordnung dort. Dreh dich vorm Eingang um. Dreh dich mit deinen Tränen zum Panorama hin, lass sie vom Bergwind trocknen, wie auf einer Leinwandwange. Die Aussicht vor der Eingangstür zur Uni lehrt eine Lektion: Du bist, der Schmerz war. Die winterliche Morgensonne leuchtet auf, sie funkelt diamantenzart auf dem massiven Berggrau. Das Licht verfängt sich in den Wolken. Die Turmspitzen der Altstadt strecken sich. Das alles jeden Morgen. Ich möchte an diese Uni auch am Wochenende fahren. Hier bleibt die Zeit, hier bleibe ich stehen. Seit ich wieder in Sewa war, gerate ich in Zeitlöcher, für die es sonst keine Entsprechung gibt, außer hier. Die Uhr läutet. Alle sind schon ins Gebäude hineingeschlüpft. Die Stille erinnert mich daran, dass ich mich nun verspäte. Ich gebe mir einen Ruck, drehe mich, betrete das Gebäude. Klassizistisch kompakt. Die Sitzung zügig, entschieden, abgestimmt, auf Russisch, lingua franca der Osteuropa-Experten.

Die junge Kollegin bemerke ich erst zum Schluss, und so lernen wir uns kennen. Sie räumt Häppchen auf, ich träume vor mich hin, diese Berge draußen ziehen mich noch zu sich. Ihr Gesicht hält mich kurz fest. Ich wollte zum Bahnhof, fest entschlossen, die Kulisse im Sonnenuntergang zu bewundern. Mein Kind bleibt sonst am Abend allein. Sie wendet ein: Bleib länger, erzieh ihn zur Selbständigkeit, so kann er einen Kinoabend haben, wie es sich für einen Freitagabend gehört, während du dich entspannst. Ich rufe ihn an, er sieht es auch so.

Bleibe zum Znacht mit der knuffig-klugen jungen Frau und ihren Kollegen. Sie spricht laut und hell, bewegt harmonisch ihre Hände und Augenbrauen. Ich möchte wieder weinen, schon seit Wochen. Dafür gibt es keine Orte. Reguliere dich, hier ist doch alles um dich herum in Ordnung. Wie in einem Buch der Zufälle von Gaito Gasdanow oder von Paul Auster höre ich, wie sie erwähnt, sie habe unlängst einige Monate in Sewastopol gearbeitet, mit Behinderten. Sie könne alle Lieder singen, die mit der Stadt verbunden sind, selbstverständlich auch den Sewastopol-Walzer. – Hier müsste ich anstimmen, einstimmen, tanzen.

Sie strahlt, jeglicher Trauer zum Trotz. Lässt sich ihr Tablett mit den übrig gebliebenen Käsespießen nicht abnehmen. Sie weiß, wann wir uns im Restaurant einfinden, und wo es liegt. Kurz bevor ich gehen muss, gibt sie mir einen Flyer: Sie tritt mit dem Orchester in einer Zürcher Kirche auf. Ich gehe hin, neben mich setzt sich der verwirrte Studienstiftler. Ich habe ihn das letzte Mal im *Kosmos* gesehen, er hat einen Kaffee getrunken und mit sich selbst gesprochen. Alles kann also noch schlimmer sein, verliere dich nicht.

Antönen, anschreiben, bald blinkt ihre Antwort auf: Bezüglich Sewastopol müssten wir mal zusammensitzen. Sie sei durch Zufall in der Stadt gelandet – über eine Nachricht auf der Mailingliste der Uni, dass die Organisation *Dom solnza* (*Sonnenhaus*) Volontäre gegen Kost, Logis und Sprachpraxis aufnimmt. Das fand sie spannend, flog hin und wohnte am Prospekt Ostrjakowa im Hinterzimmer der Werkstatt, in der sie arbeitete. – Das finde ich spannend, sie hat 2013 in der Straße gewohnt, in der ich bis 1993 gewohnt habe, ist in einer alten Fabrik in Sewa geritten, hat im Chor mitgesungen.

Der Prospekt Ostrjakowa führt in die Stadt ein (oder ist ihr Ende). Er beginnt, kurz nachdem man in ihn vom Norden einfährt, nach dem Denkmal für das Flugwesen. Die im Grün der Platanenkronen verstreuten Platten grüßen mit sozialistischer Gemütlichkeit, gekleidet in adrettes Kalkweiß, veredelt vom Gelbstich im Gestein. Ich wünschte, ich hätte Fotos davon geschossen, besonders vom filigranen Muster aus Balkonen, Fenstern und Verglasungen.

Mein Parallel-Ich, die Kulleraugenkollegin, sinniert ihrer Zeit in Sewa nach: »Ich weiß nicht, wie ich diese Stadt finde. Bin gern nach Chersones und Balaklawa, in die Vororte, dort war es sofort anders. Ich hatte eher gemischte Gefühle gegenüber der Innenstadt, sie ist zu militärisch. An jedem Platz, an jeder Straße hörst du Namen von Generälen.« Ja, niedlich klingen sie nicht, auch nicht all die Buchten und Schlachten, die Denkmäler, Massengräber, Totenzahlen und Namenslisten Gefallener. Diese Stadt steht auf einem Friedhof. Mehrmals aufgewühlt, mehrmals zugeschüttet, im Meer versenkt, immer wieder weißgespült. Mir waren die Namen der Militärgeister vertraut wie jener von Puschkin. Nachimow und Suworow klangen wie alte Bekannte, deren Anrufe man zufällig verpasst hatte.

»In Balaklawa kann man gut baden, bist du dort auch gewesen?« – Nächstes Mal, mit Baba Klawa, mit Zeit.

> »Damals in Sewastopol, ein Jahr vor der Annexion, war irgendwie unklar, ob ich in der Ukraine oder in Russland bin. Klar war allerseits, dass die Krim ein Zwischending ist. Oft habe ich vergessen, dass sie in der Ukraine liegt. Die Leute sprachen Russisch, sagten Rubel statt Hrywna und fühlten sich russisch, bis auf einige, die sich nach Kiew hin orientierten.«

Ihre Krim: erreichbar, historisch ballastreich, persönlich unbeschwert. Meine: prähistorisch, präsent, preserved. Ein Spiegel der Tatsache, dass das Leben ungeachtet deiner Befindlichkeiten weitergeht, mal mit und mal ohne sichtbare Veränderungen. Ihre Fotos von ihrer Krim zeigen mir mein Damals, mit kleinen Abweichungen, Ergänzungen. Mir fällt ein, dass ich vergessen habe, wo ich die Fotos gespeichert habe, die ich bei meiner kleinen Rückkehr aufgenommen habe. Vielleicht, weil ich Angst vor ihnen habe. Bilder massieren dir unmittelbar die Augen, mal mild, mal wild, während die Sprache, mit ihrem Ach im Zentrum, sich langsam herantastet, von außen, vom Seufzer.

> »Ich kann mir kaum vorstellen, wie die erste Rückkehr auf die Krim für dich gewesen sein muss … Es hört sich etwas seltsam an, aber ich finde, Sewastopol hat bereits an und für sich etwas emotional Anstrengendes. Jedes Mal, wenn ich dort bin, fühle ich mich völlig ausgelaugt und wäre am liebsten nur alleine. Und das, obwohl meine Erfahrungen ja auf keine Weise mit deinen vergleichbar sind. Mich erdrücken sowohl die Vergangenheit wie auch die Gegenwart dieser Orte, und zwar schon pri Ukraine. Gleichzeitig zieht es mich an … Toll, ihr dreht einen poetischen Dokumentarfilm! Übrigens: das Elgar-Cellokonzert, das zu Beginn des Trailers erklingt, habe ich auch gespielt, und aus den Solonoten habe ich mir ausgerechnet in Sewastopol die ersten paar Takte auf den Rücken stechen lassen … Im Anhang findest du ein Bild aus der Wohnung meiner Freunde in Richtung Fliegerdenkmal. Von ihrem Balkon aus ist mir zum ersten Mal aufgefallen, dass hinter der Häuserreihe die Stadt plötzlich zu Ende ist.«

Plötzlich zu Ende. Mal abspeichern.

PS: Die NGO in Sewastopol wächst. Sie ermöglicht nun Menschen mit Beeinträchtigungen eine Tagesstruktur beim betreuten Wohnen, bei der Arbeit mit Filz und Holz (die Vögel, Schneefrauen und andere handgemachte Unikate sind über die Autorin und ihre Kollegin bestellbar) sowie in einer Druckerei. Letztere würde Aufträge für Plakate, Fotoalben und Gedichtbände annehmen … Das *Sonnenhaus* benötigt Spenden. Doch wenn eine Überweisung aus Westeuropa »Krim« in ihrer Referenz enthält, verwehren Banken die Transaktion – als eine Sanktion. Auch das russische Gesetz behindert Hilfe: Riskiert der Leiter den Erhalt von sanktionierten Transaktionen, muss er sich *ausländischer Agent* nennen. Nennen wir das Haus vorerst *Internationale Agentur für Eigensinn* (https://domsolnca.org/).

Busfahrt

Und nun deine Ankunft im Wurzelort, heilige Szene der Einfahrt. Du steigst in Simfi in einen Ikarusbus ein, steigst anderthalb Stunden später in Sewa aus. Genauso easy: die Angst vor der Fahrt loswerden. Du fragst die Ticketverkäuferin, die Machtfrau hinter der Glasscheibe, durch das weit unten angebrachte Mikrophon, ob die Fahrt sicher sei. Sie schaut dich so an, dass du dich nicht mehr sicher fühlst, und sagt zu ihrem Stempel, so eine Frage höre sie zum ersten Mal. Mehr sagt sie nicht, sie schaut dich auch nicht mehr an.

Die Busfahrt – schlicht und einfach, nach Abfahrtsplan, vom Busbahnhof, keine Abenteuer. Weder schnell noch langsam, offene Fensterscheiben an zwei Enden, frisches Lüftchen. Nichts mit Sachlichkeit, kein Protokoll möglich, du bist überflutet mit Vorfreude. Mit der Gewissheit, das Richtige zu tun. Im Grunde nichts tun, sich der Fahrt überlassen, fast ohne spürbare Bewegung, vom Fotografieren und sanftem Wechsel der Landschaft abgesehen.

Du knipst aus dem Bus: Jede Veränderung löst aus, dass du auf den Auslöser drückst, unabhängig davon, ob die Fotos verwackeln. Durch das Busfenster und durch die Kamera hindurch zweifach verglast rasen die Steppengräser vorbei, Bergmassivumrisse, die dir im Vorbeifahren aus den Augenwinkeln bekannt scheinen, obwohl du sie wahrscheinlich nur von Fotoalben kennst. Die Fahrt geht doch zu schnell, am liebsten würdest du sie an einigen Stellen zurückspulen, Filmstills rausschneiden, länger hinsehen.

40 Honigproduktion zwischen Simferopol und Sewastopol, Tatjana Hofmann 2015.

Ein Bergplateau hinter den Mandel- und den Walnussbäumen am Wegesrand, ein Blick auf die nächste Tanne, aufs Feld, und prompt taucht das Tor mit roten Jahreszahlen auf, wir fahren in Sewastopol ein. Jeder Augenaufschlag fängt auf, was an Übereinstimmungen mit der Erinnerung auffällt, und dir fällt auf, dass du hier wirklich früher einmal gewesen bist, mit deinem dauerreimenden Bruder. Ihr seid in eine Höhle gegangen, habt Quellwasser geholt, als die Stadt das Wasser abgestellt hatte. Er sagte etwas, und du machtest euch einen Reim darauf, dann sagte er wieder etwas, das sich auf deines bezog, mit unerwarteten Endungen und Wendungen. So habe ich die Landschaft in Erinnerung. Wie unsere Schweinereime, die Bedeutungspfade einschlugen und sie wieder aufgaben zugunsten anderer, breitete sich eine Welt hinter der Stadt aus, obwohl ich das nicht erwartet habe. Diese Welt wälzte sich regelrecht frech aus, nahm ihren Platz ein mit unstrukturierter Geometrie aus Endhäusern, Anfangsbrachen, geheimen Wegen, die wir beim Laufen trotz und dank Nonsens gesponnen haben. Bus, halt an, ich will das Epos rekonstruieren.

Zu spät, wir fahren schon durch den Prospekt. Ich sortiere Gedanken, Erst- und Jetzteindruck, vergleiche fleißig und schwups – ist alles wieder weg und da und weg. Vergleiche schmelzen zusammen wie die Zweige nah aneinander gepflanzter Bäume. Die Potemkinsche Stadt besteht aus satten Fassaden des Spätsommers, 50 Farben des Grüns, in 22 Jahren kein einziges Mal beim Friseur gewesen. Ihre Basisdimension zieht zu viel Aufmerksamkeit auf sich, unübersehbar ragt sie ins Bild hinein. Aufgeplatzte Plattenreliefs und Trottoirkanten driften über das charmante Stadium hinaus. Das ist sie, wie sie gewesen ist, und sie steht dazu.

Ich fahre die Busschleife weiter, steige nirgendwo aus, warte an der Endhaltestelle, bis der Busfahrer seine Ansage beendet, seine Zigarette ausraucht und zur nächsten Runde aufbricht. Unten liegen Schiffe in den Häfen, neue neben alteingesessenen. Die Hafenstruktur der Stadt gleicht einer Handfläche, zwischen den Fingern rieselt das Meer, die Lebenslinie lässt sich nicht ablesen. Ich liebe die Luft, selbst im Bus, das Zirpen der Zikaden, oder welche Insekten da auch immer in mir das Gefühl dieser Sektenzugehörigkeit mitten in der Einsamkeit wecken. Ich stehe an einer Bushaltestelle über dem Meer, platze an jedem der verwitterten Plätze vor Verbundenheit, vor störrischer Hingehörigkeit, vor unerträglicher Verwirrung. Ich mag das unnahbare Gesicht des Marschrutkafahrers. Ich mag das Spätsommergras, das es durch den aufgebrochenen, mit Kies gemischten Asphalt nach oben schafft – eine weiche Insellandschaft unter den Füßen, ein Willkommensteppich, mögen auch alle Vergleiche, die ich mitgebracht habe, unangebracht sein. Sewastopol ist wie Sibirien, genügt sich selbst, frei von dem, was jemand darüber denken könnte, frei von Langeweile und frei von Aufregung. Ein eigener Kontinent auf der Krim, eingespannt in Routine und Rituale, in simplen Komfort und besonders hohe Dosen Pofigizm samt Stolz. Who cares? Take care. Diese Stadt reproduziert ihr Heldengedenken, ihre Paraden, Schützenschiffe, Kadetten. Repräsentativ, diszipliniert und hoffnungslos langsam. Abgelegen, selbstbewusst, fast verwegen mit ihrer Bedeutung, die bis nach Istanbul und bis nach Porto, dem anderen Ende Europas reicht.

Nach dem Aussteigen kaufe ich Kwass (unsere, gesunde Cola) bei der rundlichen Verkäuferin. Es kommt mir alles richtig vor, dieser Typus Verkäuferin, bestimmt bauernschlau und ihr Leben lang Verkäuferin, womöglich in dritter Generation, dieser Kwass wie ein erster Kuss, die bestmögliche Erfrischung nach dem Busruckeln. Wie es sich gehört, aus dem Fass. Ich sage ihr, dass ich froh bin, wieder in meiner Heimatstadt zu sein. Sie sagt mir, sie sei auch froh, hier zu sein, in einem freien Sewastopol ohne Ukraine und ihre Zwänge. Die Wiedervereinigung sei großartig, das freue sie noch immer, auch jetzt, ein Jahr später. Nur die Preise seien zu hoch, die Inflation schlägt mal wieder zu, aber für die Moskauer sei es noch immer sehr günstig hier. Sie müsse für ihre Familie und sich zwei Jobs ausüben, zum Glück habe sie zwei Berufe – sie arbeitet als Lehrerin und als Ingenieurin. In dem ersten Job würde sie 8 000 Rubel verdienen, mit dem zweiten 12 000. Aber wie solle sie davon eine Familie ernähren. Daher verkaufe sie Kwass. Letztes Jahr wurde ein Kwass Werk eröffnet, vorher hatten sie nur Pulver. Jetzt habe sie richtigen anzubieten, für 30 Rubel das Glas.

Ich trinke noch ein Glas. Danach zieht es mich zu den Trolleybussen. Sie schlängeln sich in alter Gestalt die Hügel hoch. Das sind genau die von damals, die mysteriösen Trolleybusse, die unendliche Menschentrauben in sich aufnahmen. Ich könnte in die Nummer – welche war das noch mal – wieder einsteigen, als ob ich jetzt wieder hinfahren würde, zum Geschichts- oder zum Russischunterricht, zur ersten Stunde, die dank einer Elterninitiative ab neun Uhr statt der Schweizer 7.20 Uhr beginnt. Begonnen hat … Man würde mich ins Burghölzli befördern, auf direktem Wege von der Zeitreise in die Zelle. Doch irgendwie schade, dass ich weder der Lehrerin noch der Klasse von damals Priwjet (Hallo) sagen kann, auch wenn man es nicht mehr sagen sollte.

Die Nichtverschiebung der Zeit fühlt sich so real wie ein Traum an, aus dem du einfach nicht erwachst, obwohl du schon längst gesagt hast, dass du aufstehen willst.

41 »Von Moskau für Sewastopol«, Tatjana Hofmann 2015.

Andere Trolleybusse wirken zeitgenössisch, wie die Busse in Deutschland, nur in Russlandfahnenfarben. Das sind Busse aus Deutschland, stelle ich in einem von ihnen fest, offenbar am Handelsboykott vorbeigefahren. Dieses Fleckenmuster auf pseudogeplüschten Sitzbezügen, diese steril glänzenden Metalloberflächen.

Statt ungeschriebener Ordnung eine gewisse Geschäftigkeit, ständige Improvisation und immer wieder eine malerische Menschentraube, wie es sich für die traubenreiche Gegend gehört. Genau das Gedrängel, wie ich es kenne, seit eh und je, und ich wüsste auch, wie man hindurchschlüpft, nämlich schräg von der Seite, als unsichtbares Mädchen, hartnäckig und mit dem Rücken zur empörten Menge … Ein Mann reicht mir wie selbstverständlich den Koffer (Schokolade, Käse, das übliche Equipment) an der Haltestelle hinaus, hebt ihn elegant von der obersten Treppe und stellt ihn auf den wunden Boden. An der Station, an der ich auf dem Weg von der Schule nach Hause eingestiegen bin, vorbei am Tomatensaftladen im Souterrain, hin zu unserem Prospekt. Ich reiße mich zusammen. Fahre zu den Schapiros, wie Sid es geraten hat. Nehme mir ein Taxi.

Schapiros Sewastoponymik

Taxifahrer Nr. 1: »Die Moskauer finde ich arrogant. Schon wie sie hier anrauschen, hochnäsig bis zum geht nicht mehr, wissen alles besser, zum Kotzen. Tun so, als ob Sewastopol ihnen dankbar sein müsste, dass es von Moskau aufgenommen wurde. Den Moskauern sage ich jedes Mal, sie müssten *uns* dankbar sein, dass wir zu ihnen gestoßen sind. Wenn sie mir beibringen wollen, wie ich zu fahren habe, reicht mir das endgültig, dann schicke ich die Moskali wieder zurück, wo sie herkommen. – ›Wie, sind Sie kein Russe, dass Sie uns Moskali schimpfen? Sind Sie etwa Ukrainer?‹ Fragen sie mich, und ich antworte ihnen: ›Ich bin Sewastopolez!‹«

Nach meiner Ankunft übernachte ich im Haus der chassidischen Familie Schapiro. Das sind Sids Freunde, Jan Schapiro nimmt auch am Forum teil. Ich frage mich nicht, aus welcher Erzählung sie dorthin gebeamt wurden. Jan übersetzt momentan die Werke Kiplings.

Vor dem Hauseingang: Die Natur verdrängt die Kultur, das Dörfliche das Städtische. Katzen, Pflanzen, verschlungener schmaler Pfad. Gleich wird frau eines Besseren belehrt: Innendrin herrscht Regelhaftigkeit, für die Ewigkeit bestimmt.

Die Ehefrau des Gastgebers, eine Psychotherapeutin, die bei dem Dichter und Psychologen Boris Chersonski gearbeitet hat, der wiederum ein Freund von Andrej Poljakow gewesen ist, bis der Majdan auch sie entzweit hat, begrüßt mich in dem Gartenhaus mit den Worten: »Sie sind eine schöne Jüdin.« Später gesellt sich dazu die Bemerkung, ich würde einer Dina und einer Alina aus Odessa ähneln. Eine

Gastrolle also, nun gut, mal schauen, wie lange ich sie spielen kann, ohne die Zuschauer zu enttäuschen. Der Mann im Haus wirkt kleiner als seine Frau, vielleicht, weil sie ein Kleid mit schwarzen und weißen Rechtecken und dazu einen Hut trägt, während sein Bart und seine Gürtelanhänger unauffällige senkrechte Striche in diesem Bild zeichnen. Ich fixiere seine freundlichen Augen zwischen Bart, Haaren und Schnüren. Er fragt, ob ich jüdische Großmütter gehabt hätte. Nein, das nicht, aber wahrscheinlich beide Urgroßmütter. Er schaut skeptisch. Ich präzisiere: Das bedeutet, beide Großväter. Er schaut noch skeptischer. Ich soll mich wie zufällig an den Lichtschalter anlehnen. Dann schalte ich im Haus das Licht und später das Gas ein, unschuldig als unwissender Gast. Wir kochen türkischen Kaffee.

Schabbat-Nachtessen. Ich wünschte, ich wüsste, wie sich dabei verhalten. Vor dem Haus ein Garten, den verstehe ich, er ähnelt dem von meiner Oma. Im Haus ein Kind, das Hebräisch spricht, die religiöse Schule mit Auszeichnung besucht und bei Gesprächen dabeisitzt.

Die Speisen auf dem Tisch schmecken wie bei Azarowa. Ich möchte mich ein bisschen integrieren und frage, ob der eine fischig riechende Teller Farschmak sei. Nein, Fischsalat. Aber immerhin, trotz aller hängenden Fragen bin ich hier willkommen, so mein Eindruck. Ebenso in der Marschrutka, die mich von ihnen am nächsten Morgen in die Stadt bringt – ich schlüpfe durch die Weinreben zur Haltestelle nahe Chersones und Wladimir-Sobor. Beim Fahren kann ich die Distanzen nicht mehr einschätzen, sie verwinkeln sich, Laub verdeckt die Sicht.

So gondle ich bis ans andere Ende der Stadt zum nördlichen Hafen, er zieht mich an. Unten der Eisenbahn- und der Busbahnhof mit Schlangen an den Kassen. Vor nicht langer Zeit fuhren gar keine Züge hierher, die Ukraine-Blockade hatte fast den gesamten Zugverkehr stillgelegt.

Ich fahre gern wieder in die Stadt hinein, wie ich hergekommen bin. Jetzt kenne ich diese Trolleybuslinie, die mich weit weg aus der Komfortzone dorthin bringt, wo ich mich gar nicht mehr orientieren kann. Meine Augen gewöhnen sich allmählich daran, dass sie durch die in Breite und Länge ausgestreckten Bäume hindurchspähen und das Häusermosaik dahinter sich dazu denken.

Fahnen über Fahnen, wie im Schweizer Schrebergarten. Sewastopol feiert überdeutlich, dass es russisch (geworden) ist. Gleichzeitig denke ich oft an die Türkei hier, noch mehr aber in Simferopol und in Kertsch. Eine Türkei, die an der Ecke Maiskolben verkauft – Kukuruza auf Russisch und fast genauso auf Türkisch, gesalzen und glänzend gebuttert. Das kann man so nicht sagen, lassen wir die Türkei, zumal diese Assoziation mir viele der neuen Busfassaden aus dem Kopf zu schlagen versuchen: Sie sind in russischen Nationalfarben bemalt, einige ziert der Schriftzug »von Moskau für Sewastopol«. Rot-Blau-Weiße Fahnen hängen von Häusern und Autos, als ob gerade wieder Parade wäre. Ein älterer Mann, sehe ich im Vorbeigehen, trägt im Alleingang eine Flagge mit Hammer und Sichel zu einer Gedenktafel an Gefallene im Zweiten Weltkrieg, andächtig, im Marschschritt, kerzengerade. Unweit davon steht das neue Denkmal für Katharina die Große.

42 Denkmal für Katharina die Große, Tatjana Hofmann 2015.

43 Patriot, Tatjana Hofmann 2015.

Am nächsten Abend diskutieren die chassidischen Gastgeber etwas aus der Thora. Ich höre: Gott gibt einem die Freiheit, den Willen, um gut zu sein. Wenn man Böses tut, stößt er einen an, weiter böse zu sein. Jeder soll seinem Auftrag gemäß leben, seine Aufgabe erfüllen, vermittelt die Ehefrau. Ein mit Gedanken erfülltes Leben führen, die Gemeinschaft fühlen. Sie erklärt Rituale wie das Schnuppern an einem kleinen Behälter – damit die Seele nicht entweiche. Gemeinschaft, Gemeinschaftsgefühl, das sagt sie oft. Ihre blauen Augen leuchten. Vielleicht kann man mit dem, womit man sich verbunden fühlt, vereinbaren, dass man sich davon entbindet. Und dann schauen, was passiert, welche Kräfte auf einem leeren Blatt wirken. Es nicht ausreißen, sondern entbunden werden, entbunden von dem Druck, etwas zu sagen, was der Gemeinschaft zusagt.

Am Tisch sitzt auch ein anderer Gast, ein Mann unbestimmten Alters, in Kippa. Wir werden einander nicht vorgestellt. Offenbar ein

Freund der Familie. Im Psalm 130 stehe, man solle für das Wohl der Macht beten, das heißt auch für WWP, sagt er provokant. Es stehe auch in der Thora, entgegnet ihm der Hausherr, dass man der Macht nicht glauben solle.

Er fügt später in der Küche hinzu, dass die politische Situation 2014 sehr schwierig für ihn gewesen sei, dass er lange um eine ausbalancierte Position kämpfte und es Phasen gegeben habe, in denen er der einen oder anderen Seite glauben wollte. »Aber«, schmunzelt er, »was geht uns das eigentlich an? Da kämpft ein Goj mit dem anderen, und? Für uns kann es nur schlecht sein.« Seine Frau Inna ergänzt, sie fühle Dankbarkeit, dass kein Krieg auf der Krim entbrannt ist, dass Sewastopol sicheres Pflaster bleibt. Andererseits fühle sie die Beschränkung der Reisemöglichkeiten, sie könne nach Europa nur noch durch Schopa (den Arsch). Jan wirft ein, der Weg nach Europa habe sie früher auch da durchgeführt. Ein Gefühl von Sicherheit und Unfreiheit sei es hier, fasst er zusammen. Inna schwärmt sehnsüchtig von Odessa, ihrer Heimatstadt. Ihnen haben Freunde vor einem Jahr zur Flucht von der Krim geraten, aber das sei eine absolute Ausnahme, sonst habe es keine negativen Reaktionen gegeben, und wozu die Panik. Der chassidische Übersetzer zuckt mit den Schultern: Die Ukraine habe auf der Krim mit Absicht nichts investiert und sich dabei besonders an der russischsten Stadt, an Sewastopol, gerächt. Aber diese Stadt hat ja schon mehrere Verwüstungen überstanden, als routinierter Phönix richtet sie sich schnell wieder auf.

An der Wand neben dem Tisch, an dem wir sitzen, hängt das Foto eines Klaviers, darüber das Porträt eines Propheten. Viele Bücher. Das Haus strotzt vor Streben nach Weisheit. Wir sprechen Russisch in all der Jüdischkeit. Ich weiß nicht, was sagen, wie dieses Stückchen Israel und Zürich-Wiedikon an Chersones montieren. Die Hausdame umarmt mich zum Abschied. Der Hausherr hat sich immer noch nicht getraut, mir seine Erzählungen zu zeigen. Ich soll noch einmal kommen.

Ich komme noch einmal, mit Cyril. Wir stellen die Kamera in ihrem Wohnzimmer auf, ich setze mich wieder an den Tisch, unser Gespräch entwickelt sich aus meinem Nachfragen zu seinem Schreiben und seinem Ausweichen in anekdotenhafte Geschichten.

Jans Tochter Sonja ist wieder dabei. Ich bitte sie, ihren Vater vorzustellen. Nach einer Pause sagt sie: »Er ist ein guter Übersetzer, ein wichtiges Mitglied der jüdischen Gemeinde, ein guter Vater und Ehemann, ein echter Sewastopolez, ein Kenner der Krim.«

Ihr Vater protestiert, er sei kein echter Sewastopolez. Das hätte er schon mal dementieren müssen, als sein Freund, der Direktor des Puschkin-Gymnasiums, ein Wörterbuch des Sewa-Slangs herausgegeben hat, in welchem er Jan Schapiro einen echten Sewastopolez nennt. »Ich bin in Charkow geboren, lebe seit 1974 hier, aber meine Sonetschka ist hier geboren.«

44 Sonja und Inna Schapiro, Cyril Venzin 2016.

Er protestiert auch gegen die Monologhaftigkeit der Interviewsituation, das halte er so nicht aus, wenn ich ihm gegenüber steif und still sitze. Daher sage ich, dass ich früher echte Sewastopolerin gewesen bin, aus Ostrjaki. – Er lebt weder auf: Genau, genau, dieser Name sagt schon viel, nach diesem Abkürzungsprinzip sind viele Bezirke in der Stadt benannt, darunter Kamyschi und Kuliki. – Ob er sich vorstellen mag, wie er heißt und was er von Beruf ist?

»Ich heiße Jan oder Jakob Schapiro. Meine Eltern wollten mich Jakob nennen, aber das klang eindeutig jüdisch, daher haben sie sich für Jan entschieden. Ich bin mittlerweile professioneller Übersetzer. Davor war ich Leiter für Englischkurse und Elektriker, Redakteur einer wissenschaftlich-fantastischen Zeitschrift, habe im Theater und in einer Werbeagentur gearbeitet. Ich habe in den letzten Jahren fast nur noch fiktionale Literatur übersetzt, u. a. die Märchen Kiplings. Neuübersetzungen, Erstübersetzungen, Kommentare. Ich übersetze am liebsten mit meiner Tochter gemeinsam englische Kinderliteratur, einige Sachen gelingen uns richtig gut.

Aber das reicht, ich kann nicht ständig angeben, das halte ich nicht länger aus. Ja, Dramaturgie habe ich eine Zeit lang studiert und Theaterstücke geschrieben. Ja, ich schreibe, auch Prosa, aber für die Schublade. Meiner Familie gefällt es, das reicht. Ich wüsste nicht, was vorlesen, da muss ich meine Frau fragen, was sie empfehlen würde. Aber bitte, lassen wir das, stattdessen erzähle ich Ihnen lieber eine Geschichte über einen Rabbi in Jalta. Probiert von dem Honig auf dem Tisch. Kirill ist Imker? Er soll noch unbedingt vom Buchweizenhonig nehmen.

Das Bosporusforum ... Es ist so: Wir Krimtschanen haben hier in einer Ukraine gelebt, die sich für uns nicht interessiert hatte, und haben uns nach Moskau hin orientiert, zu dem wir nicht gehört haben. Wir waren weder Fisch noch Fleisch. Ich kannte mich nicht aus mit russischem Kulturleben. Als ich begann, mich dafür zu interessieren, habe ich zwischen elitärer Kultur und Massenkultur, sozusagen dem Humus, eine Spaltung festgestellt. Wenn sie getrennt voneinander existieren, vertrocknen beide. Ich gehöre eher dem Humus an. Sids Bosporusforum stellte für mich eine neue Erfahrung dar, in die ich neugierig wie in eine neue Kultur eingetaucht bin. Das Forum zähle ich zur elitären Kultur. Wir brauchen sie, gerade weil es für uns Exotik ist. Wenn sich kreative Menschen treffen, bereichern sie sich gegenseitig mit etwas, was ich nicht beschreiben kann, es ist fein, fast esoterisch. Diese Monaden geben uns mehr als ein Gespräch über Skype oder das Briefeschreiben. Das ist wunderbar.

Der Krim-Text? Das ist für mich ein Versuch zu verstehen, was die Krim den Menschen bedeutet. Im Vergleich zum Kaukasus galt sie den Russen seit dem 19. Jahrhundert als ein fremder, sogar wilder, aber gastfreundlicher und sicherer Ort, weil wir hier keine nennenswerten Konflikte mit den Tataren haben. Eine Spezifik gibt es hier, Krimtschanen unterscheiden sich von Russen und von Ukrainern, obwohl die Lokalbevölkerung heterogen ist. Der Wohnort hat einen Einfluss darauf, wie man spricht und wie man schreibt. Krimtschanen sprechen zum Beispiel viel schneller als Moskauer. In Aksjonows *Insel Krim* gibt es einen Seitenhieb auf das frikative G/H des südrussischen Dialekts, das musste ich mir selbst auspumpen. Übrigens, hier steht die Anthologie *Syntagma* von Underground-Dichtern aus Sewastopol, erschienen im Samizdat 1988.

Ein typischer Sewastopolez wirkt etwas arrogant, hinter der Oberfläche aber doch ganz nett. Der Kertschianer ist ein grober Fischer, der auch mal in die Fresse hauen kann. Der Jaltabewohner fährt faul Taxi und zockt im Sommer Touristen ab. Simferopol hat von allem ein bisschen, wie es für eine Hauptstadt charakteristisch ist, mit tatarischer Komponente auf kultureller Ebene. Wie die Juden haben Krimtataren das Problem, dass sie einerseits zu ihren Ursprüngen streben, andererseits ist Russisch auch ihre Muttersprache, und um diesen Fakt in der Biografie kommt man nicht herum.

Was Sewastopol angeht, so haben wir es hier mit einem Symbol zu tun, mit einem materiellen Gedächtnisort. Ich habe mehrmals bemerkt, dass vor allem Moskauer eine besondere Beziehung zu unserer Stadt entwickeln. Sewastopol ist ein separater Staat, administrativ mit Moskau verbunden, formal gesehen gehört der Ort gar nicht zur Krim. Das führt dazu, dass wir weniger mit anderen Krimtschanen interagieren, wir bleiben von vielen Veranstaltungen ausgeschlossen. Entsprechend werden wir von der Krim als etwas Separates betrachtet. Die Stadt war bis Ende der 1980er geschlossen. Sie hat sich in letzter Zeit rasant verändert. An ihren merkwürdigen Apfelsinentechnikzentren, die meine Jugend überschreiben, merke ich deutlich, dass einige Orte Teil meines privaten Gedächtnisses geworden sind.

Die Stadt prägt auch die Lebensweise, das Verhalten der Menschen untereinander. Dazu sagt am besten meine Frau etwas, als Psychologin hat sie einen eigenen Blick darauf.«

Inna spricht langsam, lacht viel, spielt mit ihrem breiten Hut und zieht Schlüsse aus ihren privaten wie beruflichen Erfahrungen. Sie begegne bei der Intelligenzija beider ihr gut bekannten Städte unterschiedlichen Problemen und Abwehrmechanismen. In Sewa würden viele Gefühle unterdrückt werden, daraus entstünden psychosomatische Probleme, viele Menschen hätten Panikattacken. Ihre Konflikte kreisten darum, wie man auf ihr Verhalten reagieren würde, und um ihre Angst, verurteilt zu werden. Eltern drückten ihren Kindern Sichtweisen auf, Kinder folgten bei der Berufswahl oft ihren Eltern statt eigenen Wünschen.

Sie würden sich auf die Außenwahrnehmung ausrichten, von der Meinung anderer abhängen, viel Scham empfinden – man schäme sich schnell dafür, etwas Falsches zu sagen, und sei sehr stolz darauf, in dieser Stadt zu leben, sie gut zu kennen. Odessiten liebten ihre Stadt zwar ebenfalls, sie redeten ständig über sie, Sewastopoler aber sprächen kaum über ihre Stadt. Als ob sie das gar nicht nötig hätten zu betonen, gingen sie von ihrer Schönheit und historischen Erhabenheit aus. Diese Menschen seien zurückhaltend, voller Würde bis hin zur Verschlossenheit, Odessiten hingegen emotional, intensiv, offen.

In Odessa gebe es mehr soziale Toleranz, zugleich mehr Konflikte, da Gefühle auch extrem ausgedrückt werden. Odessiten brauche man um nichts zu bitten, sie würden auf dich reagieren, wenn sie sehen, dass du etwas brauchst. Ebenso unvermittelt würden sie ihre Unzufriedenheit signalisieren. Sewastopoler würden aber um nichts bitten.

> »Es ist eine hübsche und gutmütige Stadt, aber das Emotionale und ein unmittelbares Echo fehlen mir sehr. Das ist am stärkten in öffentlichen Einrichtungen spürbar. Hängt wohl damit zusammen, dass es eine Militärstadt gewesen ist. Hier lebten die Frauen der Marine, sie hatten Angst vor Gerüchten. Hier spricht man bis heute leise am Telefon, *privacy* ist sehr wichtig. Die Odessiten können auch misstrauisch sein, aber sie zeigen es nicht durch Verschlossenheit, sondern durch Angriffe. Diese legen sich aber auch schnell. Sewastopol war für mich fremd als Odessitin, die in Vilnius und Moskau studiert hatte. Ich fühle mich auf den Straßen hier einsam.
>
> In Odessa fühle ich mich als Frau ganz anders. Ich kann die Straße entlanglaufen, Musik hören und tanzen, altersunabhängig. Hier habe ich neulich Musik gehört, einen Nigun der Freude, um meine Laune zu heben, habe ein bisschen vor mich hin gesummt. Im Trolleybus hat mich eine Frau angesprochen – sie sagte mir, dass ich schön bin. Sonst sage ich das zu anderen. Sie war auch schön, sie hatte ein helles und gutes Gesicht. Es stellte sich heraus, dass sie aus Kiew nach Sewastopol gezogen ist. Wir haben uns darüber unterhalten, wie wir uns hier einleben. So lernt man sich kennen, wenn man nicht wie ein Sewastopolez, sondern spontan reagiert. Es war für mich so, als ob ich nach Hause zurückgekehrt wäre!«

»Liebe Freunde, es ist schon drei Wochen her, dass unsere Familie nach Odessa umgezogen ist«, lese ich auf Jans Facebookseite im September 2019, und zwar wegen Innas Sehnsucht nach ihrer Heimat und wegen der größeren Infrastruktur jüdischen Lebens.

Er nimmt virtuell Abschied und blickt in seinem Post auf die bekannteste Hafenstadt der Krim zurück:

»Als wir 1974 aus Charkow nach Sewastopol gezogen sind, war das eine kleine, geschlossene Stadt. Die Ostrjaki endeten beinahe mit den Kuliki, spätestens beim *Ozean*. Damals glänzte die Stadt nicht mehr mit marineartiger Sauberkeit, aber es war noch die Zeit, als Pioniere einen Onkel, der seinen Zigarettenstümmel am Mülleimer vorbeigeworfen hat, aufforderten, diesen sofort aufzuheben.

Hinzugezogene gab es kaum, bestenfalls mit Spezialgenehmigung. Die Sitten waren konservativ bis zum Äußersten. In Shorts von Primbulja bis zum Platz der Revolution laufen – das konnte sich, außer du bist Pionier und draußen ist 19. Mai, nur ein verirrter Tourist leisten, und das auch nur in Begleitung eines Milizionärs und einer Traube wütender Rentnerinnen. Was eine Urlauberin im Badeanzug betroffen haben mag, die diesen Weg entlanggelaufen sein könnte, dazu fehlt mir die Fantasie.

Meine Eltern waren damals viel jünger, als ich es jetzt bin.

Auf Wiedersehen, Sewastopol! Wir werden dich vermissen und alle unsere Freunde, Bekannte, Nachbarn dort.

Viber, Whatsapp, Skype, Facebook und e-Mail sind noch die alten. Schreibt, ruft an, vergesst uns nicht!«

Er postet zudem einen Vortrag, den Sid für die geopoetische Konferenz am Institut für Philosophie der Russischen Akademie der Wissenschaften angeregt hatte. Pünktlich zum »Tag der Stadt« hat ihn die Sewastopoler Zeitung veröffentlicht.[57] Mir fallen einige Abschnitte über die alte, ehrwürdige und die junge, freche Stadt auf, Legenden über historische Ereignisse mit der Hoffnung, das alles möge sich nicht wiederholen, nebst der leisen Nostalgie, die gewisse Wiederholungen vielleicht doch gern hätte. Ich möchte sie übersetzen, sofern es die Eigenwilligkeiten der Sprachen zulassen, denn dieser Text führt anhand der persönlichen Phänomenologie durch die Geschichte der Stadt. Er spürt ihren offiziellen und intimen Namen nach, zugleich deutet er die Biografie dieses jüdischen Sewastopolez an. Sidik, sei mir nicht böse, ich kuratiere ein bisschen mit – möge das sein Beitrag beim nächsten Forum sein.

Jan Schapiro legt drei toponymische Schichten offen – die historisch-heroische, die alltäglich-pragmatische und die jargonhaft-jugendsprachliche. Letztere verwandelt die Malachow-Hügel zu *Malaschka*, den Sapun-Berg zu *Sapun* und die Vierte Bastion zum *Historiker* (abgeleitet vom Historischen Boulevard). Sewastopol verniedlicht sie auch mal zu *Sewas*, zu *Sewik* und zur *Weißen Stadt am blauen Meeresufer*.

Die Geschichte der Stadt verteile sich auf zwei Wale, holt er aus, auf die erste und die zweite Belagerung, die erste im Krimkrieg, die zweite im Zweiten Weltkrieg. Im Ersten Weltkrieg gab es zwar keine Belagerung, aber dafür Besetzung und gleichfalls Zerstörung. Jedes Mal, wenn die Westeuropäer kamen, unterstützt von den Türken, blieb von der Stadt wenig übrig. Kaum ein Stein sei auf dem anderen liegengeblieben, das sei keine Metapher. Seit der Gründung der Stadt hätten nur einige Buchtennamen überlebt. Doch die Toponyme hätten sich beständiger als die Gebäude erwiesen.

In den Buchten befand sich die Segelflotte mit dem dazugehörigen Betrieb: In der *Artilleriebucht* lagen die Geschäfte für die Artillerie, in *Holland* stellte man Schiffsmastbaumstämme her, in der *Trockenen* bereitete man Zwieback für die Fernreisen vor, in der *Kielbucht* reinigte man Kiele von Muscheln. In der *Quarantänebucht* hatten die Schiffe zu stehen, die von weither zurückgekehrt sind.

Der älteste Verbindungsweg führte an Balaklawa vorbei, die Straße hieß zunächst Balaklawatrakt. Dann folgten die Omega-Bucht, die Schützenbucht, die Afanasij-Matjuschenko-Straße und die Grigorij-Wakulentschuk-Straße. Der Matjuschenko-Berg hieß ehemals Rudolfsberg, vor dem Krieg gehörte das dortige Dorf dem deutschen Kolonisten Gottlieb Rudolf. Während des Krimkrieges schlug die französische Artillerie ihr Lager im Dorf auf, um die vierte Bastion zu beschießen – jene Bastion, in welcher der junge Lew Tolstoj anderthalb Monate lang gedient hat.

Malachow Kurgan und Sewernaja, die Nordbucht, alles Schlachtfelder, noch lange vor dem Streit ums Hüsli meiner Oma. (Oder um den Mann meiner Mutter oder um etwas, das ich nie erfahren werde.) Meine Mutter und meine Tante, die das Haus in der Nordbucht und die Liebe nicht untereinander aufgeteilt bekommen haben, sind einander so freundlich gesinnt wie die Engländer damals oder die USA heute gegenüber der Krim. Die Halbinsel steckt irgendwo zwischen ihnen im Oblivion bis zur nächsten Eskalation – im Großen und Ganzen hinter dem Impressionsmanagement von Erzählungen. Oder ihres Schweigens. Vielleicht sind diese Erzählungen und dieses Schweigen die eigentlichen Fassaden der hiesigen Ortschaften. Und doch bleibt sie so, wie sie seit Jahrtausenden gewesen ist: ein Kosmos mit Unterkosmen, von militärisch bis vergnüglich, von subtropisch bis stürmisch.

Jans Jugend zwinkert mich weg aus dieser Kontemplation. Er hat in der Repinstraße gewohnt. Neben ihr befand sich die Wakulentschuk-Straße mit den Resten der sogenanten Turowka, den Überbleibseln eines Gutsbesitzes, 1905 umbenannt in Neu-Chersones. Hier haben die Eltern von Anna Achmatowa ihr Ferienhaus gemietet. Ihr Onkel hat im Zentrum gewohnt, in der Ekaterinenskaja-Straße in jenem Hausflügel, wo sich zu Schapiros Jugendzeiten das berühmte Eiscafé *Iskrinka* (*Fünkchen*) befunden hat.

Über jene Zeiten schreibt Achmatowa bzw. schreibe ich ihr nach:

Ich sehe die verblasste Flagge am Zollamt
Und über der Stadt die gelbe Trübe.
Mein Herz hat sich bereits verlangsamt,
vorsichtig, im Schmerz der Atemschübe.
Am liebsten wär ich wieder das Mädel am Meer,
hätte die Füße nackt in Sandalen gelegt
und flöchte Zöpfe zu Kronen schwer
und sänge aufgeregt.
Von der Veranda die Kuppel in Braun
des Klosters Chersones anschaun …

Zu Jans persönlicher Topografie gehöre Chersones, aber nicht das Kap vor der Stadt, sondern das museale Schutzgebiet, die halb ausgegrabene altgriechische Stadt. Seine Freunde tauften die Küste in Soldaten-, Matrosen-, Offiziers- und Generalsstrände. Damals haben sie so viel Zeit wie möglich draußen mit Gleichaltrigen verbracht, nicht im Internet. Daher spielten die Ortsbezeichnungen, diese Codes und Passwörter von damals, eine viel größere Rolle. Neue Generationen würden neue Toponyme einbringen, während die vorangegangenen sich in einer weiteren Bedeutungsschicht ablagern, schließt er seinen Beitrag.

Probieren wir es doch noch etwas mit der Geschichte des Heimathafens und Hauptstützpunktes der russischen Schwarzmeerflotte. Diese Stadt mit ihren 38 Buchten erscheint mir nicht nur in der Erinnerung riesig, ihr Territorium entspricht der Fläche von Berlin, lese ich. Zwischen Krimkrieg und Zweitem Weltkrieg wurde 1898 eine Straßenbahnlinie eröffnet, 1942 zerbombt und nicht wieder repariert. Ich lese weiter: Sonderstatus, auch in der Ukraine. Vorher, in der sowjetischen Ukraine, besaß sie ihn als geschlossene Stadt von 1936 bis in die 1990er hinein. Eine Stadt ohne Stadtplan, der Sicherheit wegen. Stadtführer orientieren ihre Leserschaft weniger an der Gegenwart als am Gedenken der Vergangenheit, an Emblemen der Stadt, ihren Museen und Panoramen. Ein Museum unter freiem Himmel mit mehr als 2000 Denkmälern.

Erst 1994 öffnete sich die Stadt, zuerst für die Krimbewohner, später für die restlichen Bürger der Ukraine und für ausländische Touristen. Im Juli 1993 erklärte das russische Parlament Sewastopol zur russischen Stadt auf fremdem Territorium nach dem Vorbild von Gibraltar, lese ich. Die Zukunft der Schwarzmeerflotte, auch die Zukunft einiger weniger ukrainischer Schiffe, schwebte in diversen Szenarios, bis ein Vertrag vom Mai 1997 regelte, dass die russische Marine auf der Krim bis 2017 bleiben konnte. Als Janukowitsch 2010 Präsident wurde, hat er den Pachtvertrag gegen verbilligte Gaslieferungen bis 2042 verlängert. Der Vertrag erlaubte Russland, Truppen in Sewastopol zu stationieren und einige Luftwaffenstützpunkte aufrechtzuerhalten.

Kurzum: griechische Kolonisten, Admiral Thomas F. McKenzie, Katharina die Große, Krimkrieg, Evakuierung der Weißen Armee, lange Belagerung und Eroberung durch die deutsche Wehrmacht, Befreiung durch die Rote Armee, 1945 – Heldenstadt, 1954 – Übereignung an die Ukraine, 1991 – Stadt mit Sonderstatus in der Ukraine, Öffnungen und Verträge, 2014 – Übereignung an die Russische Föderation. Mehrmals von der Geschichte zermalmt, mehrmals die Asche mit Malvenzweigen weggefegt. Für die Landkarten nur ein Stützpunkt. Ich blende sie aus, wenn ich auf ihr laufe, die langen, langen Straßen entlang. Kulleraugenkollegin hat Recht, die Geschichte läuft mit, allgegenwärtiger Geist der geschundenen Stadt.

Innenstadt revisited (poezdka v gorod)

Taxifahrer Nr. 2: Von Beruf sei er Händler, ursprünglich aus Donezk. Er hat lange Zeit in einer Firma in Krasnodar gearbeitet und, wie er sagt, Deals geschlossen. Die Firma sei am Zerfallen, eine Filiale wurde abgewickelt, für das Kollektiv sei es nun schwierig, alle wollen gehen. Jetzt müsse er sich neu orientieren. 2014 habe er in Sewastopol gedient, es habe höchste Kriegsbereitschaft bestanden, den Militärs vor Ort hätte man vor der Angliederung Patronen ausgeteilt. Auch seine Division hätte den Befehl erhalten, im Unruhefall zu schießen. Zum Glück sei das nicht nötig gewesen. Ich frage ihn nach den grünen Männchen. »Das waren Kerle wie ich, stationierte russische Streitkräfte und ihre Verstärkung. Besetzt? Wovon ist Ihr Kopf besetzt? Wir hatten die Anweisung, die Krimbevölkerung gegen Krawallukrainer zu schützen, auf den Straßen, Bahnhöfen und im Parlamentsgebäude, das war nötig. Woher sind Sie?« – Von hier, bin nur lange weg gewesen. Dort oben ist die Schule, in die ich zuletzt gegangen bin. »Dort oben? Da gehen doch nur die Maschorenkinder hin.« Was er meint, frage ich nach. Er blickt mich vielsagend an. »Das Gymnasium Nr. 1 besuchen Kinder reicher Eltern, Bonzenbälger, die haben teure Klamotten und Autos, sie werden nicht so bald arbeiten. Wie lange waren Sie nicht mehr in Sewastopol? Ah. Dann sind Sie gar nicht von hier.«

Am nächsten Morgen löse ich mich vom Sofa der Schapiros, mit dem Ziel, meine Ostrjaki zu besuchen. Aber erst einmal in die Innenstadt. Nichts kann mich abhalten, das ist mein Tag mit meiner Stadt.

Ich stecke die Nase in jede Ecke hinein – mal schauen, wie sie sich anfühlt, diese Stadt, und mal schauen, wie ich mich in ihrem Heimatschachmatt fühle. Ein Gruß an Namen verlegter Angelegenheiten, verlegen, vom erfrorenen Herzen. Momente der Wiedererkennung, traurig und erfreulich und traurig und wieder, wieder die Aneignung: meins. Anerkennung des Bekannten. Verkennung. Lass sie, lass sie davontreiben, zusammen mit dem Notiz- und dem Geschichtsbuch. Verwandle den Egotrip in Krimtrips für alle.

Die Altbauten, parisisch morbid, ihr Klassizismus küsst im Spätsommer sanfter als der schon leicht beißende Frühherbst in Peredelkinos Schriftstellerpark.

An einigen Häusern hängen Tafeln. Früher habe ich sie nicht bemerkt. Sie informieren, welche Helden hinter den Fassaden, blendend wie eine frisch gebügelte Uniform, wohnten. Ich sehe sie zum ersten Mal, sie aber blicken wie alte Bekannte zurück; der großzügige Balkonbogen – eine geschwungene Augenbraue. Der Reihe nach, dem Primorski Boulevard nach, der Leninstraße und der Großen Morskaja nach, bis hinauf zu den Ostrjaki am Ende bzw. Anfang der Stadt.

45 Bäume, Kloster und Lenin, Tatjana Hofmann 2015.

Die Telefonzellen wirken moderner als in meiner Kindheit, doch stehen sie noch. Genauso vertraut heult der unnachgiebige Uranus-Kutter von der Anlegestellte hinauf, genau wie der unbesiegbare Wind, genau wie meine Vergleiche, die mich nicht loslassen, und die Wieder-Holung.

»Du weißt ja, wie du umsteigst, am Platz der Revolution«, höre ich Mutters Stimme aus Schulzeiten im Ohr. Die Ansage sagt etwas anderes, ich frage eine ältere Frau. Sie lächelt: Diese Trolleybusstation wurde längst nach Lazarew umbenannt, doch ja, ich sei hier richtig. Wohin ich möchte? Ich möchte mit jeder Nummer von Anfang bis Ende fahren, still, nur mit der Sound- und Colourscape dieser City.

Die Sewa-Tage verlaufen ohne Drehbuch. Ich treffe auf Menschen, die mit mir unverhofft sprechen, darunter auf meine Tante, meine leibliche Tante. Sie sieht mir und noch mehr meiner Mutter irritierend ähnlich. Ich übernachte bei ihr im Haus meiner Großeltern, nicht mehr bei der chassidischen Familie. Mit meiner Tante gehe ich an das Grab meiner Großeltern auf dem historischen Friedhof, dort zupfen wir Unkraut und gießen Blumen, ich werde keine Zeit mehr für die Straßen der Ostrjaki haben, die scheinen mir von Sewernaja aus viel zu weit weg, unwichtiger als gedacht. Genug gedacht an jenes Denkmalareal, über dessen Bebauung, Vertürkischung und Aufhübschung à la West ich nie abgestimmt hatte. Und keine Zeit für den Weg von der Altstadt in die Kalksteinplatten hinter den Fichten.

Aber halt, an dieser Lazarew-Haltestelle zieht mich das Lokal hinter dem Kiosk an. Ich brauche eine Pause. Früher bin ich nie hinein, obwohl ich die Fenster gern beim Warten betrachtet habe, wie die Auslagen im Kiosk. Hierher trabte mein treuer Trolley, brav brachte er mich von der Puschkinschule zum heimischen Hochhaus, hier habe ich auf den Kreiselverkehr meditiert und mich nie darüber gewundert, dass meine Eltern mich mit neun weit fahren lassen. Uschakow, Suworow, Nachimow, Namen zum Nachlesen, und doch, als ob sie jemandem gehören würden, der im Nachtzug seine Tapotschki, Täppli, pardon: Hausschuhe, anzieht, und langsam anfängt, seine Schicksalsschläge aufzuzählen, für die Dauer der gesamten Fahrt. Lazarew muss ich auch nachschlagen. Die Helden tummeln sich wie Stadtbewohner umher, ein paar sollte ich kennen, aber etwas hält mich davon ab, ihre Biografien zu lesen.

Die Wege sind breit und hell, so umarmend sollen Altstädte sein. Früher, hat die odessitische Chassidin gesagt, in der Nezaleschnost-Zeit habe man die Große Morskaja als die Große Bankenstraße bezeichnet, nämlich als Bolschaja Bankowskaja. Dort hatten viele ukrainische Banken ihre Filialen. Die Innenstadt wäre beinah als Weltkulturerbe unter UNESCO-Schutz gestellt worden, wenn nicht die unteren Stockwerke von den Banken umgebaut worden wären. Dabei haben sie die historischen Fassaden übermalt, statt sie fachgerecht zu reinigen. »Die Ukraine hat diese Stadt nie geliebt, wofür soll diese Stadt die Ukraine denn lieben?«, fragt sie resigniert beim Abschied.

46 Zugewucherte Militärstadt, 2015.

47 Akazie und Katze, Tatjana Hofmann 2015.

Lazarew, dann Lazarew. An dieser Haltestelle, meinem Inbegriff des Inbetweens – zwischen 1990 und 2020 –, befand sich früher ein Gastronom. Jetzt prunkt hier ein *Café 1820*, eine Anspielung auf das Jahr von Puschkins Verbannung in den Süden, elegant verziert. Die Kellnerin kündigt »Schaschlytschki« und französischen Toast bis 12 Uhr an.

Ich habe Zeit, ich habe keine Zeit, das bleibt so, also hinein, es könnte Paris sein, Boulevard de Sébastopol. Bestelle einen Milchkaffee. »Ah, Sie meinen Americano!« Er kann doch nicht hier so heißen. Aber ich kenne das schon, aus der Leninka-Cafeteria in Moskau. Dort hielten mich Americanos hinter und unter dem Dosto-Denkmal halbwegs wach. Im *Café 1820* nehme ich Bliny mit Smetana (Eierkuchen mit saurer Sahne). Beobachte, derweil sie gebraten werden, wie es sich für eine Flaneuse gehört, aus dem Jugendstilfenster die Menschen, Lichtspiele, Verkaufswelten. Wie eh und je schwillt die Traube vor jeder Trolley-Tür an und löst sich wieder auf. Massive Frauenkörper in lasziven Sarafany (weiten Sommerkleidern), wie passen sie nur hinein, jahrein, jahraus, die Mode ändert sich noch langsamer als die Topografie. Ihre saftbraunen Schultern wiegen über vollen Handtaschen. Gegenüber: das Kaufhaus *Detskij mir* (*Die Welt der Kinder*). Ob sie jetzt Modelle aus Deutschland anbieten? Trotz Sanktionen exportiert es ja seine gütigen Güter hierher, vom Spielzeug bis zu Siemensturbinen für den Bau der Überlandbrücke zwischen Kertsch und dem Gebiet Krasnodar, wie mir versichert wurde: Russland sei weiterhin der größte Absatzmarkt Deutschlands. Absatz.

48 Café 1820, Tatjana Hofmann 2015.

Das Kloster neben meiner letzten Krimschule – in Betrieb. Kein Betriebsgeheimnis mehr um die dort begrabenen noblen *-ows*. Wir blendeten diesen ehrfürchtigen Bau früher irgendwie aus. Nun möchte er gesehen werden, ein Labor neuer Gewohnheiten in aller Pracht. Im Park davor setze ich mich auf eine Bank und gedenke des Asphalts, mein Gedächtnis steckt in seiner Haut. Seine Muster, grobkörnige Falten, seine nie eingecremten Risse erzählen rohe und zarte Geschichten, mit hervorragendem Lenin im Hintergrund.

Weiter geht's, wperjod, wperjod (vorwärts, vorwärts). Ich durchquere den nächsten *-ow*-Platz, diesmal den, der zur Fähre führt, automatisch, wie damals, als wir mit der Fähre zu meiner Oma gemotort und ihren Hügel hochmarschiert sind, ich am liebsten auf den Schultern eines Riesen. Inline-Skater ziehen ihre Kreise ums Lenin-Denkmal auf dem Platz vor der Anlegestelle. Seine Hand zeigt aufs Meer hinaus bis zur Sewernaja, bis zu unserem Nordpol. Azarowas Hypothese nach weist Lenin in den meisten Städten auf gute Restaurants hin. Mir reichen Kozinaki vom Kiosk am Nachimowplatz, made in Rostow am Don. Sie knacken so, wie sie knacken sollen. Die Brise vom Meer weht, wie sie wehen soll. Nichts möchte ich wissen, nirgendwohin möchte ich. Bleibe vorm Kiosk, gehe hinein, kaufe noch einmal einen Honignussriegel. Die Verkäuferin fragt, ob ich ein Eis möchte. Nein, nur Kozinaki fürs Erste, das ist das Beste für meinen Wiederholungszwang.

Plattenperspektive

folge dem verfolgungstraum
du wirst von nun an durchschlafen
fliege durch straßen
du wirst sie schön finden
dieses jackett ist zu eng geworden
du bist gewachsen

zwingst dich hinein
ins gewässer
in eine flussrichtung

iss noch einen blintschik
betrete die kinderwelt
verscheuche die tauben
wie in istanbul

Dreh die Rechnung um, auf der du kritzeltst, hör lieber Taxifahrer Nr. 3 zu: Ein älterer Mann diesmal, er dröhnt aus tiefster, zufriedenster Überzeugung, jetzt werde die Landwirtschaft wieder auf Vordermann gebracht, die unter ukrainischer Ägide abgeholzten Weinanbaugebiete werden neu bepflanzt, Hotelanlagen renoviert. »In fünf Jahren wird sich die Halbinsel so verändern, dass die Touristen sie kaum wiedererkennen werden.«

Ich steige in jenen Trolley Nr. 12, mit dem ich – schon immer – aus dem Zentrum an den Stadtrand, an ihren Anfang, gefahren bin. Ein Modell von damals, ohne Verfallsdatum. Ich zahle sieben Rubel für die Fahrt, ungefähr zehn Cent. Meinetwegen soll seine Stange abfallen, damit die Fahrt länger dauert. Ich kehre zurück, später einmal, wenn ich Ruhe habe, ich werde diese Straßen eines Tages nochmals ablaufen und ansehen, im Sportanzug, im Sarafan, auf Stöckelschuhen, mit Kamera, mit Krimaugen, mit Komik trotz Koma. Jeden Zentimeter werde ich aufsaugen und abfotografieren, damit das Erlebnis die Erinnerung ersetzt und die neue Erinnerung das letzte Erlebnis.

Der Trolleybus fährt zu schnell. Ich bin schon voller Quadrat- und Kubikmeter anderer Räume. Ein Schauer jagt den nächsten: Alles liegt intakt vor mir, während ich jahrelang im latenten Infarkt steckte. Ich hätte längst hierherfahren sollen, noch in den 1990ern. Aber mit welchem Pass, ich hatte bis zum deutschen gar keinen, und mit 18 hatte ich andere Sachen im Kopf.

Ins analoge Fotoalbum, ins Album aus Analogien gerät, was links-rechts ins Sichtfeld fällt. Den Eingang zu Mutters ehemaliger Arbeitsstelle übersehe ich, oder das Gebüsch versteckt ihn mittlerweile. Ob die monströsen Kabelspulen und Rechenschränke ersetzt worden sind? Mutter nannte den Tunnel unter dem Hügel das *Kellerloch*, frei nach Dosto. Ihre Nacht- und Nachmittagsschichten, ihre Weiber, ihre Verbindungslösungen im Kellerloch, allesamt ziehen vorbei, noch bevor das Augenlid sich öffnet, von überdimensional zu unsichtbar.

Kurz dahinter leuchtet das Kinotheater *Pobjeda* (*Sieg*) auf edlen Säulen – in solch ein neogriechisches Kino wäre Kittler bestimmt nachts über den Zaun geklettert –, herausgeputzt wie eh und je, aber herrje, Filme in 3D und Werbung, wie im Westen. Die Computer werden auf Mutters Arbeit dann wohl andere sein. Die Lochkarten, die sie mir mitgebracht hatte, was waren das für handliche Karteikarten, perfekt für Vokabellisten. Logischerweise wäre ich IT-Ingenieurin geworden, wenn ich geblieben wäre. Das suggeriert mir die Werbung richtig gut, ihre Plakate für Planschety (Tablets), Aj-fony und weiteres

Digizeug verdecken die Fassaden. Hier hätte ich anders denken gelernt, in Algorhithmen statt in Assoziationen.

Mein pummliger Trollibusik tuckert schon zum *Приветливый*, dem *Freundlichen*. Seine Buchstaben prangen etwas verwittert, aber nur etwas. Sie kündigen an, dass ich drei Haltestellen weiter aussteige, mich also bereits langsam durch die Menge zur Tür vordrängeln sollte. Nur fährt an diesem Nachmittag niemand außer mir diese Strecke ab. Vielleicht vergesse ich, dass Tausende von hier weggezogen sind. Vielleicht sollte ich aussteigen und in diesem Laden einkaufen. In der Apotheke dahinter hat mir meine Mutter mal Traubenzucker statt Hustensaft gekauft. Konsumgeschichte, am besten noch mit dazugehörigen Rubeletiketten. Hier war man für Besorgungen, mit ständigen Sorgen.

Der *Freundliche* bleibt zur Rechten zurück, zur Linken taucht der *Океан* (*Ozean*) auf – ein mehrstöckiges Aquarienparadies. Zappelnde Karpfen? Denkste, den *Ozean* überkleben nun Werbebanner: *Fitness Sport Safari Klub*. Ihnen gegenüber liegt eine amorphe Gebäudestruktur mit dem Titel *Славянский базар* (*Slawischer Basar*). Gut festhalten, junge Dame, rät mir jemand. Endlich reicht meine Hand an die obere Stange heran. – Starre, fotografische Starre, als ob Fenton darum gebeten hätte. Nix los, niemand da, Türen zu, nur die Trolleys fahren rauf und runter. Wie in einem leeren Kinosaal zu später Stunde, auf der Leinwand *Matrix*.

Oder vielleicht doch so ähnlich wie in Marzahn, warum mich dagegen wehren, Platte ist Platte, sozialistischer Wohnungsbau, nichts Besonderes, aus Prinzip nicht. Die Ostrjaki drehen sich doch um ihren eigenen Osten: Vereinzelte, schlanke Türme, verstreut zwischen ihrer Konkurrenz aus Platanen, Pappeln, Kastanien und neuerdings Einkaufszentren. Noch mehr originell-individuelle Balkone als früher, grelle Aufschriften und Ladennamen, die ich mir nicht merken werde, weil sie so fesch sein möchten. Jetzt verstehe ich besser, warum ich diese Balkone vermisst habe, auch wenn in Marzahn die flammenden Geranien, die immer gleichen, unendlichen Blockwände mit ihrer monumentalen Berghaftigkeit objektiv gesehen vielleicht ganz in Ordnung gewesen sind. Preußen vertikal, vom Innersten her konform, bastionsartig, betonrot von der Farbe verkrusteten Blutes. Ein Mauerbezirk, entstanden kurz vor dem Fall der Mauer für den Fall, dass sie fällt: durchgehende, kilometerbreite Hauswände, durchsetzt mit rosa Streifen auf einer porösen Oberfläche, als ob das in diesen Wohnungen konsumierte Bier die Fassaden in einen Alkoholikerkörper verwandelt. Aber das kann man so nicht sagen. Perfekte Planung, die den öffentlichen Raum für panoptischen Wohnungsbau ausnutzt. Aufs Gesamtbild abgestimmte Verglasungen, vereinzelt und einstweilen Rundumrenovationen.

Erinnere dich nicht daran, betrachte lieber die Folgen des Ewroremonts (Renovierung nach europäischem! Standard), zum Beispiel vor dem Plateau um den *Freundlichen*, mit all seinem Möchtegernluxus. Diese Fenster in den weder zu hohen noch zu dicht aneinandergedrängten fünfstöckigen Häusern, erbaut von deutschen Kriegsgefangenen, diese Fenster schauen dich wie Kinderaugen an. Kulleraugen, rundum verschmierte Wimperntusche. Sie schütteln den Kopf, sie seien es nicht gewesen, sie hätten dich nie hinausgedrängt.

In Beton geschnitzte Muster auf Außenwänden der Treppenhäuser, kryptische Zeichen der anderen Welt. Sie lassen sich nicht übersetzen. Sie scheren sich nicht um die Geschichte, stehen da wie sie Ende der 1970er und Anfang der 1980er hingestellt wurden, stehen Grenzverschiebungen aus.

Ich schlafe nicht, ich sehe mir zu, wie ich durch die Landschaft geistere, die ich nie vergessen habe, unter freundlichsten Platten im ganzen Sozuniversum, wo niemals Kinder traumatisiert werden konnten, wie kann mein kanadischer Cousin solche Vermutungen äußern, wie wäre das möglich in dieser frohen Welt, auf die jeder ein verbürgtes Menschengrundrecht besitzt.

Vornedran die drei Zwölfgeschosser meines Urplaneten, am Tafelkopf, vor dem Kindergartentor, dem Paradeeingang. Hier bin ich Zaungästin gewesen. Und nun eine Riesin. Gästin aus dem Past, aus dem Past Perfect, probably even continious. Aus der Galaxie des Westens, von der Achse des Guten. Ich folge einem Bogen der Straße, stelle fest, der eine Hügel ist ja niedrig. Wie konnte ich solche Freude haben beim Hinab- und solche Mühe beim Hinauffahren, wie niedlich … Ha, da sehe ich jemanden, es ist doch keine Atombombe explodiert, und zwar einen älteren Mann in Unterhemd. Gemächlich nimmt er Laken von einer Leine ab, die entlang seines Fünfgeschossers aufgezogen ist. Ein Strich durch die Gegend, eine Notenlinie unter Baumkronen. Bedächtig faltet er seine Wäsche und legt sie sich auf die Schulter, als ob sie ein Kätzchen wäre.

In Marzahn befand sich unter unserer Platte eine Bezirksbibliothek, ein Rettungsring, ein selbst gewähltes Gefängnis. Lass die Marzahnmauern oder fahr hin, die wurden auch einer Renovation unterzogen, blinzeln nun sehr liebenswürdig, musst dich nur davon überzeugen. Das Klammern abschütteln, das Geklammert-, das Geklemmtwerden.

Spazier in deinem Trauma, lös Drama auf, steh aus, was es auszustehen gibt, ungeachtet der Dinge und Menschen, die gleichbleiben.

Ich bemerkte: Der Zaun neben dem Haupteingang in das Tageskindergefängnis ragte unverändert in die Höhe, nur ein bisschen niedriger geworden als im Erinnerungsfilm, bunt angestrichen. Früher war er matt hellblau, sich schuppend wie mein Hula-Hoop-Ring. Neu oder zuvor nicht gelesen: ein Verbotsschild *Betreten der vorschulischen Erziehungsanstalt für Unbefugte untersagt*. Unter uns gesagt zieht es mich auch nicht hinein. Genug anderen Unfugs, genug anderer Befugnisse. Wobei, Gefängnisse heimlich zu besuchen, das hat etwas.

Ich sah mir die Stelle an, wo ich vom Zaun gestürzt bin. Zwei Meter bin ich vom Metallrohr auf den Boden geflogen. Wäre ich nach hinten gefallen, entlang der steilen Neigung des Hügels, statt nach vorn, wäre die Falltiefe tragisch.

Als ob jemand anders diesen Dauertraum weiterträumen würde, obwohl du längst wach bist. Als ob du in einem Computerspiel eingesperrt wärst und nicht wüsstest, wo es zum nächsten Level geht. Verschwinde gleich, solange du noch kannst, sonst fängt dich das Herkunftsgefängnis ein.

Rückkehrresümee: Ein Vorort wie ein Vorwort, früher oder später geht man von hier weg, und früher oder später verwandelt es sich in ein Nachwort.

Schlaf aus, anstatt in der Tarkowski-Landschaft umherzuwatscheln.

Vergiss den Opa am Sonntagnachmittag mit seiner Wäsche auf der Höhe des hölzernen LKWs, in welchem vorn, im Bug, genug Platz gewesen ist, um sich vor dem Kindergartenwächter zu verstecken. Vergiss die Vorstellung, dass du auch mal so Wäsche aufhängst und einsammelst, mit aller Zeit und Zärtlichkeit, statt im Schweizer Bunkerkeller zu regulären, vom Waschgrafik vorgeschriebenen Waschzeiten. Aufhängen und abhängen frei von den Geboten eines Kindergartens, des wunderbar polnisch klingenden Chindski, der alles andere als wunderbarerweise nur am Vormittag arbeitet, ohne Verpflegung.

»Du willst doch nicht sagen, du wärst lieber auf der Krim geblieben, als in Deutschland oder in der Schweiz zu leben?«, entrüstet sich ein Kollege und entfreundet sich, entfremdet durch meine Antwort: Ich weiß es nicht. Diese Wahl, die wurde für mich getroffen. Genauso wie für Millionen Menschen in und aus Osteuropa, die konnten sich nicht aussuchen, wo sie geboren werden und wo sie aufwachsen, was sie aufsaugen und was auswringen, wie man ihnen den Kopf wäscht und wie die Weste ihrer Werte.

Schlafwandeln, in der Tschernobylzone wildern. Alles konserviert und doch kein Naturreservat, alles dynamisch und sich selbst überlassen, im Jetzt, nur mit kleinem Jetlag, zwei Jahrzehnte klein. Dieses Doppeljetzt aus Früher und Heute muss eine Illusion des Jetzt sein, weil es ein anderes sein müsste als das erinnerte Jetzt, ist es aber nicht. Alt gleich Neu gleich Damals gleich Alsob. Als ob bewohnt, als ob verlassen. Die Riesin läuft weiter.

Was suchen Sie hier? Ich warte auf diese Frage. Come on, alles geht seinen Gang, die Erde dreht sich weiter, sie rennt nirgendwohin weg. Du hast keinen Anspruch auf deine ersten Orte, außer auf deinen Körper und auch der entzieht sich von Zeit zu Zeit jeglicher Kontrolle, that's life.

Ostrjaki – pustjaki (Belanglosigkeiten). Ich ordne sie ein, verorte sie, und gut ist. Sie können oben, oberhalb des Sewa-Pools der kleinen Fundstücke bleiben, bis zur Grundrenovation. Pusk i pust (los und lassen), wobei *pust* mit weichem T am Ende »let it be« und »so what« ist, während *pust* von *pustoj* so viel wie *leer* bedeutet. Irgendwie so müsste man das übersetzen, aber wenn ich all dem freien Lauf lasse, bin ich außer Puste, setze mich hin, setze aus, falle in Schlaglöcher. Come on!

Wie aufgeschlagene Seiten im Ausmalbuch, die darauf warten, dass sich jemand ihrer annimmt. Topoloroides Kolorit.

49 Mann mit Wäsche, Tatjana Hofmann 2015.

Ich schaue eure Fensteraugen an, alle auf einmal. Besonders tief schaue ich in die Augen unserer alten Wohnung. Unser kleiner grüner Balkon blättert ab. Neben ihm hängt eine Satellitenschüssel, neben ihr ein Kasten von der Klimaanlage – eine Kombination, die es damals nicht gegeben hat. Die Köpfe in den Balkonen und Fenstern wie weggewischt. Im Erdgeschoss, wo die schöne Natascha Bljum wohnte, trocknet Wäsche. Die Vorgärten wachsen gepflegt, von den Ästen hängen keine Kondome mehr. Spuren der Zivilisation auch im Eingangsbereich: Die Gulliverin kann niemanden mehr rausklingeln. An der Außenwand klebt eine Gegensprechanlage, mit Zifferncodes, ohne Namen, und selbst wenn, Gulliverin kann nicht lange davor anhalten, sie wird Verdacht auf sich ziehen, läuft an der Tür vorbei, unaufhaltsam, damit nichts passiert außer Live-Polaroids en passant.

Rotgelbschwarze Zirkuswerbung, angeheftet an die Müllkammer hinten, am Hauspo. In die Container hinter der Tür saust der Abfall aus allen Etagen hinunter. Die Tür ist, einfach nur eine Tür, eine Möglichkeit, eine Grenze. Auf ihr könnten wir fürs nächste Bosporusforum werben, Sergej Zawjalow und Olga Martynowa und die ehemalige Enzianzeitungsredakteurin würden mitfahren, Psychotherapie für die Provinz, wirkt wie professionelle Dentalhygiene, *I am sailing* über ein Magnitophon abspielen, dass man es bis in den 12. Stock hört (… to be near you, to be free …), ein Graffiti hinterlassen: ja – tut (ich bin hier), Luftballons mit Namen von Autoren und Werken des Krim-Textes hochsteigen lassen, mit diesen Texten den Boden auslegen, einen Pfad den Prospekt entlang, Stadtausläufer, Friedenskorridor.

Die Bäume verflechten ihre Wurzeln zum Händedruck unter der Erde und ihre Zweige zu schützenden Kränzen im Himmel. So wölbt sich der Asphalt, platzt unter der wuscheligen Wucht auf. Noch ein paar Jahre mehr unter dieser Verwahrlosung, und die Kronen verzahnen sich über die Hausdächer hinweg. Google sondiert nicht durch, man wird die Stadt von oben nur anhand der Leninhand orten.

Dass sich um die Ecke im *Sonnenhaus* jemand um Behinderte kümmert, ein neuer Gedanke. Diese Orte, allein ein Gedanke und schon sind sie Durchgangsstation. Ich kann mich nicht darauf einlassen, werde taubstummblind, erstarre im Hinsehen und Blindsein. Zwangdrang, gummiartige Abstoßung. Trauma kennt keine Zeit.

Nein, mit jedem Schritt eignest du dir deine Pappelstadt an, in deiner kleinen Chronologie. Eine Stadt auf dem Kühlschrankmagneten, neben anderen, obwohl deine Reise diese Zone, diese Insel, nicht vorsieht. Einfacher wäre es, sie zur verschlossenen Stadt zu erklären.

50 Mann und Bank, Tschatyr-Dag, Alexander Barbuch 2015.

In Ostrjaki, meinem scharfen Osten, bin ich nur kurz gewesen, Stippvisite im Flickenteppich, abgecheckt, what else. Ich brauche keine Goldelse und keinen Fernsehturm, ich brauche diese eine Fläche, und sei es oberflächlich, ich muss sie mit innerem Objektiv dokumentieren. Husch-husch, nicht lange verweilen, bloß nicht überschwemmt werden von der Gegenwart, bloß nicht zu tief in den Flow tauchen. Unbewusstes, priwjet, priwjet dem nun gepflegten Vorgarten vor meiner Platte. Der Pflaumenbaum steht. Keiner daheim. Auf dem Weg von der Haltestelle hinunter begegne ich auch niemandem. Menschenarmut, Blutarmut, noch ein Mann unter seinem Ladaschiguli – seine Beine stecken hervor, während er etwas unter dem uralten Wagen repariert.

Das alles entwickelt sich nicht mehr zum Schwarzweißfoto aus der gelben Plastiktüte, das ist ein Denkmal für spätsozialistische Kindheiten, für besonders gut zerrissene Familien und Generationengaps. Damals gehörte das alles zu dir wie ein Muttermal, und du gehörtest dazu. Heute spielt es nur eine Rolle, wenn es zur Dystopie erklärt oder zum Paradieschen verklärt wird. Alles steht an seinem Platz, obwohl keiner mehr da ist. Es gibt kein Recht auf Heimat, weder für dich in Sewa noch für Sewa in Europa.

Sonntagnachmittag in Ostrjaki, benannt nach einem heldenhaften Pilotenbomber aus dem Zweiten Weltkrieg. Beuys lässt grüßen, das waren Feinde. Vielleicht halten die Bewohner eine kollektive Siesta, deshalb die Leere, vom Heldentum muss man sich erholen. Der grantige Asphalt leidet an Akne, ich kann kaum darauf treten, er sticht in die Fußsohlen, wölbt die Malven empor wie müde Hilferufe.

Walnuss- und Mandelbaum fehlen, mein Stammbüchlein ebenfalls, von der Bank vorm Haus keine Spur, keine von der Telefonzelle. Die Spielfläche davor – zugepflastert wie die Herzen in CH. Das kann man so nicht sagen, das Gewächs nimmt seinen Lauf, ob vegetativ oder emotional.

Keiner vermisst die abgerissenen Bäume. Die Generation von damals hat sich verlaufen, ihre Aufmerksamkeit neuen Zweigen gewidmet.

Was stampfst du auf bröckelnden Zementböden, pack deinen Hintergrund in den Untergrund. Allzeit bereit zum Überschriebenwerden, die Gegenwart diktiert: Einige Knoten werden sich nicht mehr lösen, du kannst mit ihnen die Tiefe messen, wenn du ihnen beim Sinken zusiehst. Je mehr es dich mitnimmt, je mehr du dich auflöst, desto … Dosto. Lies Dosto. Den halten alle im Westen für den ultimativen Ostton. Den Russenton. Tolstojs Moral ist over. Er hat es nicht über den Graben Europas geschafft, hat sich in Sewa auf den künftigen Gräbern der Sewernaja in der Nordbucht verschanzt, der Nerd. Versteh mal einer, ob er die Heldentaten der russischen Soldaten besingt oder ihren Unsinn. Omas Haus, errichtet in Sewas Nordpol, steht vielleicht wirklich auf Tolstojs Spuren. Und in meinem Herzen gedeiht der Mandelbaum doch. Von dort aus beobachte ich die Filme, wie sie sich abwechseln, wie sie sich wiederholen, wie sie immer dann etwas für dich hervorholen, wenn du sie nicht sehen willst.

Schneid den Knoten ab, schneid den Weg ab, und gehe weiter.

Wie klingeln sich die Kinder heutzutage auf die Straße raus, per Telegram oder durch Heizungsklopfen? Wie unsichtbar sie heutzutage sind, es sei denn Jugendliche hören laute Musik aus ihren Anfangs- und Endgeräten oder sprechen in so ein Ding hinein oder halten es sich beim Langzeitselfie wie einen Spiegel vors verführerisch verzogene Gesicht. Tiefste Leere ohne Kinder und Jugendliche. Mit ihnen womöglich auch. Kulisse wie gehabt, als ob sie geduldig gewartet hätte, aber vielleicht hänge ich am falschen Tag am Zaun. Ein Stück des Zauns, unseres Sabors, knickt ein, stelle ich fest, als ob er an der Stelle durchgesessen worden wäre. Die Elektrobudka verwittert, die aufprallenden Bälle haben sie zerhauen. Mein Hof steht auf diesem Hügel wie ein verstaubtes Spielzeug auf dem Dachboden. Jemand wohnt in unserer Wohnung. Die Pappel, auf die ich früher hinunterspuckte, übertrumpft den Zwölfgeschosser nun wie eine grüne Wolke.

In meinen Träumen, diesen unwillkürlichen Archiven, laufen meine Freundinnen und Freunde umher, verschnaufen in Krimhocke. Sie werden mich nicht mehr heimsuchen.

Ein frischer Hundehaufen auf einem Trampelpfad. Zwei tote Tauben, viele fliegende Tauben. Ständig picken sie etwas vom Boden auf. Sie waren es wohl, die ihn zerpflückt haben. Oder ein Erdbeben, oder viele.

Ob mich jemand beobachtet? Ich frage niemanden nach niemandem, laufe langsam weiter, zum Feigenbaum, und zu meinem Kindergarten ein paar Blöcke weiter, zu dem, wo ich offiziell gewesen bin tagsüber. Mir fallen keine Lieder mehr ein. Hinter dem Kindergarten liegt meine erste Schule, Nr. 7, erbaut im funktionalen 1970er-Jahre Stil, wie ich nun verstehe, nicht vergleichbar mit den eintönigen Ostberliner Schulblöcken.

Aber, das hätte ich fast vergessen, ich bleibe zuvor kurz, also doch länger, vor meinem längst nicht mehr meinem Plattenbau stehen, und frage eine Frau in meinem Alter, auf die ich mich wie auf eine kostbare Rarität stürze, als sie mit ihrem Mann auf den Eingang zusteuert, ob ich sie etwas fragen könnte. Sie grummelt halbwegs zustimmend. Ob sie schon lange hier wohne, frage ich sie hoffnungsvoll. »Oh ja. Ganze sieben Jahre«, sagt sie. Ich nicke und sage nicht, dass es zu kurz ist für die anderen Fragen, die ich mitbringe.

Die Plastikknöpfe in den Fahrstühlen wurden erneuert, fällt mir vom Besuch bei Poljakow ein. Sie passen zu den Platten wie Perlenohrringe zum Sportdress. Erfahrungsübersetzung, ich suche den Einschaltknopf im Zigarettenrauch, im Benzinsmog, im nahenden Super-GAU.

Allein auf dem Schulhof. Erste Prüfungen, erste Mensa, viel Disziplin, das erste und zugleich letzte Jahr in Uniform. Noch immer ein sehr großes Schulgebäude, so tot wie noch nie. Russische Fahne über der Eingangstür. Ein paar Alkoholiker in einer Ecke, streunende Katzen zwischen Asbestblumenbeeten, Beton und Zement weinen gemeinsam, vertiefen Lebenslinien auf den Handinnenflächen. Mauerblümchen ragen aus ihren Rissen.

Ein Mädchen schaukelt, sehe ich zwischen dem Gebüsch, auf dem Köpfchen ein Bantik (eine Schleife), über den Beinchen ein Röckchen, die Beinchen in Golfy (Kniestrümpfen), und an den Füßen Sandaliki. Ein anderes stößt sie an, das schaukelnde Mädchen lacht vor Angst und Lust. Eine Frau beobachtet die beiden aus dem Fenster.

Ich steuere wieder zur Haltestelle zurück, und zwar zu jener, die weiter unten liegt, fast schon wieder am *Freundlichen*, anstatt zu der, von der wir unsere Ostrjaki, die nun hinter meinem Rücken liegen, mit einem Taxi zum Bahnhof verlassen haben. Ich überlasse diesen Bezirk dem Kampf des Betons mit der Vegetation, der Geschichte mit der Gegenwart. Mag er aus meinem Gedächtnis wachsen oder in Filmrissen wilde Kamille säen. Sonntagnachmittag, was für eine ungünstige Zeit. An anderen Tagen wäre dies sicher ein bewegteres Bild gewesen. Dann rauschen die Kinder und Jugendlichen, nachdem ich von hier verschwunden bin, alle wieder hinunter. Sie wollten nicht von mir beobachtet werden.

Manches ragt wie verschoben hinein, ein Dynamo der Memo. Erschütternde Einsamkeit bei aller Zugehörigkeit. Wohin fahren, wie lange bleiben, wem zuhören?

Ich fahre aus der Zeitlosigkeit meiner Platanenstraßen wieder ins Zentrum. Nachmittagssonnige, alt-adrette Architektur, verschwurbelte Natur, das brauche ich wieder und wieder. Wein bis zum Meer – ein Anhaltspunkt, ein Ausgangspunkt. Das Früher breitet sein Statement aus: So geht es eben auch, unablässig, verlässlich.

Man sieht vor lauter Bedeutungsschwere kaum, wie gut die Wucherungen dieser Stadt stehen – erst in den Seitenstraßen, wenn man die Baumdecken auseinanderschiebt. In einer von ihnen stolziert eine schwarze Katze zwischen den Akazien und Anbauten, die ich in der Altstadt entdecke, seit ich mich mit Absicht verlaufe, seit ich meinen Film laufen lasse, wie ich hier entlanggeschlittert bin, als nichts mehr ging, außer meine roten Stiefel, sie flogen wie im Märchen, trugen mich hinauf zur Schule, alle Wege führen dorthin.

Spaß beiseite, das ist dein erster Pass. Du brauchst ein Visum, du musst den Ort passieren zwecks Aufenthaltsstatus: Großgewordensein. Du musst ihn aus eigenen Stücken, mit all den Fragmenten deiner Selbst abschreiten und verlassen. Du kehrst eines Tages zurück, wohin du möchtest, mit Visum, ohne Asyl. Hinausgeschrieben aus dem Marschrutkaland.

Ich muss wirklich wieder hin, eine aktuelle Geburtsurkunde fürs Zivilstandsamt holen (das Amt bescheinigt mir, ich hätte keinen Heimatort, wenn ich nicht das Gegenteil beweisen kann). Sollte dabei die Sewakrim kennenlernen, wie sie nun ist, sie ohne meine Geschichte ablaufen, auf jeder Bank sitzen, in jeder Bank Geld abheben, alle Museen besuchen, allen Menschen die Gesichter lesen, die Hände bei Gelegenheit auch, mit allen Verkehrslinien vom Anfang bis zum Ende fahren, und zur besseren Einordnung die gesamte Krim abschmecken. Vielleicht sollte ich realistischer sein und nur Banksitzen einplanen. Eine halbe Stunde auf jeder Bank neben den schmucken Abfallurnen, die man mit übergroßen Weinkelchen verwechseln könnte. Eis »Plombir« holen, eine halbe Stunde hier, keine halben Sachen dort, wo sich ein Gespräch entspinnt. Auch Körbchentörtchen kaufen, diesmal ohne Scheu, Katzen streicheln, das Verhältnis der Säulen zu den Balkonen messen, Fenster, Türen, Menschen und ihre Bios fotografieren. Lass das alles stehen, dort. Log dich endlich aus.

Nerdbucht

Gesagt – getan. Die Beine erweisen sich mal wieder klüger als der Kopf. Sie weisen den Weg zum Nachimow-Platz, hin zum Kosinakikiosk, schräg gegenüber vom berühmten Säulentor, hinter welchem die Treppe zum Meer führt. Fotos von der Treppe werde ich mir später anschauen, mein Vater steht auf einer der Stufen, diese Turnerfigur hat er noch mit über 70. Den Riegel in der einen Hand, das Herz in der anderen, hin zum Kutter, Metallwunder aus den 1990ern, obwohl schon damals alt. Wie die bauchigen Busse kursieren diese Schiffchen ohne Altersbegrenzung hin und her. Jedes von ihnen trägt einen Planetennamen, jedes heult los vor der Abfahrt. Jedes muss auf dem Pier am schwarzen Hocker von schnellen Händen an- und abgebunden werden. Der Schritt über den Spalt zwischen Anlegestelle und Bord, in dem das Meer dir in die Fersen beißen möchte, fällt mir diesmal kinderleicht.

51 Schiffsverkehr, Tatjana Hofmann 2015.

Die Nordbucht, Sewernaja, kenne ich kaum. Der dortige Boden rückt mir gänzlich auf die Pelle, sein Ekzem sieht schlimmer als in der Altstadt und in Ostrjaki aus. Der Berg häutet sich, er erbricht eines Tages kalkige Lawa, sprengt seine historischen Fesseln. Hin- und Rückweg zur und von Oma, du kommst mit, ohne Widerrede! Nun zwanglos hier, etwas ratlos: Ich weiß nicht, wie ich die damalige Müdigkeit entlang des Hügelweges, die halbe Ewigkeit von der Anlegestelle via Busplatz bis zu Omas Holzzaun oben, in Kilometerentfernung übersetzen soll. Frage einen Taxifahrer. Er: »Katscha oder Kamyschi? Wohin denn in Sewernaja, Utschkujewka oder Ljubimowka?« Verwirrt vom Klang oftmals gehörter Namen, die ich doch nicht einordnen kann, und von dem Umstand, dass ich den Namen der Straße nicht kenne, die ich suche, laufe ich den Hügel auf eigene Faust, auf eigenen Füßen hoch. Taste Ausbuchtung um Ausbuchtung unter den Sohlen ab, finde eine sandige Straße vor, der Sand hat etwas Vertrautes, biege in sie rechts ab. Freue mich an ihrer Dörflichkeit, genau, genau, wie in Omas Straße, wobei diese Bezeichnung den Weg zu sehr ehrt. Robuste Ladas, die noch vor den Häusern stehen. Modernere gesellen sich zu ihnen, Autos und Häuser, imposant, wie von oben mit einem Hubschrauber hingepflanzt. Zu schick die dazwischen gequetschten Villen. Mir dämmert, das muss ein ähnlicher, aber ein anderer Weg gewesen sein. Ein älterer Mann schaut mich an. Ich möchte Sie etwas fragen, beginne ich. Der Weg, den ich suche, hat keinen Namen, oder ich kenne den Namen nicht. Meine Großeltern haben dort gewohnt.

»Wann haben Ihre Großeltern gelebt?«, fragt er sachlich. – Oma ist 1997 gestorben. »Kommen Sie mit, meine Frau kann Ihnen weiterhelfen.« Ich folge ihm ins Holzhaus, seine Frau sitzt unbeweglich auf dem Sofa, hört sich mein Anliegen genauso seelenruhig wie er an. Fragt nach dem Nachnamen meiner Oma. »Ah, sicher. Diese Frau kannten alle in diesem Bezirk, sie war sehr engagiert. Geh in die Parallelstraße weiter oben.«

Hätte ich ihr doch noch ein paar Fragen zu dieser engagierten Frau, die alle kannten, gestellt. Was ist eigentlich mein Ziel, frage ich mich. Das Haus sehen, heimlich.

52 Nordbuchtbezirk, Tatjana Hofmann 2015.

Als ich davorstehe, weiß ich genau, das ist es. Ich höre etwas zutiefst Bekanntes, die Melodie, die unsere Familie ortsunabhängig verbindet: Das Klimpern eines Löffels beim Aufessen der Suppe. Aus Omas Küche. Es gibt keine Klingel am Zaun, der Zaun ist neu, aus Metall. Grenzen schützen, aber dieses Klimpern dringt durch, durchdringt mich und ich rufe hallo, auuu, keine Ahnung, was. Siehe da, mir schreitet eine ältere Frau entgegen. Sie scheint mir, wie ja alles hier, verdammt bekannt. Sie ruft mich beim Vornamen. Sie öffnet den Zaun: »Wir haben uns lange nicht mehr gesehen.« Ich nicke nicht einmal. Ich kenne sie von einem Foto meiner Mutter. »Ich bin deine Tante«, sagt sie.

Ernst wie der alte Mann in der Parallelstraße, führt sie mich in unsere Küche im Souterrain. Der Tisch steht an seinem Platz. Der Tisch von damals, wie die Taburetki, auf die Opa aus Angst vor Mäusen gesprungen ist, wie der Herd, wie die Vorratsschränke, wie der Gasbehälter. Nur der Kühlschrank entspringt der Gegenwart.

Wie selbstverständlich füllt mir meine Tante, über die ich viel von meiner Mutter gehört habe, und zwar nur Schlechtes, wenngleich kaum etwas Konkretes, bis auf die Sache mit diesem Haus (»das hat sie sich unter den Nagel gerissen«), unseren Borschtsch ein. Rubinrot unter grüner Petersilie. Schmeckt wie bei meiner Mutter. »Natürlich«, sagt sie. Danach gibt es Kompott, unseren Kompott. Ich mag dieses Komplott. Ultimative Sewa-Aktion: Wir veranstalten ein Forum mit unserer Family. Jedes Mitglied steuert etwas bei, die Summe der Zusammenkunft wird größer als ihre Teilbeiträge sein, die latenten Streitigkeiten um Besitzfragen aufgehoben, im Borschtsch aufgelöst.

Ich erfahre von der Kopie meiner Mutter mit glattem statt welligem Haar und von ihrem Mann, einem Ukrainer aus Moldawien, dass sie schon lange in Nachbarschaft meiner Eltern wohnen, nämlich in Potsdam. Und dies, ohne dass sie einander je begegnet wären, ohne dass sie voneinander Notiz nehmen würden. Die Sommer verbringt diese Partei in Sewa, in dem Haus, von dem meine Eltern nichts mehr wissen möchten, sagen sie.

Das älter gewordene Mädchen von Mutters koloriertem Schwarzweißfoto beschließt, dass ich nicht nach Chersones zu den Schapiros zurückfahre, sondern bei ihr übernachte (»wozu brauchst du chassidische Juden, du hast uns«). Gut, bleibe ich bei ihnen auf dem Nordpol. Rufe Sid an, damit er von meiner Kursänderung erfährt und sie Jan mitteilt, dessen Nummer ich nicht notiert habe. Kein Problem, auch er ist nicht überrascht.

Ich klimpere mit dem Löffel, mit den Wimpern, mit der Herzklappe. Höre den Forschergeist, die Intuition, sie flüstert: Hör gut zu, du befindest dich auf Datenpirsch. So kommst du der unvorhergesehenen Trauer und Komik deiner Mutter auf die Schliche. Du deckst auf, was die Schuldsätze sollen. Inspiziere.

Jeden Abend läuft die Tante zum Strand. Natürlich, meine Eltern gehen auch jeden Tag mindestens einmal schwimmen, wenn sie am Mittelmeer sind. Ich soll mit, keine Widerrede, sagt Tante. Wir nehmen den oberen Ausgang, am Garten mit Ferienbungalows vorbei, meinen heimlichen Spielplätzen, Kirschen und Malina (Himbeeren). Sogar das Plumpsklo steht noch, grün angestrichen wie der Zaun, ich hatte mitgemalt. Auch hier alles wie damals, die Fünfgeschosser oben beim Ausgang ebenfalls.

Vielleicht mögen die Moskauer meine Heimatstadt deswegen so sehr, weil sie ihnen das Gefühl eines unerschütterlichen Früher vermittelt, das es in der Hauptstadt längst nicht mehr gibt.

Plötzlich spricht meine Tante über meine Eltern. In ihren Worten sind sie kein betagtes Paar, sondern Jugendliche. Sie verwandelt sich in ein Teenigirl, das auf meinen Vater abfährt und keine Konkurrenz duldet. So läuft meine Übersetzung automatisch im Hintergrund, obwohl ich mich etwas anstrengen muss, von meinem Vater habe ich keine Fotos aus seiner Schulzeit, erst aus der Kadettenzeit, und nun lausche ich dieser älteren Dame, deren Tonfall mich auf deren Pausenhof versetzt. Sie erzählt, dass er mit ihr eine Klasse in Winniza besucht hat, dass er klug, frech und gutaussehend gewesen ist. »Immerzu begleitete er deine Mutter, mich wollten sie nicht dabeihaben. Wie kann man der jüngeren Schwester gegenüber so gemein sein? Schwestern, Schwestern sind wir! Warum musste ich alleine nach Hause trotten? Was sollte das, wir hätten doch zu dritt den langen Weg zur Schule und zurück gehen können. Aber deine Mutter wollte nichts davon hören. So ist sie, stur und aufbrausend!«

Meine Tante tanzt an Fichten vorbei, hüpft über Sandhügel. Das Meer liegt in der Luft. Die Fichten, die eigentlichen Krimdichter, duften großzügig vor sich hin. Es reicht alles für alle, singen sie. Die Brise kriecht unter das T-Shirt: Kannst es ausziehen, dein Badezeug reicht, der Waldwind wallt wie ein Kleid um die Beine, er zieht dich den Sandpfad entlang zur Linie aus Meer- und Himmelsblau. Die neuen Holzbungalows beherbergen Touristen, aber du, du bist Teil dieser Landschaft, wenn du deinen Beinen zuhörst.

»Hier ist unsere Utschkujewka-Bucht«, sagt Tante, ruckzuck im Wasser. Utschkujewka? Wieder ein verlorener Name, ein eingetauschter, transkribierter, nicht im Original notierter. Die Füße tauchen in flache Wellen ein, huschen wie Finger über die Tastatur. Das Meer ist noch warm. Ich trenne Wehmut vom Sonnenuntergang. Tag für Tag schiebt er Vergangenheit und Zukunft ineinander, wenn alle Streifenübergänge ins Wasser fallen. Eine Katze hängt ihren Schwanz vom Sonnenschirm neben uns hinunter. Diesen Strand kenne ich nur überfüllt. Jetzt verstreuen sich wenige Menschen unter letzten Strahlen.

»Kein Tag ohne Schwimmen«, wiederholt Tante, als sie aus den Wellen zurückkehrt.

Liebe Migrotante, ich verstehe meine Eltern schlecht, das Russischstudium hat dafür nichts genützt. Ich würde sie gern ein wenig begreifen, bevor sie ganz aus meinem Sichtfeld verschwinden. Wir sehen uns selten, und selbst dann reden sie nicht mit mir, außer darüber, wie gut ihre tiefgekühlten Pelmeni den Transport von Berlin nach Zürich überstanden haben. Meine Mutter redet jedes Jahr weniger, kaum ein Telefonat und wenn, dann: ›zur Sache bitte‹, und das auch nur, wenn Vater verhindert ist. Sie spricht als Telekommunikationsingenieurin, als ob sie auf Arbeit wäre, im Kellerloch. Als ob sie den Tunnel aus Computerschränken mit ihrer dauerjungen Stimme vermenschlichen würde. Als ob sie nach dem Auflegen erleichtert seufzen würde. Magst du mir mehr über eure Jugend erzählen, über Oma und Opa? Ich könnte dich in Potsdam besuchen, du erzählst mir beim Tee weiter. Eure, unsere Geschichte. Wir könnten ein Forum bilden, das Potsdamforum, inklusive Cousins und Cousinen, aber das sage ich nicht.

»Wozu das denn?«, schneidet Tante ab. »Wozu solch ein Verhör? Ich sehe keinen Sinn darin. Vergangenheit ist Vergangenheit. Konzentriere dich auf deine Arbeit.« Ich frage, ob sie selbst aufschreiben könnte, was sie über unsere Familie weiß: »Ich nehme dafür keinen Stift in die Hand.« Also könnten wir uns zum Gespräch treffen, ich würde ihr zuhören, mir ein paar Notizen erlauben. – »Nein«. Ich müsse verstehen, sie werde keine Ruhe zum Erzählen finden. Wenn ich ihr Gast in Potsdam wäre, müsste sie daran denken, womit sie mich bewirtet. Das sei nicht so einfach wie hier, hier sei alles klar, ihr Mann kauft auf dem Markt ein (wie mein Vater), bringt Melone, Him- und

Brombeeren, Tworog (Quark), Honig und Tomaten. Aus Tomaten, Auberginen, Paprika und Zucchini stellt sie (wie meine Mutter) Ikra (Gemüsekaviar) her, immer gut als Vorspeise. In Potsdam wäre das viel umständlicher, sie müsste viel mehr Entscheidungen treffen. »Ich könnte mich dort nicht auf so ein Gespräch konzentrieren. Ich kann mich jetzt schon nicht mehr konzentrieren«, meint sie.

Sie trocknet sich ab, zieht sich mit ein paar routinierten Bewegungen unter dem Handtuch um, atmet durch und erzählt von Iskra (Funken). Kein Rezept für Ikra, sondern etwas Aufwändigeres, Großes, Bedeutenderes, so wie sie dieses Iskra ausspricht. Ich traue mich kaum zu fragen, was das sein soll, und als ich mich traue, erklärt sie entrüstet: »Sowjetische Computer!« Meine Tante ist auch Ingenieurin gewesen, what else. Sie berichtet stolz, dass sie vor meiner Mutter mit Computern gearbeitet hatte, sich einfuchsen musste, eine Spezialistin geworden sei. Das sei sogar in Potsdam nützlich gewesen, bei einem Eingliederungskurs habe ihr das gleich was gebracht. Sie habe dann eine Arbeit gefunden, die darauf aufgebaut hat.

Als wir ins Haus zurückkehren, spricht uns vor dem Eingangstor eine Frau an. Meine Tante braucht mich gar nicht vorzustellen. Die Frau, eine Nachbarin, wie ich erahne, nennt mich »die Kleine von früher, du bist mit deinen Brüdern herumgerannt, hast Aprikosen und Kirschen gefuttert«. Sure, nice to meet you. »Du siehst so blass aus! Wo sind deine Sommersprossen?« Ich habe auch eine Frage: Sag mal, innere Stimme, wo bist du, und in welcher Sprache sprichst du zu mir? Ich müsste spätestens jetzt auf Russisch schreiben statt übersetzen. Mich bei Medeja Sinopli einquartieren, Dauergästin werden, mit Staffelei und Kind.

Am nächsten Morgen schreiten meine Tante und ich wie Ritterinnen zum Friedhof. Wir tragen Gerätschaften, mit Haltung, der Hitze zum Trotz. Der Ausflug an das Grab meiner Großeltern, für mich das erste Mal seit der Beerdigung meines Großvaters – damals war es der denkbar kälteste Tag im Krimatorium –, hat nichts Trauriges in der Sonne. Wir richten etwas her, graben eine kleine Grube für einen frischen Strauch, ich grüble ein bisschen herum. Auf Friedhöfen in Berlin bin ich auch gern gewesen. Unorte, große Parkanlagen mit vielen Geschichten, wenig Lärm und Müll, ob mit der besten Freundin oder mit dem Kinderwagen und der *Geschichte der Ukraine* von Andreas Kappeler oder mit dem schon großen ersten Sohn, der noch nicht Fahrradfahren gelernt hat und es auf den Alleen zwischen Gräbern auf einem Damenvelo übt. Auf dem Friedhof hätte ich meine Großeltern allein nicht gefunden zwischen all den Denkmälern für Generäle, Offiziere, Soldaten. Auf Schritt und Tritt die Fichten, die nichts mehr ausfechten müssen. Vielleicht sehen so die Kerzen aus, die die Natur auf Ruhestätten platziert, als Denkmäler für nicht stattgefundene Gespräche.

53 Am Großelterngrab, »privat« 2015.

Gespannt blicke ich auf die gegenüberliegende Stadtseite, strenge mich an beim Erkennen, vor allem beim Wiedererkennen. Die pyramidenartige weiße Kirche, die man von überallher sieht, sozusagen das Kreuz des Nordpols, steht offen. Wie nah sie aneinander liegen, die Kirchen, Fichten und Schlachten. Unkraut zupfen, am Wochenende zwei Mal am Tag an den Strand, Porträts von Oma und Opa auf Gedächtnisspuren abgleichen, in letzter Ehre nebeneinandergereiht. Ich gieße die zarte Akazie, die wir gepflanzt haben.

Bevor ich zu meinem Koffer bei den odessitischen Chassiden aufbreche, füllt mir Tante Tomatenomelette auf den Teller mit ihrem – unserem – Ikra auf. Schwestern, die gedünstete Gemüsegrütze grüßt euch beide! Sie spiegelt euch symmetrisch um eine unsichtbare Achse aus Neid und Schuld: Ihr seid beide schön und stur.

Was bleibt mir übrig, als weiter auf Achse zu sein, auf den Spuren von etwas, was ich zu spüren meine, zu Ende durchspüren möchte, wenn schon nicht rational aufspüren.

Meine Mutter sagt nichts, als sie erfährt, dass ich ihre Schwester getroffen habe. Sie habe das Kapitel Schwester, Eltern und Haus abgeschlossen. Sie müsse sich ums Abendessen kümmern. Mir fällt ein Lied ein, auf Russisch, es geht ungefähr so: »People do not see each other, walk past each other. / They always lose each other, and never find them again.« Garantien für Gespräche gibt es nicht. Garantien gibt es auf elektrische Geräte, würde meine Mutter korrigieren, in der kategorischen Stimme ihrer Schwester. Garantiert ist, dass wir uns früher oder später missverstehen, und wahrscheinlich, dass wir im Missverständnis steckenbleiben.

Hausgeister

Als ich in mein anderes Zuhause zurückkehre (zurückkehre? ich bin noch lange irgendwo dazwischen), frage ich meinen Vater aus. Er ist zu Besuch, erschöpft vom Großvatersein, von Reparaturen, vom Tageintagaus. Er wird ausweichen. Ich werde später noch einmal fragen. Er wird hilflos sein, er wird nicht antworten wollen. Er wird sich nicht hinsetzen wollen, oder werde ich in meiner Überraschung, dass er mir doch antwortet, vergessen, ihm einen Stuhl anzubieten, und aus Angst, seinen Gesprächsfluss zu unterbrechen, ihm keinen Stuhl näher rücken. Er wird also auf einmal sprechen, im Stehen, neben mir. Ich werde mitschreiben, wenigstens diese eine Geschichte eines potenziellen Potsdamforumteilnehmers. Ich werde mir dabei eine Installation vorstellen. In ihr läuft das auf Video aufgenommene Bio-Interview mit meinem Vater in einem Browserfenster neben anderen Bildschirmen, auf denen andere Menschen von der Krim ihre mit der Halbinsel verwobenen Biografien Revue passieren lassen.

»Zuerst sind da die Erinnerungen an Deutschland … Ich habe zuerst Deutsch gesprochen, weil mein Kindermädchen eine Deutsche war. Ich erinnere mich, dass ich etwas zerschlagen habe, aber niemand hat mit mir geschimpft. Bald hat man Vater aus Eiche, Eiche in Potsdam, hinausgeworfen. Vielleicht, weil er etwas gesagt hatte, seine Zunge konnte er nicht im Zaum halten, vielleicht aber auch, weil er meine Mutter mit deren Kollegin betrogen hatte, sie dienten beide in der gleichen Brigade als Krankenschwestern. Wir landeten in der Stadt Fastow bei Kiew. Danach hat man Vater und damit uns durchs ganze Land gescheucht. Er dachte wohl, nur weil er Held der Sowjetunion ist, könne er die Wahrheit von sich geben. Das brachte uns 1960 nach Sachalin. Wir sind von Charkow mit der Transsib gefahren, eine Woche lang. Ein paar Mal hat Mutter eine Suppe beim Schaffner kochen können, ansonsten hatten wir nur etwas trockenes Zeug zu essen.

Bis dahin habe ich ungefähr zehn Schulen gewechselt, ich hatte keine normale Schulbildung. Auf der Insel Sachalin wohnten wir in einer Siedlung sieben Kilometer von der Stadt Dolinsk entfernt. Dorthin fuhr ein US-amerikanischer Bus, aber so früh, dass ich ihn meist verpasst habe. Ich bin die Zugschienen entlang zur Schule gelaufen, es gab keine begehbare Straße. Der Weg hat so lange gedauert, dass ich regelmäßig die ersten zwei Stunden Unterricht verpasst habe. Dann wurde ich krank, habe ein Schuljahr verpasst. Ich lag monatelang im Krankenhaus, eine Zeit lang mit einem koreanischen Jungen. Er brachte mir seine Sprache bei. Die Koreaner auf der Insel, das waren ehemalige Sklaven der Japaner. Die Japaner waren dort seit dem Russisch-Japanischen Krieg. Die Japaner haben Korea gehabt, die Russen haben Korea gehabt. Die Amerikaner haben den Süden Koreas besetzt.

Zu jener Zeit hat Chruschtschow beschlossen, die Armee zu reduzieren. Mein Vater reichte einen Antrag ein, man möge ihn vom Dienst befreien. Er kündigte. Wohin nun? Er wählte Winniza, weil sein Dienstkollege die Stadt liebte. So zogen wir 1961 nach Winniza um. Seine Mutter, Sonja, zog zu uns, weil ihr Mann gestorben war. Sie selbst war mit neun Jahren Waise geworden.

In Winniza habe ich zum ersten Mal richtigen Schulunterricht gehabt, ab der achten Klasse. Die Russischlehrerin war entsetzt, die Mathelehrerin anfangs auch. Ich musste den Schulstoff selbstständig aufholen. Wir hatten eine Wohnung im Zentrum der Stadt erhalten, neben einer Bibliothek. Vater besuchte Schulen zwecks patriotischer Erziehung, wie es hieß.

Ich habe meine Schule geschmissen. Einmal habe ich laut gesagt, dass die Chemielehrerin früher Aufseherin im Frauengefängnis gewesen ist. Daraufhin hat sie gesagt, sie hält keinen Unterricht ab, wenn ich im Klassenzimmer bin. Die Klassenlehrerin unterstützte mich weiterhin. Sie hatte die nötigen Beziehungen und träumte davon, dass ich ihre Tochter heirate. Anfang 1964 hatte ich alle externen Prüfungen hinter mir, während meine Schulkameraden noch die elfte Klasse beenden mussten. Ich hatte 50 oder 60 Rubel, nahm einen alten Koffer mit Klamotten, wobei ich keine Winterkleidung mehr hatte, und fuhr nach Leningrad, um irgendwo zu studieren. Meine Eltern haben mich hinausgeworfen.

In Piter war es so: Du kriegst einen Wohnheimplatz erst nach dem ersten Semester, wenn du die Prüfungen bestanden hast, und ein Stipendium gibt es nur, wenn du gute Leistungen zeigst. Ich wusste nicht, wo wohnen und wo studieren. Die Militärakademie der Marine nahm mich auf. Eigentlich wollte ich an der Leningrader Universität Festkörperphysik studieren. Ich entwickle bis heute viele Theorien. Aber das konnte ich damals nicht sagen. Man lotste mich an die Schiffbaufakultät.

Nach dem ersten Jahr wollte ich den Marinedienst schmeißen. Ich habe gesehen, in welchem Zustand die Flotte sich befindet – der Kreuzer *Moskwa* war ein Massengrab. Falls ein Krieg ausgebrochen wäre, wären wir innerhalb einer Stunde tot gewesen. Das habe ich dem Flottenleiter gesagt und wurde auf ein kleineres Schiff abkommandiert. Ich pfiff auf Disziplin. Nach Sewastopol hat man mich zu Erziehungszwecken versetzt. Man bot mir an, dass ich dort Schiffbautheorie unterrichte, aber die Flotte hat mich dafür nicht freigestellt. Ich musste weg. Im Guten kann man sich von der Marine nicht trennen. Alkoholismus gilt in der Marine nicht als amoralisch, trinken ist dort wie atmen. Beim dritten Mal hat es geklappt. Sie haben mich ins Militärgefängnis gesteckt. Das war nicht lustig. Ab sechs Uhr musst du in der Zelle stehen, Sitzmöglichkeiten gibt es keine. Ich habe wochenlang gestanden mit vier bis sechs anderen Männern. Das Urteil habe ich später erhalten: amoralisches Verhalten eines Offiziers, der betrunken in der Militärpolizei aufkreuzt. Ein Präzedenzfall. Ich hatte Glück, dass man mich weder im Gefängnis behalten noch nach Kolyma verbannt hat.

Über meinen Bruder habe ich nichts zu sagen. Was soll ich dir über meine Eltern erzählen? Meinen Großvater mütterlicherseits kannte ich nicht, er ist noch vor dem Krieg umgekommen. Als die Familie meiner Mutter entkulakisiert wurde, verstreuten sich alle. Meine Mutter ging nach Leningrad, sie hat bei der Familie Konstantin Fedins, ihren Verwandten, den Haushalt geführt, ja, bei dem Schriftsteller, der *Städte und Jahre* geschrieben hat.«

Mich interessiert nicht nur, wie er nach Sewastopol geraten ist, sondern auch, wie er seine Zeit dort nachträglich beschreiben würde. Ich frage ihn am nächsten Tag, ob wir das Bio-Interview fortsetzen. Er: »Zu persönlich.« – Nein, das ist historisch, sage ich.

Wie war es eigentlich mit den Erfindungen, versuche ich es weiter. – Seine einzige bezahlte Erfindung während seiner zweijährigen Anstellung bei einem Konstruktionsbüro blieb ein Testgerät für Ventilatoren, erzählt er. Das Gerät wäre simpel und günstig gewesen, aber Geräte sollten dort und damals möglichst teuer sein, damit man für jedes Projekt möglichst viel Geld vom Staat abzweigen konnte. Das wollte er nicht mitmachen und hat den schwerfälligen Konstruktionsentwurf nicht unterzeichnet. Infolgedessen wurde ihm gekündigt. Er hat alle Konstruktionsskizzen weggeschmissen, auf dem Berliner Patentamt seien die Modalitäten-Formalitäten undurchdringlich gewesen. Schade sei es auch um das Drucktransportsystem, das man per Luftdruck und zum Teil elektrisch hätte betreiben können, für Regionen mit Höhenunterschieden besonders gut geeignet. Sei es drum, er liest nun philosophische Schriften, zuletzt einen Artikel von Freud über Dosto, und interessiert sich für Tatlin. Ihm wurde eine Rente als Flieger zugesprochen, dem künstlerischen Überflieger, ob ich das schon gewusst hätte, und überhaupt: Was essen wir heute Abend?

Nicht nur meine Eltern, meine gesamte Familie inklusive der Großeltern würde ich gern kennenlernen, ihre biografischen Stränge, die sich in der Ukraine und auf der Krim gekreuzt und von ihr weggeführt haben und vielleicht eines Tages zusammentreffen, wer weiß.

Einmal, in meiner Küche, als ich Mutter den Haushalt für ein paar Tage übergab (sie ist zu mir gefahren, damit ich wegfahre, als sie noch etwas mehr mit mir gesprochen hatte), sagte sie aus dem Nichts: Deine Oma verstand sich gut mit den Krimtataren, weil sie ihre Muttersprache verstand, das Krimtatarische sei dem Turkmenischen so nah wie das Russische dem Ukrainischen. Ich wollte wissen, ob Oma gut Turkmenisch konnte. Mutter erhob ihre Stimme: Ganz Taschaus habe mit ihr in beiden Sprachen gesprochen!

Offenbar ist Oma eine Russin gewesen, die von Turkmenen und von Krimtataren für eine Landsfrau gehalten wurde. Mein Cousin erwähnt, Omas Lieblingsopernsänger sei Sergej Lemeschew gewesen, in ihn war sie regelrecht verliebt. Sonst wisse er nicht viel, aber ich solle mir Fotos mit unserer Oma genauer anschauen. Sie sehe nicht europäisch aus, keine Uralrussin. Kein Wunder, dass sie für eine Turkmenin und Krimtatarin gehalten wurde. – Wegen der Sprache, die sie verstand? – »Unsere Oma hat asiatische Augen, schwarzes Haar und die Durchsetzungskraft eines Atamanen.« Das kann man so nicht sagen. Nun ja, in meiner Erinnerung hatte sie etwas von Dschingis Khan, wie auch meine Mutter, die in Berlin oft für eine Türkin gehalten wurde.

Einige Zeit später spreche ich meine Mutter darauf an, worüber sie sich nicht mal wundert.

»Deine Oma ist vom Ural, das war ein Durchgangsgebiet, an der Grenze zu Kasachstan. Ihr Opa stammt aus Uralsk, die Stadt wurde von Uralkosaken gegründet. Omas Vorfahren hatten eine Raststätte. Wer weiß, wer dort alles abgestiegen ist. Ethnisch gesehen ist sie sicher nicht nur Russin.« Eine Pension also, das waren ihre ersten zehn Lebensjahre, die sie dort verbracht hatte, bevor ihre Familie auf der

Flucht vor Entkulakisierung in die erstbeste Eisenbahn in den Süden gesprungen ist.

Ich knabbere an ihren hauchdünnen Bliny, die niemand so hinkriegt wie sie. Nach einer Weile stützt sie sich wieder neben dem Esstisch auf der Ablage ab:

»Deine Oma ist in Uralsk auf dem Uralgebirge zur Welt gekommen, sie hatte 12 Geschwister, fast alles Brüder, eine Bauernfamilie. Als die Kollektivierung begann, hatten sie Angst, golymi i bosymi (nackt und barfuß) nach Sibirien geschickt zu werden. Opa packte die Familie ein, sie fuhren nach Kirgisien, die Eisenbahnlinie von Uralsk führte dorthin. In Kirgisien ist Tante Njura geblieben, sie hat dort geheiratet. Als Njuras Verlobter erfahren hatte, dass ein anderer Mann im Dorf etwas von Njura wollte, ist er schnellstens von den Bergen hinabgestiegen und hat sie sofort geheiratet. So waren die Sitten dort. Daraufhin gelangte deine Oma nach Aschchabad und von dort nach Taschaus, wo ich geboren wurde. In Taschaus war sie Chemielehrerin, Schuldirektorin, Schulinspektorin und letztlich zammera, stellvertretende Bürgermeisterin. Der Bürgermeister war ein echter Turkmene.

Manchmal hatten sie Tataren angesprochen, und als sie entgegnete, sie könne zwar Turkmenisch, sei aber Russin, glaubten sie ihr nicht. Dachten, dass sie ihre Herkunft verleugnet.

In Turkmenistan floss der Kanal Schawal in der Nähe des Hauses, das Oma dank günstiger Preise fürs Baumaterial als Parteimitglied bauen ließ. Das Haus war quadratisch, aufgeteilt in vier Teile. Den größten Teil vermietete Oma an den lokalen Topografievermessungsingenieur und seine Familie unter der Bedingung, dass sie keine Miete zahlen und dafür das Haus fertigbauen. Reich wurde sie davon nicht, aber sie konnte uns durchbringen. Holodomor hin oder her, wir hatten in Turkmenistan auch an jeder Ecke Menschen, die nach der Kollektivierung, im und nach dem Krieg verhungerten.

Sie ist 1942 in die Partei eingetreten, sonst hätte sie keine Posten innegehabt. 1955 wurde sie massiv angefeindet: Sie hätte verschwiegen, dass sie aus einer Kulakenfamilie stamme. Jemand hat eine Kampagne gegen sie gestartet, sie wurde persona non grata, verlor ihre Arbeit an der Schule und ihr Amt bei der Stadt. Sie musste weg aus Taschaus. Das Wohin ergab sich so, dass sie zunächst mit Opa überlegt hatten, nach Krasnaja Sloboda in der Nähe von Minsk zu ziehen – in das Dorf, aus welchem mein Vater stammte. Seine Eltern und Geschwister haben, bis auf einen Bruder, den Holocaust nicht überlebt. Dieser Bruder ist aber aus Krasnaja Sloboda weggezogen, nachdem er das Elternhaus verkauft hatte, ohne seinen jüngsten Bruder davon zu unterrichten. Übrig blieb Opas Nichte, Dina. Sie lebte in der Nähe von Winniza mit ihrem zweiten Mann. Der erste, ein Journalist, ist im Krieg gefallen. Sie, eine Zahnärztin, und ihr Mann, ein Arzt, wurden als Spezialisten aufs Dorf geschickt. Du weißt ja, man konnte sich nach dem Studium nicht auswählen, wo man arbeitet, man wurde entsandt.

Oma verkaufte ihr noch nicht fertiggebautes Haus in Turkmenistan, fuhr mit der Familie zu Dina und kaufte eine Chalupa (Hütte) am Stadtrand von Winniza. Im Februar 1956 zogen wir ein. Zwei Wochen später fand der 20. Parteitag der Kommunistischen Partei der Sowjetunion statt: Chruschtschow verkündete, die Kollektivierung sei ein Peregib gewesen, zu viel des Guten. Niemand solle mehr wegen möglicher oder vermeintlicher Kulakenherkunft diskriminiert werden. Ironie des Schicksals, Ironie der Geschichte. Nach dem Umzug nach Winniza endete Omas Karriere.«

Meinen kanadischen Cousin kontaktiere ich das erste Mal, nachdem mir meine Tante, seine Mutter, seine E-Mail-Adresse aufgeschrieben hat, auch die von seiner älteren Schwester. Er freut sich. Als ob nichts wäre. Als ob ich mir seine Zeitzone merken könnte. Als ob keine 25 Jahre zwischen unserem letzten Kontakt in Omas Haus liegen würden, als er mich mit meinem Schweinereimbruder gemeinsam durch den Garten gejagt hatte. Wir beschließen, den Zwist unserer Mütter ihre Sache sein zu lassen. Er malt nicht mehr, aber er interessiert sich für Geschichte. »Oh, mir fällt ein, wie ich dir einen selbstklebenden Pfeil auf die Stirn geschossen habe und du damit herumgelaufen bist, bis deine Mutter es bemerkt hat. Hat die mich zusammengeschissen, mama mia!«

Seine Schwester dürfte ungefähr so alt sein wie mein ältester Bruder, um die 50. Wie er sieht sie ein Jahrzehnt jünger aus. Er fährt zu seiner Praxis mit dem Fahrrad, sie turnt Yoga – wenigstens lässt sich dieses Familiengeheimnis enthüllen. Sie strahlt wie eine innerlich erfüllte Person. Sie erinnert mich äußerlich an meine älteste Nichte, die Tochter meines ältesten Bruders, die genauso Westukrainerin wie Berlinerin ist. Von ihrer mütterlichen Linie her steht es eindeutig im Raum während der Krim- und der Familienkrise, das Problem der Geschichtsdeutung. Meine Eltern sind bei der Diskussion mit ihrer Lemberger Schwägerin und deren Mutter aufgestanden und gegangen. Der Cousin sagte, er habe den Westukrainerinnen schweigend zugehört, aus Höflichkeit.

Wir skypen, als die Yoga-Cousine ihren Bruder in Kanada besucht, weil sie überlegt, dorthin aus Holland, wo sie seit Jahrzehnten lebt, umzuziehen.

»Wie schön dich zu sehen! Du hast dich kaum verändert. Ich weiß noch, wie erstaunlich pflichtbewusst du alle dir erteilten Aufgaben erfüllt hast. Man hat dir einen Besen in die Hand gedrückt, du hast den Weg gefegt. Man hat dich ums Geldzählen gebeten, du hast die Stapel durchgezählt. Man hat dir ein Buch in die Hand gedrückt, du hast es gelesen. Einmal dachte ich, zeige ich dir etwas Besonderes. Ich rief dich, schau mal, hier habe ich K-o-s-m-e-t-i-k! Du kannst sie ausprobieren! – Ich dachte, das wird dir gefallen, wie allen kleinen Mädchen. Aber meine Güte, hast du verächtlich geschaut. Du warst wie ein Junge.

Ach, unsere Sommer bei Oma und Opa sind unvergesslich! Hatten wir eine glückliche Kindheit! Der Kirschbaum vor der Wremjanka (Bungalow), auf den sind wir zu dritt mit deinen Brüdern geklettert, haben Kirschen gegessen und die Kerne auf meinen kleineren Bruder gespuckt. Dann hat Oma ihn wegen der Flecken auf dem frisch angezogenen T-Shirt ausgeschimpft. Richtige Zwizdali (Ärger und Strafe) hat er erhalten! Einmal musste ich Schiedsrichterin zwischen deinen Brüdern sein. Ich konnte nicht, wog jedes Wort ab, log fast, ich wollte es beiden recht machen.

Oma hingegen hatte keine Probleme mit Richten. Ich weiß noch, Oma kam nach der Arbeit nach Hause, zog sich eines ihrer Seidenkleider an, schminkte sich die Lippen und leitete zwei Mal die Woche ein Genossengericht. Sie war wie eine Abgeordnete, alle hatten eine gewisse Ehrfurcht vor ihr. Die Leute setzten sich auf die Holzbank vor dem Haus, berichteten über ihre Anliegen, und sie traf Entscheidungen, ohne zu zögern.«

Ich lese über Genossengerichte nach. Sie sollten dafür sorgen, dass Leitlinien der sozialistischen Gesellschaft, die Entwicklung eines kollektivistischen Bewusstseins und respektvollen Umgangs sichergestellt wurden. Ein Genossengericht reagierte auf Vergehen üblicherweise durch Warnung, Rüge oder verlangte eine öffentliche Entschuldigung. Unsere Oma war so etwas wie eine Ombudsfrau. Die Bank vor dem Haus, auf der wir uns vor der Kamera für Familienfotos aufgereiht hatten, das war die Bank, auf der Opas Sarg bei der Abschiedsfeier aufgebahrt wurde, und es war eine Anklagebank. Oder eine Schlichtungsstelle.

In der Küche unten im Souterrain hätte man oft gar nicht zu Abend essen können, erzählt die Cousine, weil die Personen, die sich zum Gericht eingefunden haben, und andere Menschen, von der gesamten Sewernaja, dort dicht gedrängt warteten. Bei Oma stand ein Telefon, sie hatte von der Küche aus Anschluss an die Welt, zumindest an ein Sechstel davon. Diese Menschen fuhren am Abend zu ihr und hockten ganz ohne Datenschutz- oder Hygienerichtlinien herum, bis ihr Auftrag an der Reihe war. Die Gespräche hat man vorher bestellen müssen, und dann, dann hätte man zehn Minuten gehabt, ob nach Moskau oder nach Magadan.

Anfang der 1990er, kurz vor der Ausreise in die westliche Welt, sagte Oma zu meiner Mutter, sie müsse vor allem nach ihrem mittleren Sohn schauen.

Habe ich mich von meiner turkmenisch-tatarischen Oma in der Nordbucht jemals verabschiedet? Ich erinnere mich nicht an eine letzte Szene, außer an das Bild, als wir erfahren haben, dass sie an einem Schlaganfall gestorben ist, in ihrem Haus, vielleicht auf der Holzbank vor ihrem Haus. Wir waren gerade am Mittelmeer, am Krimersatzstrand.

54 Großelternhaus im Umbau, »privat« 2015.

Was fliegt mir noch im Puzzle aus Stille und stiller Post zu? Das Potsdamforum notiert:

Aus Winniza wollten Oma und Opa Ende der 1960er Jahre mit meinen Eltern nach Sewastopol, der Süden zog sie an. Vielleicht wollten sie meiner Mutter und ihren bald zwei Söhnen näher sein. Vielleicht wollte meine Mutter, dass ihre Eltern ihr mit den Kindern helfen. Jedenfalls haben sie ein Haus in Sewa gefunden und vereinbart, dass das Haus auf den Namen meiner Mutter registriert wird, weil Mutter schon in der Stadt registriert war, Oma noch nicht und es kein einfaches Unterfangen war, sich in einer geschlossenen Stadt ohne Anordnung von oben niederzulassen.

Mutter und die Verkäufer trafen sich beim Amt, um das Haus zu kaufen. Die Frau auf dem Amt hat behauptet, der Pass meiner Mutter sei nicht in Ordnung – vielleicht, weil sie wie ihr Vater Gofman hieß, während Oma ihren Mädchennamen Agibalowa behalten hatte. Mutter rief meinen Vater an. Er meldete sich sofort bei seinem Chef ab (ein Ding der Unmöglichkeit im Marinedienst) und stürmte das Amt. Die Bürokratin befand seinen Pass für glaubwürdiger als den meiner Mutter und trug ihn als Hausbesitzer ein. Oma dachte – oder meine Mutter verstand das so –, das sei mit Absicht eingefädelt worden.

Ein Jahr später, als Oma über den Zaun mit Nachbarn schwatzte, hat die Nachbarin Oma daran erinnert, welch Glück sie beim Kauf gehabt habe, weil ihr Schwiegersohn damals mit seinem Pass aus dem Dienst heraus eingesprungen sei, sonst hätten sie das Haus gar nicht erwerben können. Erst dann habe Oma meinen Eltern geglaubt, presste Mutter hervor und verstummte. – Zu spät, meine Mutter war zutiefst beleidigt, auf immer. Misstrauen legte sich über die Frauen wie ein unsichtbares Band; dieses Lasso werfen sie von Zeit zu Zeit aus.

Eines Tages hat sie loslassen müssen. Vielleicht hat sie von ihrem Küchentelefon den Notarzt erreicht, und er blieb auf dem Weg zu ihr im Stau stecken. Ihren Tod haben die Nachbarn gemeldet, sie haben sie auf der Veranda gefunden. Veranda, mag darin ihr Name für die Ewigkeit bleiben. Die Frau, die an den Sozialismus geglaubt hatte, bis er nicht mehr an sie glaubte. Die Frau, deren Testament die Töchter nicht geglaubt haben, und der im Nordbuchtbezirk jeder vertraute, wurde in einer Feier verabschiedet, zu der wir nicht erschienen sind, weil wir auf Djerba unsere Quasikrimferien verbrachten. Es bestand keine Flugverbindung nach Sewa. Vielleicht sollte keine Verbindung bestehen. Weder Familienrat noch Konferenz.

Based in Neosewa

Einen Sommer später: Krimkirill und ich schlagen unsere Basis in diesem Haus auf, von hier aus fahren wir zu Interviewterminen für unsere Krimfilma, sparen ein paar Tage lang Hotelkosten, investieren viel Zeit ins Haus, arrangieren uns mit kaputten Wasserhähnen, selbst zu befüllender Klospülung und lähmender Kälte. Tagsüber regnet es, sodass sich vor der Eingangstür eine Lache bildet, man gelangt gar nicht zur Eingangstür, ohne dass die Schuhe noch einmal komplett durchnässt werden. Nachts grüßt der Frost. Wir wissen nicht, wie heizen. Immerhin steht der zylinderförmige Gasbehälter wie früher neben dem Herd, wir können darauf kochen, sogar Fondue. Einmal aufgewärmt, schlafe ich endlich ein. Der Schlaf der Zurückgekehrten dringt tief ins Unbewusste ein, ich leiste den Hausgeistern engagiert meinen Besuch ab: Wie kann ich euch aussöhnen, austöchtern, verschwestern?

Nach dem Aufwachen drängt mich der Weltschmerz tiefer in die Federn. Derweil springt der Kameramann aus dem Wohnzimmer und filmt vorm Haus den Sonnenaufgang. Der Frühaufstehgeist steckt mich an, ich filme, wie er an seiner Zigi zieht. Das erste Mal seit Opa steigt hier wieder Rauch auf – Friedenspfeife und Weihrauch über Gräben und Gräbern.

Einen Sommer später schickt mein kanadischer Cousin digitale Fotos von diesem Haus, das ich kaum wiedererkenne. Er hat es renoviert: Orangenes Dach deutscher Herstellung, Wände in Beige, ausladend-einladende Veranda, Terrassenbeete. Ordentlich, sehr ordentlich, mit allen Annehmlichkeiten. Umgebautes Großelternhaus, möge deine Überbauung dir wohl bekommen.

Cyril und ich ziehen los, zur Elektritschka nach Bachtschi. Kaum jemand benutzt sie, sagt uns ein Taxifahrer, aber sie fährt schnell und verlässlich von Sewas Sewernaja durch die Steppe ins Zentrum des krimtatarischen Universums. Mehr Katzen und Hunde als Menschen auf dem Bahnhof. Cyril raucht noch eine, und ja, hier ist er Krimkirill.

Sekundenpünktliche Abfahrt, grobkörnig-graue Plattform, Nirwana über den Schlachtfeldern der McKenzie-Berge. Die Elektritschka rauscht wie ein Fernzug an. Breite Schienen, imposante Abfahrtsfanfare, unverwüstliche Züge. Ihre Querbänke dehnen sich so weit aus, dass man auf ihnen getrost schlafen kann. Das tut eine Petersilienbundverkäuferin; sie döst, leicht schnarchend, auf der Bank, eingehüllt in einen Plastikponcho, dekoriert von ihrem Kraut. Unsere Elektritschka fährt innerhalb einer Stunde vom Pol zum Pol durch den frühen Oktober. An einigen Büschen herbstelt es gelb, an anderen schon lippenstiftrot. Unterwegs, glimpsig im Fensterrahmenpanorama: Montage aus Felsen, Siedlungen, dem Meer ebenbürtigen Feldern versengten Grases, Antennen, Raketenabwehrsystemen, Pferden, pinkfarbenen Sportanzügen. Etwas ruckelt. In Simfi und Bachtschi dann Strichcodes auf Bustickets, so viel Digi wie überall.

Zurück in Sewa möchte ich Krimkirill noch Utschkujewka zeigen, uns ans Meer führen, wie mit der Tante über den Schleichweg. Aber ich weiß gar nicht, wo abbiegen, frage nach dem Weg, ein Urlauber erklärt ihn mir. Kirill macht mir keine Vorwürfe, obwohl die Sonne schon untergegangen ist. Ich kaufe ihm im kleinen Laden auf dem Weg zum Abendstrand Zigis, Bier zum Soforttrinken (Marke: Weißer Bär) und Ökowodka to go (Green irgendwas).

Das Meer hat etwas Schlichtendes, wie es vor dir liegt. Es lag vor dir und wird nach dir hier liegen, majestätisch und gleichgültig, mit wem du wann vor seiner Nase abhängst. Es gewährt. Und nimmt keine Rücksicht, wenn es denn stürmt.

Das Pendeln vom und zum Sewahaus – es war nie mehr meins als dieser Tage – erweist sich als mühsam. Meine Schuhsohlen platzen, das Frieren hört nicht mehr auf. Als wir den letzten Zug zurück zu unserem Nordpol verpassen, nehmen wir den Bus und fragen den

Busfahrer an einer der letzten Stationen, ob er uns noch mit nach Sewernaja mitnimmt. Er nimmt uns mit, wir sparen uns den Weg mit Trolley, Kutter und Taxi durch die Stadt, durch die schon nächtliche Stadt. Kirill filmt in der Dunkelheit, dass der Fahrer ihn nicht sieht. Vielleicht sieht er ihn und pfeift drauf. Wir sehen den Fahrer am Steuer rauchen. Irgendwann bemerke ich, dass Cyril auch mich filmt, wie ich mich ans Fenster lehne. Die Fahrt scheint mir so lang zu sein wie früher die Strecke zwischen Oma und Ostrjaki.

Based in Sewa, lassen wir uns dort selten blicken. Auf Achse, lange Tage. Auf Abstand von der Schmerzlandschaft, auf der Suche nach neuen Erfahrungen mit neuen Menschen, nach dem Forum. Einmal steht am Abend die Nachbarin vor der Küchentür, die ältere Frau aus der Platte oben, die mich als Kind kennt. Sie fragt etwas zum Haushalt und rückt bald mit der Gretchenfrage heraus: »Nehmt ihr einen guten Film auf? Einen schlechten brauchen wir nicht. Es fahren so viele her, sagen das Eine, schreiben das Andere. Für wen filmt ihr?«

Ich traue ihr zu, dass sie die Polizei ruft.

Ich zeige ihr das Akkreditierungsschreiben des Kulturministeriums. Briefkopf in drei Sprachen, russische Unterschrift des krimtatarischen Ministerstellvertreters. Dennoch rückt sie nicht vom Fleck, wartet ab, bis ich Cyril die Situation erklärt habe, u. a., dass die Nachbarin sich ums Haus kümmert, wenn niemand darin wohnt, und dass wir unter Verdacht stehen.

Im Türrahmen der Küche erzählt sie von Banderowzy, die acht Geschwister und die Eltern einer Bekannten abgemetzelt haben, die Bekannte musste das ansehen. Sie erzählt von der Kriegssteuer, die sie von ihrer ukrainischen Rente, die gerade mal für die Nebenkosten wie Gas und Strom gereicht hatte, seit dem Konflikt im Donbass zahlen musste, obwohl sie es gut fand, dass die östlichen Republiken aus der Ukraine austreten. »Ich wollte mit dieser Steuer doch nicht die Bombardierung des Donbass finanzieren!«

Sie fragt und fragt nach unseren Plänen. Ich erkläre ihr, dass wir noch eine Woche unterwegs sein werden und dann wieder für ein paar Tage hier absteigen. Gebe ihr die Hausschlüssel ab, wie mit meiner Tante vereinbart. Ich lasse in der Zwischenzeit einen Koffer im Haus, kündige ich an, weil ich die kilogrammschweren Fotos nicht mit mir durch die ganze Krim schleppen möchte. »Auf den Fotos hast du noch Sommersprossen.« Das Haus gehört eigentlich ihr.

Wir planen die Interviews der nächsten Treffen. Wir müssen uns organisieren, früher aufstehen, Bus- und Zugverbindungen studieren. Grafik, Zeitplan aufstellen, wie in der Waschküche.

Ich möchte Cyril meine Ostrjaki doch nicht zeigen, das passt nicht in den Arbeitsplan, höchstens ins Drehbuch von Tarkowski.

Am Wannenrand hinter der Küche (hier haben wir früher Opas Zigaretten versteckt) kullern meine Tränen durch die Dunkelheit. Cyril zieht an seiner Zigi auf der Veranda, vertrauter Rauchrhythmus, Pause.

Diese Kammer enthält eine Waschmaschine, eine westliche. Eine Waschküche, dieses Souterrain. Die Maschine scheint das Einzige zu sein, was in dem Haus funktioniert. Auf der Leine draußen hänge ich meine Kleidung auf, die Strumpfhosen wehen wie eine fremdländische Fahne.

Von hier aus, schreibt einmal mein kanadischer Cousin, sieht man das Krimgebirge, manchmal bis in den April hinein schneebedeckt wie die Alpen, bis hin zum Karadag mit der kosmischen Beobachtungsstation – diesen höchsten Punkt über Jalta verschweigen die meisten Landkarten. Vom kleinsten Endzimmer aus suche ich den Karadag, sehe mich an der Szenerie satt, die aus dem Fenster wie ein Gemälde vor mir hängt, das ich schon mal in einem Museum gesehen haben muss, im Rahmen meiner Grundbildung, vorbei an verstreuten niedrigen Häusern, vorbei an dem Kasten, in dem die Hausverwalterin wohnt, vorbei und nach rechts bis zum Kreuz der Kegelkirche. Friedlich, der riesige Friedhof. Dort irgendwo auf dem Malachow-Kurgan unter dem Prisma der kalkigen Kirche ruhen Oma, Opa, Krieger, Matrosen. Einzelne Namenszüge und Massengräber, bratskije mogily. Die Geschichte vieler Kriegsmenschen lässt sich leichter rekonstruieren als die der eigenen Familie.

Bachtschi ruft, so laut und deutlich, dass wir den Schweizer Käse, unsere härteste Währung, in der Erdbodenküche vergessen. Cyril und ich rennen zum Busbahnhof. Unterwegs versuche ich Geld zu wechseln. Die Bank residiert in einem Säulengebäude am Meer, fast so mondän wie der Pionierpalast etwas weiter die Promenade entlang. Ich ziehe eine Nummer, sie blinkt auf einem Tableau auf. Kaum gelange ich an den Schalter, höre ich schon, Wechseln sei nur einer Hälfte meiner Euronoten vergönnt, die andere Hälfte sei nicht glatt genug. Die Dame hinterm Plexiglas ruft den nächsten Kunden auf.

In der Zwischenzeit rast die Sonne hinab. So schlimm ich die Bank finde, so schön die Stimmung vor ihr. Möge sie Zeit absorbieren, in Minuszinsen abziehen. Die Tochter der Wintermieterin simst, sie werde mit unserem vergessenen Käse etwas anfangen können. Cyril und ich lösen uns vom Sonnenuntergang am Primorski Boulevard, wo das Denkmal für die versenkten Schiffe der Wellengischt trotzt.

Ich vergesse die Zeit. Vergesse den Abstand vom berühmtesten Sewa-Denkmal bis zum Busbahnhof. Wir laufen los, los, los, aber die Stadt breitet sich weiter und weiter aus. Als ob wir Anlauf nehmen, während unser Gepäck auch ohne den Käse sich immer schwerer anfühlt. Etwas reitet mich an einer Straßengabelung, ich kaufe Kefir. Dann wird mir klar, der Trolleybus fährt anders als in meinen Träumen. Die Buslinien enden unten, hinter den Eisenbahnschienen.

Ach ja, wir brauchen mehr Rubel, für Übernachtungen bar im Voraus. Eine Wechselstube, drei Frauen mit gebügeltem Kragen sitzen hinter Plexiglasscheiben, das Mikrofonnetz befindet sich viel zu weit unten, sodass sich alle Kunden vor den Wechslerinnen verbeugen. Dollar-Rubel-Transit links und rechts, früher wie heute, Hrywna fehlt.

Unten der Bahnhof. Hier nahm die Abreise ihren Lauf, ein Familienausflug in den Kosmos. Vor uns trottet ein Junge. Ich haue ihn an: Wie gelangen wir am schnellsten zum Busbahnhof? Er betrachtet uns, unsere Taschen, unsere Verzweiflung. Wie eine Leninstatue weist er schweigend nach vorn. Wahrscheinlich hat er seine Regungen vor einem Computerbildschirm eingebüßt. Wir gehen ihm am A… vorbei, buchstäblich, überholen ihn, rennen die lange, lange Straße entlang.

Spät am Abend plumpsen wir auf unsere Sitzplätze. Ich kann mich mit dem Fahrer einigen, man einigt sich auf Russisch recht häufig.

Cyril zieht seinen nassgeschwitzten Pullover aus, hängt ihn zum Trocknen auf die leere Rückenlehne vor uns. Wir sitzen ganz hinten, die Gardinen des Busses flattern in den Serpentinen.

Wir kehren eines Tages zurück zu allen Protagonisten unserer Krimfilma, versprochen, mit Koffer, Kefir und Käse, doch Sewa erkläre ich erst einmal für geschlossen.

Kimmerien

Alles erreichbarer als in Blockadenträumen, sogar mit Bereicherung um die wiederkehrenden Honigverkaufsstellen, die wie Ersatzbushaltestellen zum Zwischenstopp einladen.

Vor Bachtschi stehen noch die Literaturmuseen auf unserer Liste. Oder danach. Die Orte schichten sich noch mehr als die Einszeit übereinander, Erinnerungs- in Erlebnissplitter. Die Zeitschichten wirbeln die Städte, Orte, Dörfer auf unserem Weg auf, die alle einen eigenen Charakter haben, manche aber keinen oder nicht den, den die Texte über sie nahelegen, zum Beispiel Stary Krim, wo die Museen für Grin und Paustowski viel mehr als ein Dorf mit ein paar Platten und einem Betrunkenen versprochen haben.

Wir haben es gerade noch zum letzten Bus aus Sewa geschafft, den doppelten Preis beim Busfahrer statt an der Ticketkasse gezahlt, Cyrils Musik über geteilte Kopfhörer gehört und sind spätabends in einem kalten Nirgendwo ausgestiegen. Auf der Landstraße in Stary Krim steht nichts außer einem kleinen Laden – der einzigen, daher besonders grellen Lichtquelle. Dort kaufen wir einen Tee zum Aufwärmen, ich Kazinakiriegel auf Vorrat. Cyril rezitiert im schweren Schweizer Stimmenzickzack:

> »Sein Blick ist vom Vorübergehn der Stäbe so müd geworden, dass er nichts mehr hält. Ihm ist, als ob es tausend Stäbe gäbe und hinter tausend Stäben keine Welt. Der weiche Gang geschmeidig starker Schritte, der sich im allerkleinsten Kreise dreht, ist wie ein Tanz von Kraft um eine Mitte, in der betäubt ein großer Wille steht.«

Er wollte schon früher den Panther rauslassen, sagt er.

Ich habe keine Ahnung, wie wir unsere gebuchte Unterkunft finden sollen. Unser alter, gelber Bus furzt adé. Um die Ecke beginnt eine schmale Straße, unbeleuchtet. Wir biegen in sie ein. Die Koffer rollen nicht über den kaputten Boden, wir schleppen sie. Ich frage einen Mann, der uns entgegenläuft, nach der Pension, die ich reserviert habe. Ich kriege nicht mit, dass er betrunken ist. Er antwortet, er würde dort nicht hingehen.

»Dort sind die Bärtigen, weißt du, die Bärtigen!« – Ja, und wo? – »Ich würde dort nicht hingehen an eurer Stelle.« Wo sollen wir denn sonst hin? – »Bei mir zuhause ist die Heizung noch nicht an«, entschuldigt er sich und begleitet uns doch zur tatarischen Pension. Dort einigen wir uns darauf, dass unser Zimmer mit noch einem Paar Decken und einem Heizungsstrahler ausgestattet wird. Als ich in den Eingangsbereich zurückkehre, hat der Betrunkene Cyril schon in Beschlag genommen. Sie rauchen, der Mann zeigt ihm Fotos auf seinem Telefon und ist nicht einmal überrascht, dass Cyril kaum Russisch spricht. »Hier, schau, meine langjährigen American neighbours, wir hatten es gut miteinander. Das Grin-Museum und das Paustowski-Museum, sie liegen beide neben meiner Wohnung, schaut doch morgen vorbei.«

Auf dem Weg zum Grin-Haus bleiben wir auf der Straße stehen. Der Wind weht nicht stark, aber hartnäckig und beißt gnadenlos durch meine beiden übereinander gezogenen Strumpfhosen. Ich fühle mich noch verschlafener als dieser Ort. Die Kälte lähmt mich, Cyril hingegen bewegt sich mehr, schleppt das Stativ und den Rucksack mit den Objektiven, dreht die nächste Zigarette, dreht sich in alle Richtungen auf der Suche nach dem nächsten Drehpunkt. Mitten in einer Kreuzung stellt er die Kamera auf, auf meine Beine gerichtet. Eine Mutter im rosa Sportanzug versucht, ihrem Töchterchen die Trinkflasche wegzunehmen.

Im Grin-Haus eine kleine Führung. Kleines Häuschen, kleiner Garten. Grin hatte eine Vorliebe für eine chinesische Teetasse, sie war unentbehrlicher Teil seines Schreibrituals. Dank ihr trieb sein romantischer Roman *Alye parusa* (*Das Purpursegel*) von 1923 die Fantasie mehrerer Generationen an.

Nach Grin zum Paustowski, alles in einer Straße. Eine zurückhaltende junge Frau erklärt sich bereit, uns etwas über das Museum zu erzählen, auch wenn sie mehrmals errötet, sie fühle sich nicht wohl vor der Kamera, sie sei nicht vorbereitet. Als ich sie nach Paustowskis Bezug zum Krim-Text frage, bittet sie um eine Pause, behält das Mikrophon an und sprintet zu ihrer Kollegin. Gemeinsam googeln sie die Definition, amüsieren sich über deren kulturologische Gestelztheit und lassen die Frage letztlich aus.

Wir erfahren: Das Museum wurde 2005 anlässlich des 125-jährigen Geburtstages von Alexander Grin eröffnet, zuerst als eine private Sammlung in einem maroden Haus, das die erste Leiterin Schritt für Schritt renoviert hatte. Paustowski hat Grin seit seiner Jugend verehrt, seinetwegen ist er nach Stary Krim gefahren, wie Grin wollte er auf der Halbinsel arbeiten. Und er hat hier wie Grin geschrieben, die Hälfte seiner Werke hat Paustowski auf der Krim verfasst. Die Halbinsel durchziehe Paustowskis gesamtes Schaffen, besonders sein Buch *Schwarzes Meer* von 1936, das verschiedene Genres vereint und Retrospektiven auf die Revolutionen von 1905 und 1917 und den Bürgerkrieg wirft.

Den Leitfaden durch die Exposition bilde das kimmerische Dreieck aus den Schaffensorten Paustowskis: Koktebel, Stary Krim und Feodossija. In Stary Krim habe er die Witwe Grins kennengelernt, sie habe ihm Grins Archiv anvertraut. Beide Museen spielen eine wichtige Rolle für das kleine Städtchen, in ihnen finden Lesungen, Workshops, Diskussionen und Kurse für Kinder statt. Besucher aus Russland und aus dem Ausland, aus Deutschland, den Niederlanden und Belgien fahren hierher in großen Reisebussen auf den Spuren beider Autoren, jedenfalls vor 2014, fügt sie hinzu. Reisen, das war Paustowskis Motto, und obwohl er viel von der Welt gesehen hatte, kehrte er immer wieder auf die Krim zurück. Hier konnte er am besten atmen, beendet die Museumsführerin ihren Vortrag.

Drei Stativstelzen unter Cyrils Kamera fixieren die Kreuzung zwischen Paustowski- und Grinmuseum. Ein Auto hält links von uns an, der Fahrer fragt uns: »Kriegen wir neuen Strom?« Der Asphalt bricht alle paar Augenblicke – sieh nach links, sieh nach rechts, und vor dir breitet sich die Karte eines noch zu bereisenden Landes aus. Eine Handfläche, die um Deutung bittet. Eine Lebenslinie, mit schwarzem Teer nachgezeichnet, Botox auf dem Liniennetz einer Untergrundbahn. Vielleicht fahren die Menschen mit ihr, deswegen sehen wir kaum welche.

Ich buche ein Zimmer für die nächste Nacht, telefoniere wegen dem Bringen und Abholen, wegen des Anschlusses und Abschlusses, beantworte Mails, schneide Nägel, wache aber nicht auf. Je tiefer wir in die Krim eindringen, desto mehr Türen vernagelt sie.

Wir suchen eine Zabegalowka (Imbiss) fürs Mittagessen. Ich kaufe noch Wasser, dafür hangle ich mich in dem Lebensmittelladen an mehreren Verkäuferinnen entlang, die hinter jeweils verschiedenen Theken stehen, wie früher (Milch, Fleisch, Brot), und husche beim Hinausgehen an einem anderen Betrunkenen vorbei (diesmal merke ich ihm seinen Zustand an). Eine Verkäuferin treibt ihn drohend hinaus, die Rhetorik, Mimik und Gestik sollte ich filmen, aber ich habe keine Kamera dabei, die hält Cyril gerade – er wartet an der Ecke, ihm hat wieder eine Kreuzung gefallen. Eine andere Verkäuferin fragt mich derweil, was wir filmen, für welchen Sender, es sei doch langweilig bei ihnen. Nein, gar nicht langweilig, sage ich. Sie lächelt geschmeichelt. Ich kaufe eine große Packung Kazinaki dazu und verlasse den engen Laden. An der Kreuzung steht Cyril, neben ihm zwei Polizisten, ihre Köpfe hängen über seiner Kamera. Krimkirill zeigt den Polizisten auf dem Kamerabildschirm Stills von Sewastopol. Besonders gelungen, der emblematische Sonnenuntergang vor dem Denkmal für die versenkten Schiffe. Einer der Polizisten schaut mürrisch, der andere lobt ihn für die Fotos. Er hat fröhliche grüne Augen, die zu seiner olivfarbenen Dienstmütze passen. »Jemand hat die Polizei gerufen. Seid vorsichtiger. Wir freuen uns über Touristen. Genießt eure Zeit hier«, sagt er, zwinkert mir zu und marschiert mit seinem Kollegen weiter.

Nächstes Ziel: Koktebel. Nach Feodossija schaffen wir es zeitlich nicht mehr. Ich lese im Krimforum:

> »Der Mord an Koktebel geht weiter. Die Siedlung überschwemmen Festivals, die gar keine Verbindung zu Woloschin haben. Sie verschlechtern die ohnehin tragische Ökologie des kleinen Ortes. [...]
>
> Die Akkreditierung von Journalisten für *Rap Koktebel* ist eröffnet. Es handelt sich um das erste Jugendfestival für Rapkultur und -musik auf der Krim, organisiert von der Mediagruppe *Rotes Quadrat*. Unter den Teilnehmenden sind Guf, Lil Kate, Mozee Montana, TonyTonite und Krawz.«

Koktebel habe eine eigene energetische Aufladung, lese und höre ich mehrmals. Gleich dahinter folge als zweitaufgeladenster Ort die Bucht Karadag (Nowy Swet). Der Zutritt dorthin ist verboten, Touristen dürfen die Bucht nur vom Meer aus betrachten. Es stürmt.

Wir stehen vor Woloschins intellektuellem Zufluchthafen, mit einem Fuß in seinem schiffsartigen Haus. In die Kapitänskajüte oben zog sich der Dichter zurück. Sonst durften die Gäste das gesamte Haus für sich nutzen. Woloschin schrieb, dass auf der Krim der Kaukasus und der Balkan sich kreuzen. Sein literarisch-philosophisches Haus gleicht der Halbinsel in Miniatur, ein Impuls- und Durchgangsort der Kreativen, so wurde es jedenfalls von Woloschin betrieben. Hier sollten sich Menschen mit, wie man heute sagen würde, diversen Hintergründen, Missionen und Ideen austauschen.

Heute ist sie ein Museum und Literaturhaus, bestehend aus Woloschins Herberge, einem Garten und einer kleinen Holzbude nebenan, diese ehemalige Arche, die Anfang des 20. Jahrhunderts russische Modernisten und internationale Gäste aufgenommen und gerettet (versteckt) hat, berühmt für grenzenlose Gastfreundlichkeit, sie wimmelt uns ab. Obwohl wir uns angekündigt haben, stehen wir vor verschlossenen Türen und offenen Forderungen nach Dokumenten und Fakten. Eine ältere Wächterin schreibt mir die Nummer der Direktorin auf, diese lässt mich am Telefon ihre Macht spüren. Ich spreche weiter, mal unterwürfig, wie von mir erwartet, mal holprig, wie ich es von mir nicht erwartet habe, Hauptsache hartnäckig. Unerwartet lenkt Natalia Miroschnitschenko ein, fährt nach Koktebel, setzt sich in ihrer winzigen, überfüllten Bürostube, mit dem Kiew-Kalender hinter sich an der Wand, hin, und schaut skeptisch.

Es stellt sich heraus, dass sie, die große Direktorin, die Kopie unserer Drehgenehmigung nicht erhalten hat. Aber das kann man so nicht sagen. Es stellt sich heraus, dass wir ihr ein Gesuch übermitteln sollten, mit detaillierter Projektbeschreibung. Als ich ihr den magischen Zettel aus dem Kulturministerium zeige, meint sie, dass auf dem Dokument zu wenig Text stehe. Sie lässt sich erst besänftigen, als sie Cyril entdeckt. Vielleicht hat sein Wyssotzki-Look sie überzeugt. Sie schaut ihn an, stutzt ihre Divahaftigkeit zurecht, streicht über ihr gelbes Lederjackett und ihre blonde Mähne, schaut ihn noch einmal an und fühlt sich vor der Kamera wohl.

Von Sid erfahre ich, dass sie ihre Position behalten hat, obwohl sie den Majdan 2014 unterstützte. Er distanziert sich mal wieder von dem Woloschin-Festival in Koktebel, das Sids Rivale Andrej Korowin mit Miroschnitschenko organisiert, selbst wenn der Strom mal ausfällt, wie auch bei unserem Interview mit ihr. Diese Konkurrenz verstehe ich nicht, Korowins Festival greift Woloschins geistiges Erbe auf. Genau genommen stehen beide, Sids Forum in Kertsch und Korowins Festival in Koktebel in der Nachfolge von Woloschins Begegnungsprojekt.

Ich frage Natalia, ob sie sich vorstellen kann, mit Sid gemeinsam beide Veranstaltungen zu vereinen. Sie geht auf die Frage nicht einmal ein, so separat klar sieht sie beide Projekte. »Sie hätten bei uns vor ein paar Wochen sein sollen«, donnert sie. »Jedes Jahr brodelt hier im September zwei Wochen lang die Kultur, alle Künste und Geisteswissenschaften sind versammelt. Von früh bis spät laufen Lesungen, Wettbewerbe, Aufführungen. So ein riesiges Forum gibt es auf dem gesamten postsowjetischen Gebiet nur bei uns. Im Mai finden außerdem Woloschinlesungen statt.«

55 Direktorin des Woloschinhauses, Natalia Miroschnitschenko, Cyril Venzin 2016.

Später wiederhole ich meine Frage. Sie beugt sich nach vorn:

»Grundsätzlich sind wir offen für Kooperationen mit Sid, wenngleich wir unterschiedliche Formate betreiben. Sids Forum richtet sich eher auf die Gegenwart und Zukunft, wir hingegen orientieren uns an der Vergangenheit dieses Hauses. Unser Forum mag aber auch Innovation, Jazz zum Beispiel, obwohl wir uns dafür rechtfertigen müssen. Dabei hat Woloschin selbst Jazzmusik gemocht.

Sid ist eine interessante Figur, er ist viel herumgekommen und auch als Fotograf nicht uninteressant. Dennoch lade ich Sie nachdrücklich ein, Ihre Aufmerksamkeit unserem Woloschin-Forum zu widmen. Schauen Sie sich an, was hier alles los ist im September. Wir haben gar keinen Platz für all die Veranstaltungen, sie finden draußen statt, wir müssen jedes Mal auf gutes Wetter hoffen und mieten einen Raum im Sanatorium nebenan. Unsere Aufgabe ist es, das Haus, Koktebel und dessen Atmosphäre zu bewahren. Jedes Mal, wenn die politische Spitze sich verändert, möchten sie hier alles verbauen, auch die Stille Bucht. Schon vier Mal! Die Mächtigen müssen begreifen, dass das ein Gedächtnisort ist. Sie dürfen ihn nicht in einen

Kurort verwandeln. Was wir brauchen, ist Kontinuität und mehr Platz, ein richtiges Museum mit einem Konferenzsaal. Das wird auch mehr Besucher anziehen.

Sie müssen verstehen, Woloschin, das ist ein ganzes Universum. In ihm findet jeder Mensch etwas, zu allen Zeiten: ein spannendes Verhältnis zur Geschichte, zur Natur, zu Mann und Frau, Kindern, zur Astronomie, Mystik, zu unserem Ursprung. Seine Lebensphilosophie bestand aus der Formel ›Leben heißt lieben‹. Woloschin ging von der Vergangenheit, vom Unbewussten des Universums aus, und hin zur Individualität einer jeden Person. Sein Stil ist ganzheitlich, wir erkennen ihn in der Lebensweise, in der Kleidung, Einrichtung, in der Poesie und in seinem Denken. Er dachte paradoxal, fand aber mit allen eine gemeinsame Sprache. Er konnte anderen Menschen helfen, ihren Weg zu finden, das war seine Hauptmission. Viele Besucher dieses Hauses wurden von dem Aufenthalt nachhaltig beeinflusst, ob es mehrere Wochen oder nur ein paar Stunden waren. Viele veränderten danach ihr Leben.

Er wusste, alles trägt eine bestimmte Energetik. So verhält es sich auch mit seinem Haus. Sein Haus und er haben alle Kataklysmen des 20. Jahrhunderts überstanden. Alles steht all die Jahre an seinem Platz. Dabei ist hier Anfang des Jahrhunderts so viel passiert. Wir kennen den Ausgang der Geschichte. Ins Exil ging es von hier, von der Krim. Man nahm nicht nur wertvolle Gegenstände mit, sondern eine ganze Epoche.

Woloschin symbolisiert die Krim, darüber hinaus symbolisiert er unsere Menschlichkeit. Sein Haus kann nur hier auf der Krim existieren, es schreibt sich in diese Landschaft ein. Von der einen Seite steht es neben Karadag, einem Vulkanberg aus Jurazeiten, von welchen es weltweit nur drei gibt, auf der anderen Seite umrahmt vom Berg Kutschuk-Janyschar. Haben Sie das Porträt Woloschins im Bergprofil gesehen? Eine riesige Installation der Natur! Und dann steht hier dieses winzige, filigrane Haus. Es hat als einziges neben dem Haus seiner Mutter die Revolution und den Bürgerkrieg überdauert, alles andere wurde in Koktebel verwüstet.

Woloschin hat eine Genehmigung der Sowjetregierung erhalten, um hier eine künstlerische Kolonie zu errichten. Damit hat er das Format eines *Дом творчества* (*Hauses der Kreativität*) geprägt. Zu Sowjetzeiten war das ein Park, den Schriftstellern hat man jeweils eine Schreibmaschine hingestellt, sie haben auf diesen neun Hektar geschrieben. Hier logierten verschiedenste Autoren, von hier hat sich die russische Literatur entwickelt, wobei russisch nicht nur russisch bedeutete, sondern 15 Sowjetrepubliken umfasste. Hier wurden auch Drehbücher geschrieben und Lieder. Diese Entwicklung setzt sich bis heute fort. Wenn man an dieser Stelle ein Luxushotel errichtet, geht die einzigartige Energetik zugrunde. Hotels gibt es weltweit zuhauf.

Nach dem Vorbild dieses Hauses wurden die *Häuser der Kreativität* in der Sowjetunion kopiert. Komorowo bei Petersburg und Peredelkino bei Moskau werden Ihnen ein Begriff sein. In solchen Siedlungen haben sich Kunstschaffende erholt und produktiv gearbeitet, es gab dort großartige Bibliotheken. Auch *Дома науки* (*Häuser der Wissenschaft*) wurden gut genutzt. Aber das *Haus der Kreativität* in Jalta zum Beispiel ist heute kommerzialisiert, alles wird in private Villen oder in Hotels verwandelt. Kultur kann man bei uns gut vernichten, sie bewahren fällt uns viel schwerer. Wir brauchen dafür Unterstützung, auch international. Wie macht ihr das in der Schweiz? Dort steht ja das Haus von Jung, auf den sich Woloschin bezieht … Besuchen Sie unbedingt das nächste Woloschinforum!«

Alexander Barbuch, der sowohl mit Korowin als auch mit Sid und mit Poljakow befreundet ist, besucht und fotografiert regelmäßig das Woloschin-Festival. Ich habe lange nichts mehr von ihm gehört und rufe ihn an. Er mag beide Veranstaltungen, sagt er, und findet beide für die Krim wichtig. By the way, ob er seine Zerrissenheit zwischen Kiew, Moskau und Simferopol mittlerweile überwunden hat? Er weicht aus, fragt nach Schnappschüssen meines Sommers. Ich schicke sie ihm, er reagiert prompt:

»So lebendige Fotos von eurer Limmat. Rybalka (Angeln) … Dazu habe ich eine mystische Beziehung. Ich wollte mit meinem Opa in Simferopol fischen gehen, er hatte es mir versprochen, als ich ein kleiner Junge war, aber es ist doch nie dazu gekommen. Und so bin ich nie wirklich angeln gewesen. Immer, wenn ich Fischer sehe, denke ich daran …

Mir geht es nicht schlecht. Ich habe mich damit abgefunden, dass ich es bei Moskau ganz gut habe. Die Krim ist mir doch zu klein. Obwohl, wenn alles klappt, fliege ich bald zum Woloschin-Festival. Es findet dieses Jahr in Sewastopol statt. Die Organisatoren haben festgestellt, dass die Teilnehmer, von denen viele von außerhalb anreisen, sonst nur Koktebel sehen, wo es nicht allzu viel zu sehen gibt. Und es verirren sich kaum Zuhörer zum Festival, nur ein paar Babuschki von der Promenade, die ihrem Woloschin huldigen. Unter uns gesagt, in Koktebel sieht es schlimm aus, was die Ökologie angeht, Abwasser und Kanalisation versagen. Man wollte dieses Mal keine Pannen riskieren.

In Sewastopol hat Platon Besedin versprochen, dass er bei der Organisation des Woloschinforums hilft. Man hat sich auf ihn verlassen und wurde verlassen. Nun sind die Lesungen verstreut in der ganzen Stadt. Die Hotels sind erstaunlich teuer. Ich habe angeboten, dass ich fotografieren könnte, wenn sie mir ein Hotelzimmer zahlen. Es muss ja nicht das Hotel *Ukraina* im Zentrum sein. Mal schauen, ob das klappt. Die Liberalen sagen natürlich: Marine, Armee, Woloschin-Festival in den Händen von Krimnasch. Dabei veranstalten die Krimnaschi so peinliche Feste, dass da sowieso keiner freiwillig hingeht, zum

Beispiel das Tawrida-Festival. Aus hundert Leuten fünf, die sich für Kunst und Kultur interessieren, der Rest besteht aus Kindern, deren Politikereltern sie dorthin verfrachtet haben.«

Am Abend denke ich daran, wie die Museumsdirektorin zunehmend auftaute, während ich fror. Meine wärmsten Schuhe zierte ein Loch, der Asphalt hatte auch ihre Sohle durchgescheuert. Die Absätze neigten sich zur Seite. In Woloschins Haus platzte die Sohle noch einmal: An der Heizung war es warm, vor dem Schiffshaus breitete sich Nässe aus. Ein Verkäufer trotzte dort dem Wind, seine Jacke blähte sich auf. Er schien überrascht, dass ihm jemand etwas abkauft, sogar alle Tüten seines *Tschaj-Bachtschissaraj*. Er ist gesund, sagte er, nehmt nur, nehmt.

Bachtschikomplex

Am nächsten Tag liege ich kurz vor dem Einschlafen unter der Decke in einer Pension in Bachtschi, draußen nieselt es, Cyril liest Simmel von seinem Mobiltelefon vor, auf Schweizerdeutsch klingt der Soziologe fast wie Rilke, nach- und eindrücklich. Plötzlich springt er vom Bett auf, er habe den Drive zu filmen. Als wir es auf die Straße schaffen, ist es fast Mitternacht. Sein Spirit in den spärlich erleuchteten Straßen steckt mich an. Er nimmt meine Füße auf. Klack, klack, schickt er mich immer wieder los, ich laufe auf Pflastersteinen der ehemaligen Khan-Metropole.

Am nächsten Morgen, als Ismet uns abholt, erfahren wir, dass neben unserer Pension ein Töpfer arbeitet. Ismet begleitet uns zum Atelier, er kennt den Töpfer aus Usbekistan. Dieser möchte mit uns nicht sprechen. Wir schweigen, schauen uns um, links und rechts Schalen, Skulpturen, Krüge. Seine Kamera packt Cyril wieder ein. Da zeigt uns der Töpfer eine Figur, einen Brunnen, erklärt sie, langsam. Mit Journalisten und Fernsehleuten wäre das ein anderes Gespräch, sagt er, und spricht weiter. Cyril packt die Kamera wieder aus. Der Mann lässt selbst an eine Lehmskulptur denken, mit dem Werkstattkeller eins. Er erzählt mit einer tiefen, klaren Stimme und leichtem Akzent.

»Wenn ich meine Arbeit Menschen zeige, die sie fühlen, gibt mir das viel mehr als das Geld, das sie mir dafür zahlen. Ich lebe lange von dieser Begegnung. Mir ist ehrliche Arbeit wichtig. Ich gebe mit Freude jenen Geld, die ihre Arbeit nicht nur gut, sondern ehrlich verrichten. Jeder Mensch sollte bei seiner Arbeit ehrlich sein, dann siegt die Schönheit. Du kannst diese

Art von Schönheit sogar einem Hirten ansehen, wenn er seine Aufgabe mit dem Herzen ausführt. Diese Art von Schönheit rettet die Welt (lacht).

Die Stadt Bachtschissaraj ist für mich ein geistiger Ort, der Ort meiner Moschee, der Ort, wo die Menschen verstehen, woher sie kommen und woher alles kommt, was sie sind und was sie haben. Ich denke, Symbole sollten nicht Selbstzweck sein, sondern Mittel der Erkenntnis, sonst drängen sie dich in eine Sackgasse.«

Ismet drängt, wir müssen die Gunst der Kulturministerin nutzen, die für uns den Khan-Palast für diesen Tag zum Drehen freigegeben hat. Wir kehren gern zurück, sagen wir dem Töpfer, und eilen mit Ismet davon. Er möchte uns seine kunsthistorischen Deutungen auf dem Gelände des Palasts erklären, von welchem er wegen Nonkonformismus, wie er sagt, verbannt wurde, und in Medrese, wo er seine Deutungsaktion für uns fortsetzt, obwohl uns die Verwaltung nach kurzer Zeit rauszuschmeißen versucht:

»Jetzt befinden wir uns in einem Gebäude, das mehrere Jahrhunderte lang gebaut wurde. Sein Beginn, seine architektonische Dominante, entstand zur gleichen Zeit wie diese Freske da Vincis *Das letzte Abendmahl* im Kloster St. Maria delle Gracie in Mailand. Die Verbindung zwischen diesem Bau und dieser Freske ist der Kanon des Ordens sich drehender Derwische Mevlevi aus dem 15. Jahrhundert. Die kompositionelle Struktur des Gebäudes stammt vom Astrologen des Krim-Khans Mengli Girej. Er hat sich nach Windrichtungen und Sternbildern orientiert. Am Gebäude liest man die Bewegung der Sonne ab. Die gleiche Aufgabe hatte sich da Vinci bei seiner Freske gestellt. Sicher kannte er Medrese nicht, noch kannten die Erbauer Medrese da Vinci. Doch Leonardo fertigte ein Spiegelbild des ästhetischen Kanons der drehenden Derwische des sufitischen Ordens Mevlevi an. Das stellt seine Freske dar, und hier waren sie tatsächlich. Dieser Kanon vereinigt sie, zusammen mit kosmologischen Motiven. «

In Bachtschissaraj merke ich, ich sollte einen Artikel über Krimtataren schreiben. Das ist genauso eine Quadratur des Kreises wie die Geschichte der Krim zu erzählen, denn ich müsste mich für ein Narrativ entscheiden, eine Story, die Enzianzeitungsstory. In der leben und leiden Tataren als die einzigen legitimen Krimbesitzer. – Der Töpfer würde als erster merken, dass ich meine Arbeit gut, aber nicht ehrlich erledige.

56 Junge Krimtataren feiern, Tatjana Hofmann 2015.

Vielleicht sollte ich daher alles, was mir an Aussagen begegnet, in eine Tabelle mit Jahreszahlen und Namen eintragen, ohne Deutung der Krimkrisengeschichte. Vielleicht würde daraus keine übersichtliche Tabelle entstehen, sondern ein Fragment mit mäandernden Motiven. Vielleicht sieht Geschichte so aus. Vielleicht sieht sie wie ein Essay aus, der von verschiedenen Personen redigiert wird: Manche fummeln bis zur Umwandlung herum, manche achten die kontraintuitive Logik wie die Absurdität.

Diesmal öffne ich ein elektronisches Notizbuch, das werde ich nicht verlieren.

Die krimtatarische Bevölkerung lebt Tür an Tür mit der russischen und ukrainischen: Ein Moskauer Familienvater schenkt das Haus, das er geerbt hat, dessen tatarischen Vorkriegsbesitzern. Für seine Familie baut er eines nebenan. – Solch ein Ideal hat Ljudmila Ulitzkaja Mitte der 1990er Jahre in ihrem Roman *Medea und ihre Kinder* entworfen. Ende der 1980er Jahre kehrten die Krimtataren vermehrt auf die Halbinsel zurück, nachdem sie Ende des Zweiten Weltkriegs von Stalin nach Zentralasien deportiert worden waren.

Die russisch-jüdische Autorin hat mit ihrem Roman die Sehnsucht nach Harmonie vermittelt, die Menschen verschiedenster Herkunft auf der Krim bisher vor einem blutigen inneren Konflikt bewahrt hat, und darüber hinaus unterstrichen, dass es die Multikulturalität ist, die diese Halbinsel, ihre Einzelbiografien und Familiengeschichten, so stark kennzeichnet wie vielleicht kaum eine andere Region der Ukraine. Wie Sids Bosporusforum reagiert ihre *Medea* auf ukrainisch-russisch-tatarische Interessenkonflikte Anfang der 1990er Jahre. Drei Jahrzehnte später wirkt der Roman angesichts der Spannung, die sich seit 2014 aufbaut, wie eine Utopie. Ob heute ein junger Mann aus Russland oder aus der Ukraine das ihm vererbte Haus auf der Krim einer tatarischen Familie übergeben würde?

Meins-deins, wir waren vorher da, unser Leid ist größer als eures, ihr seid viel mehr schuld, wir spielen nicht mehr mit euch, sondern mit denen da … Von diesem Dilemma im rhetorischen Kampf um die besten Konditionen für den morgigen Tag sollen Gonzofantasien erlösen, stelle ich in *Mordor* fest, denn in dem Gonzoroman wirken Konstrukte real, Reales wirkt konstrukthaft, Massenmedien künstlerisch, Kunst wie ein Massenmedium. Der polnische Reisende lässt ihnen freien Lauf, im Galopp:

> »Es war wirklich unglaublich. Bachtschissaraj war ein Stück Mittelasien, herauskopiert (Ctrl-C) und eingefügt (Ctrl-V) in eine, mit allen Abstrichen, europäische Wirklichkeit. Ich stand

am Abhang und schaute hinab über die mit Minaretten gespickte, von engen Sträßchen durchschlängelte Stadt. Hier also, dachte ich, sind die Tataren aus dem Ei geschlüpft. Von hier sind sie ausgezogen, zu brandschatzen und zu plündern. [...] Aus der Nähe sah die Altstadt dann ein bisschen anders aus. Das Sowjetische hatte sich in Windeseile in die islamische Ästhetik hineingefressen und sie bis auf die Sehnen abgenagt.«[58]

Hier, chez Szczerek, reitet ein besoffener Typ durch die Gasse – ein echter Hüne ohne Sattel, ohne Hemd, barfuß. Vor dem Palast der Khane verkaufen voneinander nicht unterscheidbare Tatarinnen und Russinnen wohl türkische Süßigkeiten, Polinnen lesen die Krimsonette ihres Nationaldichters Mickiewicz und der Tatare neben ihnen blättert in Dan Browns *Sakrileg*, während er Ziegen hütet. Und obwohl auf der Krim alle Ingenieurswesen studiert haben, inklusive der Krimtataren, trifft der polnische Journalist in den Höhlen von Tschufut Kale BWL-Studenten. Sie führen ihn durch die Höhlen, bis zum Höhepunkt: »ein paar linkisch mit der Kerzenflamme hingerußte Zeichen, die entfernt an die Runen volltrunkener Wikinger erinnerten. Am Ende der rußigen Runoidenzeile prangte stolz das international geläufige Schwanz-Piktogramm«.[59] Ich dachte schon, ein hingerußter Bär.

Herauskopiert und eingefügt in eine, mit allen Abstrichen, europäische Wirklichkeit, scheinen auch die meisten deutsch- und englischsprachigen Berichte über Krimtataren zu sein. Als ob es auf der Krim, in Russland oder in der Ukraine je Demokratie, Rechtsstaatlichkeit, Korruptions- und Klientelismuslosigkeit gegeben hätte. Als ob der Medschlis, das Selbstverwaltungsorgan des krimtatarischen Volkes, dem Bundestag gliche. Als ob sich Russischsprachige in der Ukraine, von denen es einige Millionen mehr gibt als Krimtataren, nie diskriminiert gefühlt hätten. Aber das kann man so nicht sagen. Auch nicht, dass der Medschlis-Anführer sich häufig äußert und häufig die einzige Originalstimme bleibt, von einer ähnlichen Interessenlage unterstützt.

Die Stimmen der Vertreter des Medschlis und ihrer Angehörigen klingen am deutlichsten durch, während die meisten anderen Krimtataren auf der Halbinsel eine Auskunft verweigern – aus Selbstschutz, da sie bei staatlichen Institutionen arbeiten, von russischen bzw. ukrainischen Gehältern abhängig sind oder Reibereien mit dem Medschlis vermeiden möchten. Schattierungen, die mit Scham verbunden sind.

Der Medschlis wurde von Dissidenten gegründet, einige von ihnen haben in sowjetischer Zeit wegen ihres Engagements im Gefängnis gesessen. Mittlerweile hat sich die Selbstverwaltung von einer Oppositionsbewegung zum Geschäftsmodell (russ. *biznes*) entwickelt, höre ich am Krimtelefon bei meiner Recherche. »Das ist ein mächtiger Clan, aber schreib das nicht so.«

In deutschsprachigen Texten lese ich, dass der Exodus und die Erfahrung stalinistischen Terrors wiederholt werden, die Abwanderung nach 2014 sei mit der Deportation 1944 vergleichbar, und dass die Krimtataren unterdrückt werden, indem man ihnen die russische Staatsbürgerschaft aufzwinge: »Sie werden heute von den neuen russischen Behörden schikaniert und meist dazu gezwungen, ihre ukrainische Staatsbürgerschaft gegen die russische einzutauschen.«[60] Ich lese in einer Rezension über Andrej Kurkows *Graue Bienen*, dass russische »Geheimdienstler die Krimtataren wie seit jeher schikanieren, drangsalieren, verschleppen, umbringen oder in den russischen Kriegsdienst zwingen«.[61]

Nationales Trauma im Gedächtnisdepot, die Deportation von 1944. Ismet kommentiert: »Es gab Tataren, die mit Nazis kollaboriert haben, und es gab Tataren, die Helden der Roten Armee geworden sind.« Stalin hat sie und andere Minderheiten, von denen er dachte, dass sie bereit waren, mit der Wehrmacht zu kollaborieren, um mehr Autonomie zu erlangen, nach Vorderasien, vor allem nach Usbekistan, in stickig-hungrigen Zugwaggons verschickt. Viele Opfer beim Transport, Heimat und Besitz verloren.

Über krimtatarische Häuser traf man im Krieg und danach weder einheitliche noch einvernehmliche Regelungen, in ihnen richteten sich mehrere Generationen lang andere Besitzer ein. Man könnte ergänzen: Millionen anderer Sowjetbürger verloren ebenfalls ihre Heimat und ihren Besitz durch Repressionen des Kriegskommunismus, Kollektivierung und Entkulakisierung oder auf der Flucht vor ihnen. Es gab kaum jemanden, der nicht vom Stalinismus, Hunger und von der Sowjetidiotie betroffen gewesen wäre. Wie viel Spaß hat die Flucht meinen Großeltern und ihren Eltern bereitet? Wer wohnte danach in ihren verlassenen Häusern? Aber das kann man so nicht aneinanderreihen.

Viktimisierung, Relativierung, Anklage, Revanchismus. Ich lese von »Gleichschaltung«[62] und »Repressionen«. »Diskriminierung« kommt auch mal vor, aber nur im Schatten der dramatischeren Begriffe.

Mustafa Dschemiljew, der langjährige Anführer der Krimtataren, hatte im Frühjahr 2014 zum Boykott des Referendums aufgerufen. Die russische Regierung hat daraufhin zum Boykott des Medschlis aufgerufen. Amnesty International prangert Letzteres an, ebenso die Einordnung des Medschlis als extremistische Organisation; dass sie mit Hizb ut-Tahrir kooperieren, sei eine Unterstellung. Die internationale Community »must speak up for those being bullied and harassed into silence«.[63] Muss sie das auch für all die Menschen, die sich als Bürgerinnen zweiter Klasse in Ländern fühlen, deren Staatsbürger sie sind? Das kann man so nicht fragen. Wie viele Krimtataren dem Aufruf des Medschlis gefolgt sind, wie viele für und wie viele gegen das Referendum gewesen sind, bleibt offen. Aber das kann man so nicht sagen. Exakte Zahlen und traurige Stimmen passen perfekt zueinander, Zweifel daran lassen nur dich zweifelhaft erscheinen. Ich finde in den größeren deutsch- und englischsprachigen Medien nur die Stimmen derer Krimtataren, die gegen den Anschluss an die Russische Föderation gewesen sind, gepaart mit einem Hinweis auf den Rückgang des krimtatarischen Bevölkerungsanteils um zwei Prozentpunkte, von zwölf auf zehn, gerahmt als Argument für deren Repressionen.[64]

Positive Reaktionen finde ich keine, auch keine differenzierte Erörterung der Gründe für den Wegzug der Tataren von der Halbinsel.

Sind zwei Prozentpunkte hoch angesichts der vorher auch schon bestehenden Fluktuation, und sind sie wirklich so dramatisch für die krimtatarische Bevölkerung, die sich seit Jahrhunderten im Schwarzmeerraum verteilt? Stattdessen: Abermalige Quasi-Verbannung und Exil in der Ukraine, die das Gesetz erlässt, dass sie nur die Krimtataren als rechtmäßige Herrscher über die Halbinsel anerkennt. Die Krim sei ihr Stammgebiet, nur ihr, Punkt, und im Umkehrschluss: Alle anderen werden Gäste gewesen sein, ein ungebetenes Ethniendutzend.

Im Krimtelefon höre ich, das Referendum hätten Krimtataren vereiteln können, wenn sie es gewollt hätten, haben sie aber nicht. So schlimm finden sie die russische Macht nicht, sie profitieren von ihr mehr. Einige sind in Untersuchungshaft verschwunden, ja, und man weiß nicht, wie man darüber zu urteilen hat. Vielleicht ist es übertrieben gewesen, vielleicht nötig, um Ausschreitungen zu vermeiden, in denen die jungen Männer von muslimisch-extremistischer Seite instrumentalisiert worden sind oder es worden wären.

Exodus also. Vor allem politische Gegner der neuen Regierung zogen auf das ukrainische Festland um, wo sich ihnen bessere Karrierechancen boten, höre ich auf der Krim. Das kann man so natürlich nicht sagen, auch nicht, dass es Ab- und Zuwanderung in dieser Region von jeher gegeben hat, zuletzt besonders intensiv in den 1990ern – eine weitaus größere Abwanderung als zwei Prozentpunkte, die im Westen niemanden kümmerte, obwohl sie keine politisch-wirtschaftliche Elite, sondern die breite Bevölkerungsmasse betroffen hatte. Die Krim im Bestand der Ukraine trieb viele Menschen davon, sie versprachen sich in größeren Städten – ob Kiew, Moskau oder Petersburg – größere Chancen. Das kann man sich als Satter im festen Sattel stabiler Staaten kaum vorstellen. Statistiken statuieren Scheinwahrheiten, kausalklar, sie blenden aus, sie blenden: Das muss man so sagen.

Ich wüsste gern, wie viel Prozent der Krimbevölkerung, die sich als primär russisch bezeichnen würde, von der Krim seit den 1990ern weggezogen ist – ins neue Russland, in die neue Ukraine, nach Israel, Deutschland und in die USA, und wie sie sich heute bezeichnen, welche kulturellen Zugehörigkeiten sie benennen würden. Meine

Eltern mit ihren Kindern, sind das jüdische Kontingent- oder postsowjetische Wirtschaftsflüchtlinge? Sind sie freiwillig gegangen oder von ganzheitlicher *razrucha* (Zerstörung) jeglicher Werte hinausgedrängt? Eltern freiwillig der Kinder wegen, Kinder willig der Eltern wegen – Statistiken, die es nicht gibt.

Der Prozentsatz der Bevölkerung, die nach 1991 migrierte, dürfte zweistellig ausfallen, jener Russisch- und Ukrainischsprachigen plus der Mehr- und Anderssprachigen und allesamt Nachsowjetischen. Politisch und ökonomisch vom Zerfall des UdSSR verursacht, wurde jene Migration als Befreiung vom Joch des Sozialismus und als ein notwendiges Hineinwachsen in glänzende nationale Identitäten aufgefasst. Verantwortlich für die enorme Ab- und Zuwanderung mit ihren sozialen Problemen zeichnete sich niemand. Sie wurde nicht von besorgten, mahnenden Unkenrufen begleitet wie die krimtatarischen zwei Prozent, im Gegenteil. Perestroika und danach, das sei die goldene Zeit gewesen, höre ich, gar die einzig erträgliche Zeit in Russland. Aus der Perspektive des Westens vielleicht, und vielleicht fielen all die schlimmen Lebensbedingungen aus den Zuständigkeits- und Erfassungsbereichen von Amnesty heraus, aber für die, die sie erlebt haben, – nein. Hinter dem Schlagwort der Freiheit stehen: menschenunwürdig, demütigend, armkrank, ob in Russland oder in anderen Nachfolgestaaten der Sowjetunion, eine radikale Gewalterfahrung. Trauma kennt keine Zeit. Beiseite mit der Idealisierung der Perestroika, auch damit, dass ich gern wüsste, wie viele Menschen auf der Krim wie viele Pässe, Geburtsurkunden und wie viele Kultürchen besitzen, wie viele von ihnen wie damit jonglieren und wie viele sich Stempel fürs Visum in andere Erzählwelten setzen lassen, an die sie glauben, Wort für Wort, wie viele von ihnen ihren Glauben nach und nach daran verlieren, wie viele ihn wiedergewinnen und beibehalten.

Ja, wie viele je nach Situation mit dem ukrainischen und dem russischen Pass eine Trumpfkarte spielen. Wie viele durch die vermeintliche Eindeutigkeit von Statistiken durchfallen, weil sie einen zweiten und einen dritten Pass besitzen (sie könnten Krimtschanen, Russen, Ukrainer und EU-Bürger sein, zum Beispiel, falls sie geheiratet oder eine Weile in Polen, Italien oder Portugal gejobbt haben), und einen usbekischen oder türkischen Pass ihr Eigen nennen, plus den sowjetischen im Familienarchiv, für die Enkel, darüber hinaus ein paar Abstammungsurkunden – eine für den heimeligen Osten, in dem es besser ist, rassige Russin oder reine Ukrainerin zu sein, und eine für Israel, das Tor zum Westen, mit semitischer Semantik, falls relevant. Ich lese, dass ca. 60 Prozent der Krimbevölkerung ethnische Russen und ungefähr 24 Prozent Ukrainer sein sollen,[65] und frage mich, wie man das zählt, wenn die meisten gemischter Herkunft sind, sich mit verschiedenen Papieren abgesichert haben und sich mit mehreren Kultur-IDs identifizieren.

Ich lese in Olga Martynowas Tagebuch, dass sie auf ihrer Reise unzählige Halbinseln Krim entdeckt hat. Diese historischen Schichten führen jeweils zu aktuellen Einzelbezügen oder andersherum, die heutigen Bezüge ziehen ihre Einzelgeschichten im Schlepptau, verweisen auf sie indirekt, sodass es der Autorinstimme als Reiseleiterin bedarf, um sie zu benennen. Sie positioniert sich, biografisch-subjektiv, und zwar in Solidarität mit ihrem früh verstorbenen Mann, dem jüdisch-russischen Schriftsteller Oleg Jurjew:

> »Es gibt die Krim der Krimtataren. Ich lese viel in diesen Tagen, die krimtatarische Autorin Sejare Koktsche sagt: ›Die Krim kann man nicht aus uns entfernen, wie man auch uns von ihr nicht entfernen kann. Wir sind ineinandergewachsen, eins geworden.‹ Es gibt die Krim der Armenier oder der Griechen. Es gibt die Krim der Krimdeutschen, von denen heute auf der Krim etwa 2500 leben. Die vielen Krims, die jemandem viel näher sind, als jede von ihnen mir ist. Vielleicht am nächsten ist mir die jüdische Krim, weil der Großvater von Oleg Jurjew als Kind in einer jüdischen Kolchose auf der Krim lebte, das war ein zum Teil von der amerikanischen Wohlfahrtsorganisation *Joint* finanziertes frühsowjetisches Projekt – den ärmsten Juden aus dem Ansiedlungsrayon (den sie im Zarenreich mit einigen Ausnahmen nicht hatten verlassen dürfen)

die Möglichkeit zu geben, landwirtschaftlich tätig zu sein (was ihnen im Zarenreich untersagt war). Alle, die nicht rechtzeitig evakuiert wurden, wurden im Zweiten Weltkrieg umgebracht, von den NS-Deutschen und ihren freiwilligen Helfern aus der übrigen Bevölkerung der Krim. Zur jüdischen Krim gehören auch die Karäer und Krimtschaken, zwei Völker, die verschiedene Auslegungen des Judaismus praktizieren. Im Laufe der Geschichte haben sie Varianten der krimtatarischen Sprache übernommen. Die Karäer konnten sich teilweise retten, indem sie sich als Nicht-Juden ausgaben. Die Krimtschaken wurden fast vollständig ausgerottet.«[66]

Zuflucht auf der Krim, Flucht von ihr. Jüdischkeit, Russischkeit, Matrjoschka-ID, ein Code aus diversen Programmen. Für manche funktioniert er, wenn man ihn auseinanderdividiert, für andere nicht. Ich lösche: Nach wie vor gehen Menschen, denen die Lage missfällt, weg, und diejenigen, die von der Krim fasziniert sind, halten ihr die Treue. Flüchtlinge aus dem Donbass ziehen hinzu, auch Unternehmer, die vom Importverbot westlicher Waren profitieren. Gewöhnlicher Migropportunismus.

Ein pensionierter Schweizer Journalist beleuchtet positive Aspekte auf der Halbinsel, auch in Bezug auf die Krimtataren.[67] Ich frage den Redaktor der Enzianzeitung – genau den, der meint, er habe doch keinen Platz für meinen Krimbericht, weil ich, wie er hinzufügt, zu sehr Historikerin sei –, was er von der Reportageserie seines Kollegen hält. Der Enzianer mailt umgehend, allein schon die Homepage hänge mit Verschwörungstheoretikern zusammen. Das habe ich auch in Bezug auf den kanadischen Politologen Ivan Katchanovski gehört, und das beendet jede Diskussion.

Trotzdem, ich frage Ismet, Sid, Poljakow, Azarowa nach Kontakten zu Tataren. Ja, klar, gern, einige stellen sie her. Ich frage weiter, frage nach, in das Schweigen hinein. Höre wenig, höre Anfänge, die abbrechen, höre deutlicher; »erwähn mich nicht«, »schreib nicht darüber«. Daher frage ich mich, wie Enzianzeitungen so einheitlich über das

Thema schreiben können, ich frage mich auch, wie sie recherchiert haben, und ich frage mich, warum sie gar nichts darüber sagen, wie schwer bis unmöglich diese Recherchen verlaufen.

Barbuch ruft an, ich berichte ihm von meinem Projekt, entgegen aller Blockierungen. Er meint, ich würde etwas Grundsätzliches nicht verstehen:

> »Denkst du, die krimtatarische Mutter, die vor dem Referendum lauthals geschrien hat, dass sie Russen eigenhändig die Kehle durchschneidet, dir etwas Anderes sagen wird, außer: ›Friede, Freude, Blin, die Russen sind in Ordnung, wir haben ihnen unsere Deportation verziehen, ist lang her, die Leute können nichts für Stalins Paranoia, ihre Familien waren selbst von seinem Terror betroffen, wir wollen heute nicht mehr darauf herumreiten?‹ Sie wird entweder nichts sagen oder ihr Standardstatement für die Zeitung abgeben, das sie für solche Fälle parat hält. Zuhause aber wird sie das ausrufen, was wir oft genug gehört haben – von privaten Balkonen und von politischen Bühnen:
>
> ›Die Russen sind Schweine. Sie haben unser Land besetzt, die Pest soll sie holen!‹
>
> Die russische Mutter nebenan wird dir auch nicht erzählen, dass sie Angst hat, wenn sie ihr Kind zur Schule schickt, weil ihr die Ansage der krimtatarischen Nachbarin in den Knochen steckt und sie jeden Tag betet, dass ihr Kind nicht vom Sohn dieser Frau erstochen wird. Seine Vorfahren mögen im Horror gelebt haben, unsere ja auch, aber das interessiert den krimtatarischen Jugendlichen und seine Mutter in diesem Moment nicht. Seine Hormone könnten mit ihm von heute auf morgen durchgehen. Dann treibt ihn der Hass, den seine Mutter ihm vorlebt, zusätzlich an.
>
> Schau mal, die ökonomische Integration der Krimtataren zeugt von Erfolg. Du findest pragmatisches Miteinander in

allen Bereichen des Alltags vor. Sie widmen sich ihren Geschäften und ihren Familien, die Russen bewundern sie dafür. Kein Geheimnis und kein Problem sind für uns die gesetzlichen Grauzonen, wir bewundern uns gegenseitig bei ihrer Ausnutzung. Wie willst du das einem rechtsstaatlich verwöhnten Leser vermitteln? Durch Vereinbarungen mit ukrainischen Machthabern teilten Krimtataren einen Teil ihres Gewinns mit den Beamten. Dafür erhielten sie Land, zunächst zögerlich, dann, in Reaktion auf die Offensive, bei der sie in Eigenermächtigung Gebiete ohne administrative Abklärung bebaut hatten. Samozachwat heißt das. Schon während der Perestroika eigneten sich Krimtataren Ländereien ehemaliger Sowchosen und Kolchosen an, *zapzarap*, du weißt schon. Sie siedelten sich einfach im Hinterland an, wo sie niemanden störten und wo niemand sie stören würde. Dabei nutzten sie die teilweise noch gültigen sowjetischen Gesetze aus.

Weiterverkäufe so entstandener Baugrundstücke bildeten seit den 1990ern den Löwenanteil des Immobiliengeschäfts. Auch die russische und ukrainische Bevölkerung beteiligte sich an Bauprojekten, die erst nachträglich legalisiert worden sind, alle mochten dieses Prinzip. In Simferopol wurde auf diese Weise ein neuer Bezirk an der Marschall-Schukow-Allee errichtet. Dorthin bin ich nach meiner Zeit in Kiew, wo es mir nach der Orangenen Revolution zu braun wurde, gezogen, und dorthin kehre ich jedes Mal gern aus dem Moskaumoloch zurück, der mich in Depressionen stürzt. Meine Wahlheimat liegt an derselben Straße wie die der Krimtataren. Ihr seid dort bei Ismet gewesen, in seinem großen Haus.

Es galt das Prinzip: first come, first serve. Im Hinterland haben sie ganze Dörfer okkupiert, aber wir würden das nicht so nennen, weil wir es ihnen gönnen. Uns ist auch klar, sie bringen unsere Landwirtschaft voran, wir müssen so weniger importieren.

Und wie willst du deinen liberalen Westlern erklären, dass Hizb ut-Tahrir eine undurchschaubare Organisation ist, und hier Angst verbreitet? Sie sind wie die Zeugen Jehovas – sehr fromm, vielleicht harmlos mit ihrem religiösen Eifer, vielleicht bereiten sie aber terroristische Angriffe vor. Sie werben junge Tataren an und beeinflussen sie, aber vielleicht dienen sie nur ihrem Islam. Wir wissen es nicht. Du siehst, wenn, dann musst du schon *Krieg und Frieden* über uns schreiben.«

Ich lösche: Die Lage der Krimtataren in den letzten Jahren zeichnet sich durch gefühlte kulturelle Stagnation und gefühlte politische Repression aus, doch größtenteils gehe das normale Leben weiter, sagen jene, die mit mir bereit sind zu sprechen. Vieles wisse man nicht genau, einiges verlaufe erstaunlich und vieles gut.

Ich tippe, leicht tapsig: Die Krimtataren, turksprachige Muslime mit europäischen und asiatischen Wurzeln, bilden nach Russen und Ukrainern mit ca. 230 000 Einwohnern die drittgrößte regionale Bevölkerungsgruppe auf der Halbinsel im Schwarzen Meer. Alle drei Sprachen gelten als Amtssprachen, Russisch, Ukrainisch und Krimtatarisch für die 2,4 Millionen Einwohner der Krim. Alle drei Gruppen beanspruchen die Krim für sich. Russen, weil die Krim nach dem Eroberung durch Katharina der Großen seit Ende des 18. Jahrhunderts zum Russischen Reich bzw. später zur Sowjetunion gehörte, ein Ort entscheidender Verteidigungsschlachten und ein Urlaubsparadies war, und eine Region, in welcher die russischsprachige Bevölkerung seit über zwei Jahrhunderten die Mehrheit darstellt. Ukrainer, weil der damalige Staatschef Nikita Chruschtschow, selbst Ukrainer, die Krim 1954 der Ukrainischen Sowjetrepublik geschenkt hat. Diese Weils schreiben sich seltsam leicht.

Zu den Gemeinplätzen gehört, dass die ethnische Gruppe der Krimtataren in sich heterogen sei (wie jede Ethnie, genau genommen). In ihr laufen Einflüsse verschiedener – vorrangig turkstämmiger und slawischer – Kulturen zusammen, mit denen sie in Berührung geraten ist, auch ihre geopolitische Ausrichtung sei plural. Oder ist plural oder könnte plural sein. Loyalitäten überlappen sich, Royalitäten wechseln sich ab, Einflussbereiche wachsen und schrumpfen, wollen und können. Sogar die Elektritschka mit den Holzbänken verändert sich, nun fährt sie auf einer verlängerten Strecke bis nach Jewpatorija mit bequemen Plastiksitzen, rollstuhlgeeignet, rascher today.

Was sagt die Geschichte? Auf der Krim, nördlich und östlich von ihr bildeten Tataren im Mittelalter ein eigenes Khanat, so etwas wie ein Fürstentum, mit dem Zentrum in Bachtschissaraj. Die preußische Katja wollte oder musste das Krimkhanat dem Osmanischen Reich abringen, da sonst die Türken ihre Kriege gegen das Zarenreich erfolgreich fortgesetzt hätten, und die Franzosen und Engländer vielleicht die strategisch wichtige Halbinsel kolonisiert hätten. Vielleicht erledigen Zarinnen ihren Job in Konkurrenz mit Interessensphären anderer Imperialmächte. Oh, das riecht nach Ressentiment.

Mitte des 19. Jahrhunderts sorgte der Krimkrieg für eine erste Abwanderungswelle der Krimtataren in Richtung Türkei, Bulgarien und Griechenland. Im 20. Jahrhundert zerrütteten Bürgerkrieg, Hungersnot und der Zweite Weltkrieg das Verhältnis zwischen Tataren und Russen. Dabei kämpfte ein Teil der Tataren während der Revolutionen 1905 und 1917 und während des Zweiten Weltkriegs an der Seite der Russen (sie waren ebenso Sowjetbürger), wenngleich einige/viele ein anderes Interesse verfolgten: Sie wollten einen autonomen Staat statt eines kommunistischen.

In russischen Medien lese ich, dass 1989 der Oberste Rat der UdSSR die Deportation der Krimtataren als ein Verbrechen verurteilt hat. Im April 2021 hat Putin ein Dokument über die Rehabilitation der Krimtataren und anderer Ethnien von der Halbinsel unterschrieben, die durch Stalinsche Repressionen gelitten haben. Das Denkmal für die Opfer der Deportation wurde im Mai 2016 nahe der Bahnstation *Siren* im Bezirk Bachtschisssaraj eingeweiht. Das lokale Kulturministerium hat ein Lehrbuch, das die krimtatarischen Verbrechen an der russischen und jüdischen Krimbevölkerung ausführlich schildert, wieder vom Markt genommen, nachdem es für Unmut gesorgt hatte. Der einflussreiche tatarische Abgeordnete Ruslan Balbek, der die Krimtataren in der Partei *Einiges Russland* vertritt, hat zur historischen Versöhnung aufgerufen. Eine Reihe offizieller und inoffizieller Veranstaltungen, Gedenkfeiern und Publikationen halten die krimtatarische Kultur lebendig. Die inoffiziellen dehnen den öffentlichen Raum in den privaten aus (oder umgekehrt?), auch an die Peripherie. Die lokalen Behörden haben 2014 Krimtataren verboten, ihre Feier anlässlich des Gedenktags an die Deportation im Zentrum von Simferopol abzuhalten, weil sie, so die Begründung, den Verkehr blockieren. Woanders durften sie feiern, wichen auf den Berg Tschatyr-Dag aus und begründeten so eine neue Gedenktradition.[68]

Ich schreibe in meinen Enzianbericht, was das ukrainische Gesetz als Deutungshoheit vorschreibt: Die Krimtataren sehen die Halbinsel als ihre einzige Heimat an, sie verstehen sich als deren einzige indigene Ethnie, als Titularnation.

Mal wieder hält die Geschichte der Halbinsel für Gebietsansprüche her – eine Geschichte, die davon zeugt, dass die einzige historische Konstante das Zusammenleben verschiedener ethnischer, sprachlicher und religiöser Gruppen gewesen ist. Ich lösche: Neben den Krimtataren siedelten eine Vielzahl anderer Völker auf der Krim. Guten Tag und auf Wiedersehen, ihr Taurer, Kimmerer, Skythen, Griechen, Kiptschaken, Römer, Alanen, Ostgoten, Sarmaten, Byzantiner, Türken, Hunnen, Chasaren, Mongolen, Karäer, Krimtschaken, Genueser, Venezianer, Armenier, Bulgaren, Tscherkessen, Juden, Russen, Ukrainer, Deutsche, Moldauer und all jene, die ebenda ihre Heimat im Verlaufe von Jahrtausenden fanden. Zu den frühesten Migrationsströmen gehörten Amazonen, noch vor den Kimmerern und Skythen, die sich auf Eroberungszüge gen Süden entlang der Küste des Schwarzen Meeres begaben, um danach in das Gebiet zurückzukehren, das heute die Türkei einnimmt. Auch ließ sich Mithridates VI, Kaiser von Pontus, des Staates südlich vom Schwarzen Meer, von Rom verfolgt, auf der Kertsch-Halbinsel nieder, die ihm Asyl im Bosporusreich gewährte. Im siebten bis achten Jahrhundert siedelten im Südwesten der Krim Ikonenanbeter, die von byzantinischen Ikonengegnern vertrieben wurden. Im 12. bis 13. Jahrhundert migrierte dorthin das Geschlecht des Fürsten Gawrasow, der das griechische Fürstentum Theodoro mit Hauptstadt in Mangup anführte. Im 14. Jahrhundert zogen weitere griechische Sippen nach. Wobei diese Migrationshypothese umstritten ist. Ich setze mal einen Punkt, bis zum nächsten Bezug.

Die Tataren als das Stammvolk der Krim anzuzweifeln, verstößt nun gegen die Gesetzgebung der Ukraine, genauso wie die Einreise auf die Krim über das russische Territorium. Ich lösche fleißig: Abgesehen davon, dass die Ineinssetzung von Ethnie, Religion und Territorialanspruch schon oft in der Weltgeschichte Kriege legitimiert hat (die Wehrmacht hat die Krim eingenommen, da Hitler in ihr ein Stammgebiet der Goten wähnte), haben sich Krimtataren im Verlauf der Jahrhunderte mit anderen Ethnien vermischt. Den Status als indigene Bevölkerung könnten ebenso die Karaimen, Krimtschaken und die Griechen für sich beanspruchen. Dass sich Krimtataren und Griechen gegenseitig abgemetzelt haben, erschwert zusätzlich die Frage nach dem Ursprungs- und Unschuldsvolk.

Die Krimwurzeln, die den vorukrainischen Asphalt sprengen, bestehen aus vielen und einigen miteinander verwobenen Kulturspuren. Unter der Oberfläche ruhen Ressentiments, sortiert, gebündelt und verdichtet in nationalen Symbolen, Schlagworten, Schlagbäumen an Grenzübergängen.

Ich schreibe: In Bachtschissaraj, der am stärksten krimtatarisch geprägten Stadt auf der Halbinsel, befindet sich der Khanpalast. Er bietet einen rituellen Rahmen für Hochzeiten (nicht nur) krimtatarischer Paare, die sich dort bei jedem Wetter fotografieren lassen. Angesichts der fröhlichen Familien an diesem Erinnerungsort könnte man vergessen, dass Krimtataren und westliche Beobachter über zunehmende Repressionen seit 2014 klagen. Die russischen Behörden verboten das krimtatarische Selbstverwaltungsorgan. Der Medschlis zog nach Kiew um, ihm folgte der krimtatarische Fernsehsender ATR.

Ich lösche: Die ukrainische Regierung stellte 2019 ihre Finanzierung des Senders ATR ein – möglicherweise eine Sanktion, weil der Besitzer des Senders Lenur Isljamow direkt nach der Angliederung als Vizepremier der von Russland eingesetzten Regierung der Krim amtiert hatte. Er hat noch Glück gehabt, dass er nicht wie seine Politikerkollegen, die mit russischen Behörden zusammengearbeitet haben, in ukrainische Untersuchungshaft geraten ist. Wie stark sich nationale Zugehörigkeiten nach politisch günstigem Wind ausrichten, zeigt der Umstand, dass Isljamow 2015 die Wirtschafts- und Strom-Blockade der Krim anführte, mit der die Ukraine damals Druck auf die Krim ausüben wollte, und wonach die Russische Föderation den Bau der Versorgungs- und Transportbrücke zum Festland beschlossen hatte. Im März 2018 hatte er übrigens gegenüber dem Sender *Krym. Realii* erklärt, dass er Homosexuellen-Paraden auf der Halbinsel verbieten würde.[69]

Ich schreibe: Die Terrorismusvorbeugung auf der Krim kollidiert mit Menschenrechten. Tataren geraten in Razzien, Festnahmen und Anklagen. Gleichzeitig stehen diese Maßnahmen unter Verdacht, Schikane zu sein. Die Zahlen lassen sich nicht verifizieren. Zwar besteht gegenwärtig die Hälfte der politischen Gefangenen auf der Krim aus Krimtataren, doch wurde ein Teil von ihnen bereits vor 2014 nach ukrainischem Recht verurteilt. So wanderte zum Beispiel der Sohn von Dschemiljew aus dem ukrainischen ins russische Gefängnis, da er vor dem Machtwechsel wegen Mordes verurteilt worden ist. Später hat er freiwillig die russische Staatsbürgerschaft angenommen. Kein Einzelfall: Zur allseitigen Überraschung hat der oberste Mullah, eine krimtatarische Autorität, die russischen Machthaber ohne Einwände akzeptiert.

Zur Rechtfertigung ihres Vorgehens wird von den russischen Behörden immer wieder die Furcht vor Islamismus, Ausschreitungen und Gewalt vorgebracht. Russischen Stimmen zufolge gelten die Festnahmen vor allem der Hizb ut-Tahrir, einer aus der Muslimbruderschaft hervorgegangenen neufundamentalistischen Organisation. Deren Mitglieder seien zwar nicht unbedingt krimtatarischer Herkunft, aber sie werben Krimtataren an. Die Russische Föderation und zahlreiche andere Staaten, darunter Deutschland, haben diese islamistische Organisation verboten. Hingegen hatte die ukrainische Regierung die Hizb ut-Tahrir geduldet und erlaubt, dass sie im Krimgebirge Militärlager einrichtete.[70] (Ich frage Ismet, ob er einverstanden wäre, wenn ich das so schreiben würde. »Ja«, antwortet er, »Es hat uns von Anfang an nicht gefallen, dass die Hizb ut-Tahrir Politik und Religion vermischen.«)

Ich lese, dass nach 2014 weniger Stunden Krimtatarisch in Schulen unterrichtet werden, die Sprache werde unter der russischen Regierung unterdrückt, ich lese aber auch über die neue Schule Nr. 44 in Simferopol, die mehr als 1000 Schüler und Schülerinnen auf Krimtatarisch unterrichtet, und über eine tatarische Radio- und Fernsehstation. Darüber, dass der Sender *Millet* von Moskau aus subventioniert wird, womit er seit 2014 krimtatarische Kultur mit qualitativen Programmen auf Krimtatarisch fördert, ausgestrahlt bis in die Türkei und nach Usbekistan. Aber vielleicht gehört das Verschwörungstheorien an?

Ich höre, der Name der Stadt Bachtschissaraj stamme aus dem Persischen, denn »bachtsche« bedeute Garten, »sarai« heiße Palast, und das auch im Türkischen. Unter den vielen Baudenkmälern auf der Krim gebühre dem Palast der Khane der erste Rang. Ich schreibe ins Reine: Durch einen Glücksfall wurde die Residenz aus der Blütezeit des Krimkhanats zu Sowjetzeiten nicht abgerissen – zu sehr war das architektonische Denkmal anregendes Allgemeingut geworden, nachdem der russische Nationaldichter Puschkin es im berühmt gewordenen Poem *Die Fontäne von Bachtschissaraj* besungen hatte. Notiere in einer Fußnote, dass Puschkin den Palast nicht nur in seinem Poem über das tragische Schmachten im Harem, sondern auch in einem Brief an seinen Freund Delwig von 1824 verewigt hat:

> »In Bachtschissaraj kam ich krank an. Ich hatte früher schon von dem sonderbaren Denkmal des verliebten Chans gehört. Die K. hatte es mir poetisch beschrieben und *la fontaine des larmes* (*den Brunnen der Tränen*) genannt. Als ich den Palast betrat, fand ich einen ehemaligen Springbrunnen, aus einem verrosteten Eisenrohr tropfte Wasser. Ich durchstreifte den Palast und war sehr verärgert über die Nachlässigkeit, mit der man ihn verkommen läßt, und über die halbeuropäischen Umbau-

ten einiger Räume. NN. führte mich fast mit Gewalt über eine altersschwache Treppe in die Ruinen des Harems und auf den Friedhof der Chane, aber mein Herz war damals andrer Dinge voll. Das Fieber setzte mir zu. – Erkläre mir nun, weshalb die südliche Küste und Bachtschissaraj für mich einen unerklärlichen Reiz besitzen. Weshalb ist der Drang in mir so stark, diese Orte aufzusuchen, die ich doch mit solchem Gleichmut verlassen hatte? Oder wäre die Erinnerung die stärkste Fähigkeit unserer Seele und verzauberte alles, was ihr unterliegt?«[71]

Ach ja, die Macht der Erinnerung.

Nach Puschkin begab sich der Maler und Ethnograf Wilhelm Kiesewetter auf die Krim. Wie der Dichter reiste er über Kertsch ein, wie Puschkin wurde er von den Krimtataren verzaubert. Er blieb zwei Jahre in Simferopol, Bachtschissaraj, wo er unter Tataren lebte, und in Gursuf. Nach Deutschland brachte er ein Modell des Khanpalasts von 1846 mit. Das grüßte mich freundlich bei einem Praktikum im Museum Europäischer Kulturen und erinnerte mich daran, dass ich es eines Tages unbedingt besuchen sollte. Als ich ein Dutzend Jahre später endlich davor stand, mit Cyril und Ismet, waren seine Tore fest verschlossen.

Der Palast sei wegen *sanitarny den* (Sanitätstag) geschlossen, hieß es auf einem draufgeklebten Zettel. Die Mitarbeiter schlafen ihren Kater nach der Betriebsfeier aus, übersetzte uns Ismet, sie haben das Ende der Sommersaison gefeiert. Ich hole die Handynummer der Kulturministerin hervor und rufe sie an. »Taaanetschka« … singt sie, vertraut und fremd, wie im Märchen. Exotisierungen bitte streichen. Da öffnen sich die Tore des Khanpalasts, da erteilt uns eine gütige Hand die zusätzliche Drehgenehmigung für Medrese und Chufut Kale. Da offenbart sich der Osten als Osten, da taumelt der Mann, der diese Genehmigung in die Wege leitet, entschuldigend vor uns, er habe Kopfschmerzen, und verdeckt sein Gesicht in den rauen Händen.

Ismet sagt, wir hätten Glück, dass wir mit ihm doch noch in den Palast dürften. Für uns führt er im Innenhof seine Performance *Artus und der Gestiefelte Kater* auf, die ein fachlicher Vortrag, eine sachliche Architekturführung ist, vielleicht aber auch aktive Projektion von Zeiten und Räumen, Verwurzelung via Kunstdeutung, Parallelenziehung, kunstvolle Parawelt zwischen Krimkhanat und Westeuropa.

Cyril filmt, ich stehe Schmiere, warte auf eine Vollendung der Spezialgenehmigung (Stempel, Unterschrift etc.), laufe von einem Büro zum anderen. Ismet erklärt, entnehme ich danach Cyrils Video, dass er in seiner Kunst, in seinen Lektionen-Ausführungen-Ausuferungen die verschütteten Spuren der krimtatarischen Kultur anhand ihrer materiellen Überreste ausgräbt. Diese Artefakte seien wie Diamanten, so viel Material gäben sie her. Der Khanpalast sei eine fantastische Fundgrube, er sei vollständig nach der Artussage gebaut. Ritter der Tafelrunde, Lancelot, dann haftet mein Auge zu sehr am Bildschirm: Ismet ist eine Fundgrube für die Kamera.

57 Ismet in Medrese, Cyril Venzin 2015.

Ich lese, Putin habe Bachtschissaraj besucht, das alte Tatarenzentrum angesehen und zwei Milliarden Rubel für die Restauration versprochen. Ich lese auch, das Geld für die Restauration des Palasts wurde nicht für die besten historischen Materialien benutzt, man wolle auf diese Weise die Krimtataren kulturell auslöschen. Ich schreibe: Die derzeitigen, längst überfälligen und unter der ukrainischen Regierung hinausgezögerten Restaurierungsarbeiten am Palast sorgen für

Kritik, sie würden eher das Erbe vernichten, als es erhalten, da sie Originalelemente wie Tragbalken und Dachschindeln ersetzen.[72] Ich lösche: Ohne die Restaurierung, auch wenn sie nicht perfekt abläuft, würde das Dach beim nächsten Unwetter zusammenfallen.

Bauen baut sich als dreidimensionales Thema auf der Krim auf, nicht nur der steigenden Immobilienpreise wegen. Ich zitiere aus Olga Martynowas Reisetagebuch:

> »Unser Fahrer erzählt, dass die gegen Ende der Sowjetunion aus Usbekistan, ihrem Verbannungsort, zurückgekehrten Krimtataren die ganzen Jahre Häuser gebaut hätten, die von den ukrainischen Behörden sofort als illegale Bauten abgerissen worden seien. Deshalb hätten sie solche Hütten gebaut, um den Platz zu markieren. Ich erinnere mich, wie Ende der 1980er Jahre die Krimtataren neben anderen während der Sowjetzeit verschwiegenen Problemen zu einem Medienthema wurden. Fernsehsendungen gaben ihren Anführern Sendezeit, und die Kommentatoren breiteten geschichtliche Exkurse aus. Ich glaube, einige dieser krimtatarischen Aktivisten wurden zu den Gründern des ›Mendschlis des Krimtatarischen Volkes‹, einer Organisation, die während der Krimkrise auf der Seite der Ukraine war und dann die Energieblockade mitorganisierte. Der Fahrer erzählt weiter, dass die russische Obrigkeit alle illegalen Bauten der Tataren sofort anerkannt habe. Also könnten nun anstelle dieser Hütten richtige Häuser gebaut werden. Die Krimtataren, erzählt unser Fahrer, bauten immer großzügig, manchmal seien Häuser viel geräumiger, als die Familie es brauche, deshalb bauten sie über lange Zeit, manchmal sei so ein Haus ein generationenübergreifendes Projekt. Obwohl die Krimtataren vieles bekommen hätten, was sie in der Ukraine nicht gehabt hätten, Häuser, Anerkennung der Sprache, seien viele von ihnen trotzdem eher auf der Seite der Ukraine, zu tief sei die Wunde der Deportation.«[73]

Für so etwas wie Beheimatung spricht außer den Häusern das Kulturleben, würde ich meinen, wenn ich yandexe, was es alles an krimtatarischen Veranstaltungen auf der Halbinsel gibt. Ismet entgegnet daraufhin in gedämpftem Ton, dass er da nicht so sicher sei, denn ein befreundeter Theaterregisseur wurde gerade von seinem Posten verdrängt, und Schuldirektoren würden überlegen, ob sie auf Unterricht in ihrer Muttersprache verzichten. In die Redaktion der krimtatarischen Zeitung *Jani dunja* (*Neue Welt*) wurde eingebrochen, ihr elektronisches Archiv wurde entwendet. Unter diesen Bedingungen dümple das krimtatarische Kulturleben vor sich hin, wie vor 2014 »unter der Ukraine«, stellt er resigniert fest. In der Diaspora sei jetzt mehr los. Früher sei es nicht besser gewesen, die Ukraine habe sich um die Krimtataren nicht geschert, erst jetzt »liebt sie uns, formell«, fügt Ismet hinzu. Zu krimtatarischen Veranstaltungen nimmt er eine distanzierte Position ein, wie auch zuvor zum staatlichen ukrainischen und zum sowjetischen Kulturbetrieb: »Ofizios« bleibe »ofizios«.

Zu den offiziellen Einrichtungen gehört die Ismail-Gasprinski-Bibliothek, benannt nach dem wichtigsten Intellektuellen der Muslime im Russland des 19. und 20. Jahrhundert. Sie bietet kontinuierlich Lesungen, Buchpräsentationen und Kinderkurse an. Zahlreiche Neuerscheinungen arbeiten die Geschichte der Krimtataren auf. Das krimtatarische Staatstheater, gegründet 1923, führt nationale und europäische Stücke in allen größeren Städten der Halbinsel auf. Seit 2018 geht es in der Russischen Föderation auf Tournee.

Ein wichtiger Veranstaltungsort ist auch die Ivan-Franko-Bibliothek, in friedlicheren Zeiten nach dem westukrainischen Schriftsteller benannt, der unter anderem auf Deutsch geschrieben hat. In der Bibliothek erhalten Cyril und ich vorneweg Besucherausweise – ungefragt auferzwungen oder geschenkt, damit wir die Ausstellung von Ismet besuchen. In ihr präsentiert er uns seine Suche nach dem Dritten, nach einem Knoten des Glücks, nach einer Kreuzung der ukrainischen, russischen und krimtatarischen Symboliken, seine früheren Ausstellungen, Aktionen und Akten. Die Bibliothek scheint eine Archivfiliale seiner Kunst zu sein.

Ismet sucht einige Bilder heraus. Zwischendurch mustert er mich und fragt: »Hast du krimtatarische Wurzeln? Du siehst so aus, deine Augen vor allem.« Tja, wenn ich das wüsste. Mein Blick fällt derweil auf ein Buch mit Gedichten, Sids *Kowarnye krymcy* (*Die tückischen Krimtschanen*).[74] Wie ist es mit Ismet, frage ich ihn, inwiefern würde er sein Werk im Krim-Text verorten?

> »Ich nehme die Krim durchs Prisma meiner Familiengeschichte wahr. Mein Opa war vor dem Krieg Lehrer, Dichter und Sohn eines repressierten Scheichs. Daher unser Nachname Scheich-Zade. Den Vater meines Opas hat man erschossen und ihn allen Besitzes beraubt. Als die Deutschen ihre Administration hier errichtet hatten, geriet ein Teil der Werke meines Großvaters, die in der Sowjetunion geklaut wurden, in krimtatarische Verlage. So wurde er mit seinen Werken während der Besetzung durch die Wehrmacht berühmt. Vor dem Krieg hat man seine Stücke in tatarischen Theatern gespielt, aber unter anderen Namen, das war Plagiat. Nach der Befreiung der Krim hatte er keine andere Wahl als zu fliehen, seine Werke waren antisowjetisch. Aber Oma hat sich kategorisch geweigert, die Krim zu verlassen. Ein Familiendrama. Sie blieb mit den Kindern, er floh allein nach Istanbul. Später wurde sie dennoch ausgesiedelt. Er besaß eine Kiste mit Manuskripten. Oma hat diese Kiste aus Angst vor möglichen Repressionen verbrannt. Das ist mein Bezug zum Krim-Text: Asche. Asche, durch die etwas hindurchsickert. Sie liegt auf der gesamten krimtatarischen Zivilisation, die immer wieder aus der Asche geborgen werden muss.«

Darin liege die Motivation seiner Kunst, im Bewahren durch Bergen, und sei es durch aktives Projizieren. Vielleicht geht es ihm wie mir, wenn ich meine K. in Schweizer Bergen und Seen zu erkennen meine, denn dann lächelt etwas in mir, so wie Ismet auch, als er weitere Poster, Bilder und Zeitungsartikel hervorholt:

»Die Krim sollte angesichts der jetzigen Situation ihre Heraldik korrigieren. Das ist ein Thema, das mich schon länger beschäftigt, das Zeichen habe ich 2001 erfunden: russische Trikolore und ukrainische Bikolore in Freundschaft, mit dem Leitmotiv des Goldenen Schnitts. Dieses Zeichen nimmt weder die Ukraine noch die Krim an, wir sind zu provinziell, nur in einer Metropole würde es funktionieren. Das Netz ist nicht nur tatarisch, sondern uralt, auch die Osmanen und Tibeter haben diesen Knoten des Glücks. Er fehlt uns! Wir hatten hier weder Ukrainophobie noch Russophobie, die lokale Elite war vorher so, jetzt ist sie so – opportunistisch. Etwas Drittes gibt es nicht, aber genau das ist das Ziel dieses Zeichens und des Bosporusforums, dass die Krim solche Symbole herausbildet. […]

Bei dieser Aktion schrieb Girej junior aus London, ich von Bachtschissaraj aus und Druschinin aus Simferopol. Wir haben via Fax Karten gespielt, Patience gelegt und Gedichte vorgetragen. Girej hat diese Karte geschickt. Hier gibt es zwei Joker. Ein riesiges Kartenspiel. Fett sieht auf Faxpapier gut aus. Das ist eine Reminiszenz an Joseph Beuys. Unsere Idee war, dass Fett auf diesem Papier die Abbildung dort löscht, wo es entlangfließt. […]

Das hier sind heraldische Zeichen der Krim-Khane, dieses Dokument ist von 1549, ich habe es im Moskauer Archiv fotografiert. Solche Dokumente haben russische Fürsten erhalten, um die Rus zu regieren. Weißes, blaues, rotes Feld. Siehst du, die Farben der russischen Flagge sind ursprünglich unsere Farben, sie kommen von den Tataren und nicht aus Holland. Blau steht für Sonnenaufgang, Rot für Sonnenuntergang – asiatisches Mandela. Die Farbbedeutungen des Trikolorsystems gelangten aus Asien nach Europa. […]

Das ist eine Ausstellung in der Ausstellung, ein Projekt in der Hagia Sophia. Hier verweben sich Legenden aus der Krim über Istanbul, Byzanz und das Christentum. Anastasia Scherdewa, die jene Legenden entdeckt hat, habe ich als Prinzessin auf dem weißen Felsen fotografiert – an dem Kultort, von welchem Rudyard Kipling seinen Felsen des Rates im Dschungelbuch abgekupfert hat. Die Engländer haben die skythische Vergangenheit nicht vergessen. Das war tatsächlich ein Felsen, auf dem Versammlungen stattgefunden haben. Kiplings Saxonia, das ist das Imperium der Saki im fünften Jahrhundert vor Christus. Er hat es ins Dschungelbuch implantiert, aber in Wirklichkeit befindet es sich bei uns auf der Krim. Von hier stammt auch das Sujet für den *Ehernen Reiter* (*Медный всадник*) in Petersburg. In Puschkins gleichnamigem Gedicht zerdrückt sein Pferd auf dem Felsen eine Schlange. *Der Eherne Reiter* ist das Negativ unseres Weißen Felsens, er vernichtet die Sakralität. […]

Hier zeige ich unbekannte Werke von Michelangelo, die ich entdeckt habe: In der Sixtinischen Kapelle hat er sich in Gestalt Gottes gemalt, mit Geschlechtsorganen. In Michelangelos Poesie liegt die Chiffre seiner Malerei, so habe ich die verborgenen Linien entdeckt. Diese Fresken akkumulieren den Raum im planetarischen Maßstab, die gesamte Kosmologie von Anfang bis zum Ende der Welt. Michelangelo war übrigens reiner Mongoloid. Woher konnte ein Mongoloid in Italien im Mittelalter auftauchen? Nur von der Krim.«

An mehreren Tagen führt uns Ismet durch krimtatarische Symbolik in europäischen Kunstwerken. Seine Vorträge gehören zum Programm der Galerie *Krim-Khanat*. Wir erfahren auch, dass Ismet und seine Kollegen vom Kunsthistorischen Institut der Simferopoler Universität seit 2014 mehr als je zuvor reisen. Er selbst hat an der Universität nun endlich eine Anstellung gefunden, er unterrichtet Architektur. Die Universität erhält ein größeres Budget als zu ukrainischen Zeiten. Seine Ausführungen über den Einfluss der Renaissancekunst auf die Kunst des Krimkhanats hat er auf mehreren Tagungen präsentiert. Mit seinem russischen Pass fliegt er nach Moskau und nach Kasachstan, mit seinem ukrainischen nach Berlin, Istanbul und Melbourne.

Da, wie er sich ausdrückt, eine russische Krim auf dem australischen Radar nicht existiert, bedient er sich für seine Teilnahme und für das Visum seiner alten Dokumente. Down under repräsentiert er die Gesellschaft akademischer Kunst der Ukraine.

Ich notiere weiter: Viele Krimtataren haben die russische Staatsbürgerschaft angenommen, ohne die russische Politik zu unterstützen. Mit dem neuen Pass erhalten sie Kredite russischer Banken. Das fördert die Wirtschaft auf der Halbinsel. Es sei für alle hier praktisch, beide Pässe zu besitzen, resümiert Ismet.

Krimtatarische Forschung erhält seit 2014 deutlich mehr Mittel. Außer Russland fördert die Türkei Wissenschaft, aber auch den Islam. Aus Ankara fließt Geld in die Moscheen, so in den Bau der größten Moschee in Osteuropa – sie wird im Zentrum Simferopols mit Platz für 3000 Gläubige und einem angeschlossenen Kongresszentrum errichtet. Dort wird eine Deportationsgedenkfeier abgehalten werden können.

Dass der politische Bogen immer wieder durch Willkür überspannt werden kann, dass die Positionen mehr von den jeweiligen Personen abhängen als von ihrer ethnischen Herkunft, zeigt das Beispiel von Gulliver Altin. Geboren in Usbekistan, aufgewachsen auf der Krim und zum Rechtsanwalt in Frankreich ausgebildet, kehrte er nach seinem Studium 2011 auf die Krim zurück. In seiner ersten Heimat Bachtschissaraj hat er ein Museum der Krimtataren gegründet und es *La Richesse* genannt. Wir besichtigen sein Museum, nachdem Ismet für uns im gegenüber liegenden Medrese performiert hat.

Gulliver erzählt uns gern die Gründungsgeschichte seines Schatzes:

> »In Frankreich habe ich angefangen, Artefakte und Dokumente über die Geschichte der Krim zu sammeln. 2004 habe ich entdeckt, dass es nicht nur Zeitungsartikel gibt, sondern dass man Raritäten aus privaten Sammlungen über das Internet erwerben kann. So habe ich eine Karte der Krim aus dem 19. Jahrhundert bei einer Aktion ersteigert. Ab da war ich dank

dem Internet begeisterter Sammler. Ich habe aus 35 Ländern über 1500 Dokumente, Karten, Münzen und Artefakte gekauft. In Frankreich habe ich verstanden, dass man nicht nur etwas für sich und die Karriere, sondern für andere tun sollte. Das Museum ist so eine Möglichkeit, deswegen habe ich meine Sammlung in die Krim überführt.«

Ende 2016 überfielen den Museumsleiter maskierte ukrainische Soldaten in Genitschensk, im ukrainischen Gebiet Cherson. Wie er auf seiner Facebookseite öffentlich berichtet, hielten sie ihn drei Stunden lang fest, schrien ihn an und bedrohten ihn mit Waffen. Sie warfen ihm vor, dass er unerlaubte Beziehungen der Krim zu Tatarstan ausbaue und mit der russischen Regierung der Halbinsel kooperiere. Er solle sein Museum auf das ukrainische Festland überführen, forderten sie. Altin hatte die offizielle Einladung, nach Kiew umzuziehen, zuvor bereits abgelehnt.

An seiner Vision eines neuen Kräfte- und Kulturverhältnisses hält Altin weiterhin fest: Dass sich die Krimtataren sowohl nach Westeuropa als auch nach Russland mit dessen muslimischen Republiken wie Tatarstan ausrichten mögen. Zeitgleich zur Angliederung der Krim an Russland (Altins Ausdruck) verhandelte er mit Kasan, der Hauptstadt der Republik Tatarstan im Südwesten Russlands, sodass die Annexion sich für das Museum als vorteilhaft erwies, denn nun bietet ihm Kazan an, dass er eine Museumsfiliale in Tatarstan eröffnet, was seinem eurasischen Traum entspricht, mit der Krim im Zentrum:

»Im Gefüge verschiedener Staaten und Kulturen soll die Krim ein Ort sein, an dem sie sich kreuzen. Das ist ein Territorium, das uns Gott gegeben hat, damit hier Frieden herrscht. In Bachtschissaraj kann man den Frieden am besten sehen, hier finden wir Denkmäler aller unserer Konfessionen – der Moslems, der Orthodoxen, der Juden: den Khanpalast, die Gotteshäuser der Karaime und das orthodoxe Kloster neben dem muslimischen Medrese. Mein Traum, unser großes Projekt, heißt *Bachtschis-*

saraj – eine Stadt des Friedens und der Einigkeit. Das Museum unterstützt diese Funktion der Stadt, es entwickelt sich zur Begegnungsstätte für wissenschaftliche Tagungen.«

Gulliver führt uns durch mehrere Säle seines Museums, unter anderem in einen, in dem man Historiker und Autoren aus dem 15. Jahrhundert kennenlernt. Er weist auf eine Evolution der krimtatarischen Geistesgeschichte hin, für die die Giraj-Dynastie eine wichtige Rolle gespielt hat. Mit Ismail Gasprinski hatte sie ihre Blütezeit erreicht. Gasprinski hat die erste muslimische Zeitung herausgegeben, sie wurde in Europa und in Russland publiziert, um in einer allen Moslems zugänglichen Sprache ihre Bildung zu reformieren. Gulliver versteht sein Museum in Gasprinskis Nachfolge. Woloschin schwingt mit.

Wenn die Sanktionen nachlassen, hofft der Museumsdirektor auf internationale Ausstellungen, darüber hinaus wünscht er für Bachtschissaraj, dass hier eine krimtatarische Universität gegründet wird. Mehrere Doktorarbeiten seien bereits verfasst worden, Wissenschaftler arbeiteten aktiv mit der Sammlung. Das Museum wird künftig ein Forschungs- und Lehrzentrum für Studierende beherbergen. Dank dem Institut soll sich Bachtschissaraj in das »Genf der Krim« verwandeln – in einen Ort, an dem man sich einigt. Während das Genf der Schweiz es dank der formalen Verträge geworden ist, soll es Bachtschissaraj durch seinen Inhalt werden, betont Altin. Zudem möchte er krimtatarische Toponyme auf der Krim reaktivieren. Sie sollen sowjetische Ortsnamen ersetzen, allerdings vorsichtig, wie er sagt, »ohne Politisierung«.

Draußen regnet es, bei Gulliver trinken wir warmen Schwarztee aus Porzellantassen, er spricht mit Cyril Französisch, scherzt ein bisschen auf Deutsch. Wir möchten noch zu Tschufut Kale, dorthin schicken uns gleich mehrere Personen: Mein kanadischer Cousin, I. junior, Gulliver, Ismet. Wir hören wieder: Dieser Ort hat eine einzigartige Energetik.

Mein Handy klingelt. I. senior, unser Patron, ruft jeden Tag an, an diesem mehrmals. Ich nehme beim dritten Mal ab. Erzähle von Gulliver und unserem Plan, noch Tschufut Kale zu besuchen.

I. senior schöpft Verdacht: »Sag genau, was schaust du dir an, sprichst du nur mit Tataren?« I. seniors Geschichte würde ich mir auch anhören, er stammt von den Karaimen ab. Doch dazu komme ich nicht. I. senior ärgert sich sehr.

Kurz vor unserer Abreise ergab sich ein Interviewtermin mit noch einem Museumsleiter, und zwar mit Andrej Malgin, dem Direktor des Tauris-Museums in Simferopol. Wegen der weltpolitischen Lage hat es seine Sammlung des sogenannten Skythengolds eingebüßt. Die ca. 2000 Artefakte wurden Anfang 2014 für die Ausstellung *Krim: Gold und Geheimnisse des Schwarzen Meeres* an Amsterdam ausgeliehen. Holland behielt sie. Um das Krimgold führen sie nun einen langwierigen Rechtstreit.

58 Im Taurischen Museum, Tatjana Hofmann, I. senior und Andrej Malgin, Cyril Venzin 2015.

Sowohl Sid, ein alter Freund des Museumsdirektors, als auch I. senior haben uns geraten, dass wir Malgin treffen. I. senior habe ich diesen Drehtermin mitgeteilt, bis auf die Uhrzeit genau. Er rief während des Interviews an. Die Kamera lief weiter. Cyril sagte später, der Direktor versuchte, professionell zu bleiben während meines Telefonats, innerlich hätte es ihn vergrölt (gelacht hätte er). Am Telefon verlangte unser Patron nun alles, was wir gefilmt hatten, wir sollten ihm alle

Aufnahmen zeigen. Ich sagte, das würde lange dauern, die Zeit hätten wir nicht bis zum Rückflug. »Ihr dreht also doch über Krimtataren?!« Er fauchte, er überlasse uns von nun an unserem Schicksal, und dass seine Kollegen aus dem Kulturministerium recht gehabt hätten. Malgin bemerkte daraufhin, sie hätten zwar ein Kulturministerium,

> »aber nicht wirklich eine Kultur im europäischen Sinn. Der Autor Boris Zytowitsch, gestorben 2007, und das Bosporusforum bilden eine Ausnahme. Das Forum ist ein titanisches Unterfangen seitens eines Menschen, der nicht existieren, sondern für andere sein möchte. Sid ist in diesem Sinne eine Heldentat gelungen. Er landet hier wie ein Argonaut, der spannende Leute mitbringt. Es spielt keine Rolle, ob und wie oft es stattgefunden hat. Das Bosporusforum wächst zum Mythos, zu einer Art *Iphigenie auf Tauris*, und wir brauchen diesen Mythos. «

59 Igor Sid vor der Botschaft der Republik Madagaskar, Moskau, Alexander Barbuch 2022.

An Europas Ende

Auf dem Weg von Simfi nach Kertsch fragte ich mich im Bus, was Cyril und ich von dem Mythos eingefangen haben, was sich einfangen ließ. Welchen Akzent die östlichste Stadt auf der Krim noch setzen würde. Viel zu sehen, vieles noch nicht gesehen. Übermaß an Geschichte in der Gegenwart, nur wie sie erzählen, von Skythen über Nazis bis zur Ukraine und über sie hinaus … Ich wollte die Halbinsel verstehen und erklären, sachlich statt achlich, in konstruktivistisch klaren Linien. Sie hat mich gekidnappt, Jugendstilschlingen um Füße und Hände, Zunge und Lunge gebunden. Der Notizblock kicherte:

wieder oder neu.
europa oder popa.
hoppa, india, kitaj,
flieg davon, dawaj.

ahoi und tschüssli.
verloren oder gefunden.
entbunden oder ungeboren.
ach, das ist sie, heureka,
transzendentale obdachlosigkeit.

Die Kamera registrierte derweil weiter, schwenkte hin und her, nahm Husten und Räuspern auf, wie ich geduldig nicke, mit lautem Hm, gar nicht leicht wegzuschneiden, wie ich den Erzählenden ins Wort falle, wie sie sich im entscheidenden Moment wegdrehen, wenn die Fesselschlangen schmelzen, in denen Vertrauen entsteht – Vertrauen darauf, dass zwischen Film und Schrift, zwischen Erinnerungen und Erlebnissen, zwischen zerfallenen Imperien und re-formierten Nationen, zwischen Schablonen und Stereotypen etwas Ansehnliches erblüht. Ob wir es gefunden haben, ob wir es aus dem Material fischen, ob wir es der Sache gerecht auftischen?

Cyril sagte mit fester Dialektstimme, er fühle sich wohl. Er sprach wie immer, sein Bündner-Walser-Verschnitt hatte etwas Verlässliches. Von links er, von rechts ich, fixierten wir beim Warten auf den nächsten Bus hinunterfallende Zeilen auf seinem *Schmartfon*. So hat der Mann meiner Tante das Gerät genannt. Schmartfonworte, schnell gelesen, hinterlassen den Eindruck vom Asphaltflimmern: Als ob man beim Fahren auf den Boden schaut. Winzig, vom Augenblick konturiert, im Lesefluss, streicheln die Augen die Buchstaben, die Steine, die Fliegen. Onkel, Tante, Haus, Samozachwat, nachträgliche Legitimierung – ich lasse euch eure Familienangelegenheiten, schweigt euch weiter mit euren Wahrheiten an.

Wir hatten unseren Bus in Feodossija verpasst, die nächsten zwei ließen uns nicht hinein, zu schnell besetzten Einheimische die Sitzplätze. Ich fand heraus, dass ich mich in die falsche Schlange beim Ticketkauf eingereiht hatte. Stellte mich in der richtigen an, meldete mich wie eine geübte Schlangensteherin vorne, holte derweil Kaffee, Piroschki und Geduld. Erinnerte mich an eine Aufführung von *Onegin* in der Komischen Oper in Berlin, das Bühnenbild arbeitete mit genau solch einem universellen Wartesaal, über dem in Großbuchstaben *LETO* (*SOMMER*) prangte. Ich starrte die Taschen der anderen Wartenden an, die Bänke, die Kasse, die Schleifen in den Haaren der Mädchen, die Jackenrücken älterer Männer und folgte den Zirkelkreisen, die die Blicke der älteren Frauen um sich zogen.

Quasi-Wyssotzki schaltete Reggaemusik ein und drückte mir einen Kopfhörer in die Hand, die Musik schirmte uns etwas ab. Der Saal, wie fast alles um uns herum, stammte aus Sowjetzeiten. Er war, wie er war, er stemmte uns hinein. Mich beschlich Angst, dass die Langeweile zerrissen wird, dass etwas Schlimmes passiert. Vielleicht, dass wir steckenbleiben, Skinheads ausgeliefert sind, dass uns kein Bus mitnimmt, ein rätselhaftes Drogendelirium eintritt. Und eine Autojagd.

Im Ernst, was, wenn ein Unheil eintritt. Was, wenn mein Automatenkurs aussetzt, die Zeiten- und Ortshäufung zusammenbricht, die Referenz der Schweizwelt sich als Schein verabschiedet. Was, wenn ich im Wartesaal auf immer klebe.

»Easy«, sagte Cyril zu mir und zum Schmartfon: »Mega interessant«. Er wirkte fröhlich, während er darauf Lew Schestow las, wie von Poljakow empfohlen.

Ich erstarrte, ein Dörrfisch über unsichtbarem Feuer. Ich konnte nicht mehr folgen, weder meinem ersten Krim-Ich, weder der belletristisch-historischen Krim in meinem Buchregal, den Dateien auf meiner Festplatte noch dem Zitter-Ich auf dem Weg zu unserer letzten Reisestation zum Anfang von etwas, das wir noch nicht wissen.

Vielleicht nennt man das Verantwortung, ausgehend von der Ungewissheit, ob der Zustand der Autostraße eine Busfahrt zulässt. Der erneuerte Straßenbelag – die spürbarste Schicht russländischer Landnahme – gab der Küste ihre Verkehrsader zurück. Das Busfahren gestaltete sich gemütlich, beinah gewöhnlich. Ein Busmodell war sowjetisch, ein anderer Bus nach einem Umstieg westlich-asiatisch. Ich war nun an den Aufenthalt im andauernden Déjà-vu gewöhnt, es legte sich auf meine Schultern wie ein feingestrickter weißer Wollschal. Seine Wärme flüsterte, dass ich genau das getan hätte, was ich gleich tun würde.

Von den noch nicht geglätteten Asphaltleichen in Kertsch wehte Lambada über grobkörnige Pixel. Pastellfarben legten sich über die Blessurschlünde. Das nennt man wohl Problemzonen. Nennen wir es Lokalkolorit. Versuchen wir es mit der neutralen Neugierde des Kamera-Auges – es filmte auch hier geduldig, unauffällig, getarnt als Fotoapparat, ununterscheidbar, beides in einem. Filmstills sind Fotos, bewegte Fotos sind Videos. Kertsch bewegte uns mit Mühe, die Böen verlangten viel Kraft ab, allein nur, um zu stehen. Wir merkten nun, wie ausgepowert und durchgefroren wir durch dieses Projekt unsere Beine und Rucksäcke schleppten, einsam, leichtsinnig.

Wir verloren uns auf dem Markt, berauschten uns an Kefir, Kindersachen, Winterjacken, am Fisch neben Huhn, an Backwaren. Im Hintergrund die Schlafbezirke, rechteckig und wuchtig. Kaum auf einem breiten Prospekt, drängte uns der Wind zurück. Ihm trotzend stiegen wir auf den Mithridates-Hügel die Treppe hoch, mehr als 400 Stufen. Sie dürfte so berühmt wie die in Odessa sein, aber nur fast, gebaut von 1833 bis 1840 nach einem Projekt des italienischen Architekten Alexander Digby. Von oben schwenkten wir im Panorama auf die Stadt, auf die Straße von Kertsch und auf die Halbinsel Taman. Ließen uns vom Lasso Tuzlas einfangen, der Hilfsinsel des Brückenbaus, des größten Bauprojekts Europas, der früheren Location von Performances beim Bosporusforum.

60 Kertsch, Cyril Venzin 2015.

Der Dunst des Meerwassers gleitet in den graublauen Himmel über. Frühherbstkälte, kahle Steppe. Sie auf uns wirken lassen, sie ertragen. Schön sind wir hier, schön sind wir dort gewesen, gerade noch rechtzeitig, bevor Politik und Robotik diese Ästhetik optimieren oder deleten, noch bevor die Gesetze des Wirtschaftswachstums oder der Ideologie-Idiotie das sozioästhetische Motto des Bosporusforums mit minimaler Ethik ins Googlegedächtnis eintragen, um es kurz darauf doch von den Festplatten zu verbannen. Noch bevor die KI mit ihren

Logiken die Kunst in Aktenschränke für künftig zu erschaffende Fakten verdrängt. Papierwelten verkaufen sich nicht, Bildschirmwelten schon. Wenn sie sich denn verkaufen möchten.

Kertsch umgibt etwas Helles und etwas endlos Trauriges. Verstreute Chruschtschowki (sozialistische Bauten nach Chruschtschows Programm), von Naturgewalten und von der Geschichte gedrungene Buden, Präriebrachen. Am Meer eine Festung, danach nichts.

Noch funkeln, an unbepflanzten Feldern, an aufreizender Werbung, breite Lichteraugen der Ladas. Spielzeugautos mit mechanischem Antrieb, als ob ein Vierteljahrhundert keine Zeit wäre. Als ob ein Teil der Stadt eingefroren worden wäre. Alt, abstrakt alt, angesichts der Niedrighäuser aus vorigen Jahrhunderten. Wenn sie eines Tages verschwinden, steht neben der riesigen Festung ein noch größeres Einkaufszentrum?

Die Stadt schreibt sich auf die Fahnen, sie sei die älteste in Russland. Zwischen dem Auf und Ab der Imperialgeschichte liegen Ausgrabungen aus der antiken Blütezeit, die erwähnte Festung, auf der deutsche Soldaten Hitlergrüße neben Spuren der Osmanen hinterlassen haben, und die allgegenwärtige spätsowjetische Architektur aus der Zeit als umsatzstarke Fischereistadt. Alte Ruinen der Akropolis von Pantikapaion, einer griechischen Kolonialstadt, in der später Könige des Bosporanischen Reiches residierten, aus dem sechsten Jahrhundert vor Christus ziehen Archäologen und Touristen an, ebenso ein Zarenkurgan aus dem vierten Jahrhundert vor Christus, die katholische klassizistische Kirche mit toskanischer Säulenordnung, die türkische Festungsanlage Jenikale aus dem 17. Jahrhundert, Katakomben aus dem Zweiten Weltkrieg in einem ehemaligen Bergwerk und das *Denkmal gegen Grausamkeit und Gewalt* am Bahnhof von Kertsch, das an vertriebene Volksgruppen erinnert.

Auch Kertsch wacht über den Spuren des Krimkriegs und des Zweiten Weltkriegs, wie Sewastopol. Dieser Zugang zum Meer war dramatisch umkämpft gewesen, auch diese eine Heldenstadt. Beide tragen eine transparente Schicht ihrer Geschichtsbilder, eine Lasur als Patronenhülsenstädte, nur dass hier die Abgeschiedenheit überwältigt, während in Sewa das Verbundensein – womit eigentlich, mit der Türkei, dem Patriotismus, mit Freundschaft oder mit einer verfluchten Kriegsgeschichte? Inselstädte, beide.

Ein Gegenort zum Rest der Krim, dieses Kertsch, wie es sich ausbreitet, weder ein Modekurort wie Jalta noch ein Inspirationsort für Generationen von Künstlern wie Koktebel, und das auf einer an sich heterotopen und heterogenen Halbinsel, dem komplementären Anhängsel Russlands (sie verdichtet Russlands europäische Seite), Europas (sie verdichtet Russlands despotisch-uneuropäische Seite) und der Ukraine, einer ehemaligen Ukraine.

Bisher blieb Kertsch nur der archäologische plus der kriegshistorische Ruhm. Während des Bosporusforums symbolisierte sie *den* Begegnungspunkt mit dem objektiven Osten, auch mit meinem doch nicht ganz eingerosteten Osten. Und nun? Ein gescheites oder ein scheiterndes Projekt?

Unser Blick in die Weite ruft aus, unter anderem: Körper, sei, sei dir selbst genug. Suche nicht nach Worten, suche nicht nach Bildern. Wo du bist, da bist du. Wo du gewesen bist, zeichnest du einem Stift gleich eine Spur. Wo du bist, liest du mit. Lies also, lies unter anderen, mit ihnen, allein, lies den Ort, wo du bist und du bist.

Schwer zu lesen, dieses Down Under der Krim im Umbruch, ein eingeschobener Absatz in ihrer Geschichte. Der Rand des Randes, wasserumrankt, Grau-in-Blau, Wind in Wind. Ausgeblichene, strotzende Blöcke, Wiesen, Graffiti, hellenistische Muster. Totale, totalitaristisch brutale Meeresenge im herbstlichen Sturm.

Diese Landschaft langweilt nicht, sie polarisiert, weil sie lauthals schreit, dass sie nicht so bleiben wird, wie wir sie jetzt sehen. Aus ihr könnte eine Stadt mit Charakter werden, mit Charakter einer neu interpretierten russischen Stadt. Kertsch steht für den endgültigen Abschied von der Ukraine, wenngleich noch nicht für den endgültigen Abschied von der Sowjetunion. Ein Kaliningrad im Südosten. Eine Schichtenstadt, ein Vorposten. Für Kiew ein Vollpfosten. Für Kertsch braucht man Fantasie, zum Fertigdenken. Damit die Müdigkeit zur Konzentration wird. Damit die Häuser, die aus Kontexten herausgefallen sind, und die miteinander über Epochen schlüssig verlinkten Ausgrabungsstätten zu einem Ganzen gerinnen. Zum Vorstellen, wie und ob die Menschen hier sein werden, wenn sie öfter woanders gewesen sind. Zum Einordnen der Fassaden im Zentrum, die wie Seiten aus Büchern herausgerissen worden zu sein scheinen, darunter die byzantinische Kirche, die an Georgien denken lässt. Fantasie zum Füllen der Flächen vor den Gebäuden, der zum Bau bereiten oder durch Abriss befreiten Areale. Zum Weiteratmen beim Anblick einer Brücke, die in die Luft führt: Eine Betonplatte ragt wie ein Sprungbrett in der Schwimmhalle hinauf, zu breit, um sie in ein Foto hineinzupressen. Sie beginnt – und bricht ab. Unter ihr eine Straße, dieser Betonklotz sollte etwas über ihr verbinden, aber die Brücke statuiert, dass sie sich darum längst nicht mehr kümmert und keine Metapher sein möchte. Das Unding heißt »unfertige Brücke« im Bezirk Woroschilowo. Vielleicht dient sie als Partylocation für Insider und die fertige Verbindungsbrücke zum russischen Festland als offizielle Eventbühne.

Die Krimbrücke, diese Maßnahme für russische Einflussnahme, lässt sie sich zu einem Symbol für kulturelle Vermittlung umdeuten? Sie fordert das Motto des Krim-Klubs regelrecht heraus. Command & Steuerung: Konstruiere aus der polarisierenden Spitze des Disputes eine konstruktive Metapher des Konfliktabbaus, los. »Weil der Mensch das verbindende Wesen ist, das immer trennen muss und ohne zu trennen nicht verbinden kann – darum müssen wir das bloße indifferente Dasein zweier Ufer erst geistig als eine Getrenntheit auffassen, um sie durch eine Brücke zu verbinden«, so Georg Simmels *Die Brücke und die Tür*, 1909.

Das eingefroren Nochsowjetische taut im Zeitraffer auf, den der Brückenbau vorgibt. Die Verbindungsbrücke – ein Schluss, ein Auftakt, ein Gedankenstrich. Wo Europa endet, beginnt Eurasien mit Kertsch als seinem möglichen Zentrum. Die Brücke überwindet die Isolierung vom Festland, sie ermöglicht und verdeutlicht die Unabhängigkeit von der Ukraine. Sie provoziert Stolz oder ein spöttisches Lächeln, mit herablassendem Vergleich zu gigantischen Bauprojekten für eine »helle Zukunft«.

Verbindung, Versorgung, Verriss. Horizontaler Riesenstinkefinger. Kertsch nimmt sich vor, aus der Perspektive eines Umschlagplatzes, den Krim-Rombus fester aufzuspannen.

Wir nahmen ein Taxi zu jenem Hügel, von dem aus man die Bauarbeiten an der Brücke sah. An der mehrspurigen, 19 Kilometer langen Brücke erstreckte sich eine lange Blechbaracke, der Taxifahrer fuhr an ihr langsam vorbei. Wir hatten ihm die »Aussichtsplattform« als Ziel angegeben. »Dort sind wir gleich«, sagte er, das sei schon die Zement-Slobodka, und fragte, ob ich ihm nicht sein Sortiment an Grüntee abkaufen möchte. Klar, Tee tut gut.

Zement bemerkte ich in dieser Siedlung nicht. Rechts ein Pferd auf abschüssiger, wie zufälliger Weide, links ein paar Schafe, hingestreute Behausungen. Früher wohnten hier Arbeiter eines Zementwerks, nun wurde gestritten, ob die Siedlung davon profitieren wird, dass ihre Bewohner in Neubauhäuser umziehen müssen, damit sie der Brücke und der Straße zur Brücke Platz lassen, kommentierte der Taxifahrer und wechselte zur Wirkung des grünen Tees aus Tibet. Er fühle sich 20 Jahre jünger, sei gesünder, sogar dieser eisige Wind störe ihn nicht. Mit diesem Tee möchte er die Milliardäre, die die Apotheken besitzen, ruinieren. Grüner Tee heile alles, man müsse ihn nur richtig dosieren. Er könne uns viele Geschichten erzählen, die er mit diesem Tee beobachtet hatte.

Ich bezahlte Tee und Taxi und sagte, dass er auf uns nicht zu warten braucht. Ich wollte nicht, dass er uns beim Filmen beobachtet. Als ob er mich nicht gehört hätte, wartete er im Auto.

Von der Baubrücke aus zeichnete sich das Festland im Nebel besonders scharf ab. Über die Meeressteppe ritten Fähren und Segelboote. Krimkirill filmte, ganz in seinem Element.

Enge, Breite, die Aussicht grenzte an Leere. Wie eine öffnende Klammer zog sie sich nach Osten hin. Die schließende Klammer – nicht abzusehen, wo und wie sie sich abzeichnen wird. Hier nimmt die Zukunft Wunder, hier nimmt sie dich heimlich in die Mangel.

Vielleicht rücken die Grundpfeiler hinauf, vielleicht ziehen sich die Kulissen hoch, vielleicht tauchen Überbleibsel der Geschichte auf zwischen den Scherben der alten Griechen und Römer.

»Lass uns zurück in die Stadt fahren«, bat ich Cyril. – Keine Chance, er hörte mich nicht und er hörte nicht zu filmen auf. Mir wurden die Finger klamm, trotz aller meiner Kleidungsschichten mit Wollpullover, Wollkleid und Lederjacke übereinander. Ich hielt das Stativ fest, er die Kamera, führte sie den Brückenbau entlang, von links unten hoch zu links oben, auch den Möwenflug entlang, und die eingeschalteten Lichter im Sonnenuntergang mussten noch drauf.

Von 2014 bis 2018 herrschte auf den Energie- und Transportbrücken, die Stürme und Erdbeben aushalten, rund um die Uhr reger Betrieb. Bis hinter dem Horizont dehnte sich die Brückenstrasse aus, mittlerweile vierspurig in jede Richtung, 40 Meter über dem Meer. Autos und Züge gelangen ins Gebiet Krasnodar über den Brückenzugang, der sich über 40 Kilometer hinwegzieht. An ihn schließt sich die Autobahn M-25 Noworossijsk – Anapa an.

Die Brücke kehrt die Bedeutung als nationaler Erinnerungsort hervor; sie erlaubt Kertsch, ein Hort der Hoffnung zu sein. Sie steht nicht nur für eine ingenieurtechnische Meisterleistung (das darf man so nicht sagen, spielt dem Aggressor in die Hände), sie steht ebenso für die lang ersehnte Modernisierung, für eine Antwort auf den westlichen Grundtenor, auf die Krim fahre keiner hin, man fliehe von ihr, man dürfe mit ihr nicht kooperieren. Für die Verbauung der Landschaft. Für einen strenger kontrollierten Meereszugang. Für Eurasien mit Betonung auf Asien – eine Orientierung, die dem Westen den Rücken kehrt. Für die Verwirklichung eines mehrmals gehegten Planes: Die Zaren, die Nazis und die Sowjets haben den Bau dieser Brücke ins Visier genommen. Ein neualtes Wahrzeichen, eine Silhouette mit Trajektorie vom und zum Rand, der Ursprung und Zukunft in einem meint. Die Stadt rühmt sich ihrer 20 000 Jahre und blickt ihrer baldigen Veränderung entgegen, vom groben Fischer zum Knotenpunkt mit Südrussland. Ende und Anfang verdichtet, ohne Worte, die sich sowieso in Böen auflösen, für die einen im Guten, für die anderen im

Bösen. Ein Auf- oder ein Abbruch, ungewiss. Das Ende einer Probezeit, die Russland in den Augen des Westens nicht bestanden hat.

Andere Weltenden stimmen hoffnungsfroher, von Inseln wie Irland oder Gotland weht der Wikingerwind saftiger, mit dem Versprechen eines nahen Flughafens. Deren niedliche Häuserreihen, Rosen und die intakte Infrastruktur signalisieren seit jeher, dass man zurückfinden wird. Hier aber kein Anflug eines Versprechens auf eine Rückkehr in den Westen, auf einen Abflug nach Europa. Eher ein Hineinfallen in eine eigene Unordnung mit ihren Gesetzen, ein Herausfallen aus der Zeit, aus dem Raum, alterslos, grenzenlos. Eine Spezialzone. Meine Widerstandskraft endete, solchen Wind kannte ich bis dahin nicht. Ich rannte zurück ins Taxi. Der Fahrer drehte die Heizung hoch. In mir regte sich Demut vor der Halbinsel, halb Wissen, halb Hoffen.

Auf der Rückfahrt in unsere Herberge fing eine Dame ein Gespräch mit uns an. Wir haben ihr im Trolleybus einen Sitzplatz angeboten – den Thron über dem Motor, so waren wir auf Augenhöhe. 70 Jahre alt sei sie, sagte sie. Sie habe das Gefühl absoluter Zufriedenheit erreicht. Sie brauche weder schicke Kleidung noch exotische Speisen, sie müsse niemandem mehr etwas beweisen. Sie lebe so simpel wie möglich, so genieße sie ihr Leben wie nie zuvor. Sie kuschelte sich in ihren Mantelkragen, dem Schnitt nach einem Mantel aus den 1970er Jahren, und teilte mit uns ihr Lächeln. »Gerade bin ich am Meer spazieren gegangen, wie jeden Abend. Das ist das Beste.« Unser Gespräch brach nach ihrem Monolog ab, wir mussten umsteigen.

Jetzt schalten wir die Kommentarfunktion wieder ein.

61 Am Schwarzen Meer, Alexander Barbuch 2022.

Glossar

Aluschta Urlaubsort auf der Krim.

Ansiedlungsrayon Westgebiete Russlands, auf die das Wohn- und Arbeitsrecht der jüdischen Bevölkerung vom Ende des 18. bis zum Anfang des 20. Jahrhunderts begrenzt war.

Apfelsinentechnikzentren Werbeschilder verschiedener Läden, ironisch zu diesem Neologismus verbunden.

Artel Freiwilliger Zusammenschluss von Bauern für wirtschaftliche Zwecke, gängige Bezeichnung im Russischen Kaiserreich.

Ataman gewählter Stammes- und militärischer Führer der Kosaken.

Azow-Bataillon Militärische Einheit im Osten der Ukraine mit rechtsradikalen Tendenzen, gegründet nach den Unruhen des Majdan.

Baba Klawa ein guter Geist.

Bachtschi Verniedlichung von Bachtschissaraj, Stadt unweit von Simferopol mit krimtatarischer, jüdischer, ukrainischer und russischer Geschichte.

Banderowzy russ. für Anhänger von Stepan Bandera, verächtlich für patriotische Ukrainerinnen und Ukrainer.

Bantik russ. für (Haar-)Schleife.

Baranki ostslawisches Knabbergebäck.

Bosporus Dieser Name bezeichnet zwei Meerengen zwischen Europa und Asien im Schwarzen Meer. Die berühmtere von ihnen teilt Istanbul dort in zwei Kontinente, wo es an das Marmarameer grenzt. Die weniger bekannte, die Straße von Kertsch, in der Antike *Kimmerischer Bosporus* genannt, verbindet das Schwarze mit dem Asowschen Meer. Sie ist der Hauptveranstaltungsort des gleichnamigen Forums gewesen.

Bratskije mogily wörtlich »Brudergräber«, russ. für Massengräber.

Bubliki Weiche Kringel aus leicht gesüßtem Weißbrotteig.

Burghölzli Volkstümliche Bezeichnung der Psychiatrischen Universitätsklinik Zürich.

CH Confoederatio Helvetica, Landeskennzeichen der Schweiz.

Chalupa russ. für kleine Hütte.

Chindski schweiz. für Kindergarten.

Chochlatschka russ. abwertende Bezeichnung für eine Ukrainerin.

CV Abk. für Curriculum vitae, Lebenslauf.

Damenvelo schweiz. für Frauenfahrrad.

Digi kurz für digital.

Digizeug diverse digitale Geräte.

Dosto kurz für Fjodor Dostojewski (1821–1881), einen der berühmtesten russ. Schriftsteller.

Dostodenkmal Denkmal für Dostojewski.

Störkochen Ein Störkoch (von Stör, der Wanderschaft des Handwerkers) ist ein Koch, den man für die eigene Küche anmietet, damit er in ihr vorher vereinbarte Speisen zubereitet.

Elektritschka russ. Bezeichnung für die Regionalbahn.

Elektrobudka russ. Stromhäuschen, Transformatorenstation.

ETH Abk. für Eidgenössische Technische Hochschule.

Jewpatorija Küstenstadt auf der Krim.

Ewroremont russ.-ukr. Bezeichnung für Renovierungen nach westeuropäischem Standard.

Executable file engl. für ausführende Datei.

Fenton Roger Fenton (1819–1869), britischer Jurist und Fotograf, hat Aufnahmen während des Krimkriegs angefertigt. Die meisten sind gestellt, sie zeigen weder Kampfhandlungen noch Tote.

Gasprinski Ismail Gasprinski (1851–1914), krimtatarischer Pädagoge, Verleger und Politiker, der sich für Bildungsreformen muslimischer Gemeinschaften engagierte.

Gastronom sowjet. Bezeichnung für ein Lebensmittelgeschäft.

Geisterliga Liga der guten und unguten Geister.

Juri Lejderman (Yuri Leiderman) geb. 1963, Performancekünstler aus Odessa, hat in Moskau studiert und ist dort von 1983 bis 1990 Mitglied der Moskauer Konzeptualisten gewesen; lebt in Berlin.

Giraj-Dynastie Die Giraj (Giray) herrschten über das Krim-Khanat seit dessen Gründung 1427 bis zur Auflösung 1783.

Glimpsig Neologismus für die Art des Bildwechsels, der entsteht, wenn man aus dem Fenster eines sich bewegenden Fahrzeugs schaut, von engl. glimpse (Blick).

Grin Alexander Grin (1880–1932), russ.-sowjet. Schriftsteller, hat u. a. den bei Jugendlichen beliebten Roman *Das Purpursegel* (*Алые паруса*, 1923) verfasst. 1924 zog er auf der Krim, zuerst nach Feodossija und ab 1930 nach Stary Krim. Das Haus, in dem er zuletzt gewohnt hatte, wurde zum Literaturmuseum.

Histblick kurz für »historischer Blick«.

Hizb ut-Tahrir arab. für »Partei der Befreiung«, eine in den 1950er Jahren gegründete islamistische Bewegung, die für die Errichtung des Kalifats kämpft.

Holodomor ukr. für den Teil der sowjetischen Hungersnot in den 1930er Jahren, der in der Ukrainischen Sozialistischen Sowjetrepublik stattgefunden hat. In der unabhängigen Ukraine gilt er als Völkermord.

Hrywna ukrainische Währung.

Impactfactor Zahl, die die Zitierhäufigkeit einer wissenschaftlichen Zeitschrift bzw. Publikation angibt.

Inbetweens Anlehnung ans Engl., »mehrere Dazwischen«.

Kazap ukr. verächtlich für Russen.

Kazinakikiosk Kiosk, das u. a. Kozinaki verkauft.

Kozinaki osteuropäischer Müsliriegel, ursprünglich georgische Süßigkeit aus Honig und Walnüssen oder Sonnenblumenkernen.

Krimfilma (altertümlich) ein Film über die Krim.

Krimsekt beliebter und preisgünstiger Sekt von der Halbinsel, ähnlich wie »Rotkäppchensekt«.

Ladaschiguli Kompositum aus »Lada« und »Schiguli«, beides waren verbreitete Automarken in der ehem. Sowjetunion.

Limmat Fluss in der Schweiz.

Magnitophon russ. Bezeichnung für Kassettenrecorder.

MAK Abk. für Österreichisches Museum für angewandte Kunst, Wien.

Marschrutka russ. für Sammeltaxi, meist ein Kleinbus.

Marschrutkafenster Fenster eines Kleinbustaxis.

Marschrutkaland Land, in dem Marschrutkas fahren.

Maschorenkinder Bonzennachwuchs.

Memolistik Liste der zu erinnernden Dinge.

MGIMO Abk. für Moskauer Institut für Internationale Beziehungen.

Migrotante »Tante« mit migrantischem Hintergrund.

Mirowoj poligon 1.) Militärischer Übungsplatz für die Welt, 2.) globales Vieleck.

Moskauer Konzeptualismus war eine staatskritische Literatur- und Kunstströmung in der späten Sowjetunion, die die Rede- und Bildschablonen entlarvte.

Mowa ukr. für »Sprache«, wird von russischer Seite ironisierend für das Ukrainische verwendet, besonders wenn es darum geht, dessen Dominanz gegenüber dem Russischen abzulehnen.

Medrese (religiöse) islamische Schule.

Nasch sowremennik russ. für »unser Zeitgenosse«, Name einer literarisch-publizistischen Zeitschrift, die seit 1956 in Moskau erscheint.

Neo-Sozrealismus Neuauflage des Sozialistischen Realismus, ideologischer Stilrichtung mit Orientierung an erwünschter Wirklichkeitsnähe und reduzierter Abstraktion.

Nezaleschnost ukr. für »Unabhängigkeit«, bezeichnet auch den ukr. Nationsbildungsprozess nach 1991.

Ofizios russ. scherzhaft-ablehnend für offizielle Veranstaltungen, auch für erwartetes Verhalten im öffentlichen (staatlichen) Rahmen.

Ostrjaki kurz. für »Prospekt Ostrjakowa«, eine Allee in Sewastopol, die nach dem Piloten Nikolaj A. Ostrjakow (1911–1942) benannt wurde, und für das weitläufige Wohngebiet, durch das sie führt.

Paustowski Konstantin Paustowski (1892–1968), sowjet. Schriftsteller und Journalist. Berühmt ist seine sechsbändige Autobiografie *Erzählungen vom Leben* (*Повесть о жизни*), die von 1945 bis 1963 entstanden ist.

Peredelkino Künstlersiedlung bei Moskau. Der ehemalige Adelssitz wurde 1934 auf Initiative Maxim Gorkis vom Schriftstellerverband der UdSSR für Kunstschaffende eingerichtet, sowjetische Autorinnen und Autoren erhielten dort ihre Datschen.

Peregib russ. Ausdruck für Übertreibung.

Perekonlywist ukr. für Überzeugungskraft, Plausibilität.

Philfak Abk. für Philosophische Fakultät.

Planschety russ. für Tablets.

Plombir Sahniges Eis in Osteuropa.

Pofigizm russ. (umgangssprachlich) für Gleichgültigkeit.

Poklonskaja Natalja Poklonskaja, geb. 1980, ukr. und nach dem Majdan russ. Politikerin: 2014 wurde sie zur Generalstaatsanwältin der Krim ernannt. Ihr Gesicht ist zum Internetphänomen geworden und wurde im Manga-Stil auf Souvernirs abgebildet.

Pretenzii russ. für Reklamationen.

Prikolywist Neologistische Anlehnung ans Russische und Ukrainische, »Witzigkeit«.

Priwjet russ. informelle Begrüssung, »hallo«.

Pusk i pust russ. für »los und loslassen«.

Putinapologet eine Person, die Putins Politik rechtfertigt, »Putinversteher«.

Razrucha russ. für Zerstörung.

Runoidenzeile Zeile mit runenartigen Zeichen; Runen sind Zeichen der Schrift, die die Germanen benutzt haben.

Russkost Wortspiel mit russ. für »Russischkeit« und, als deutsches Wort gelesen, mit »russischer Kost«.

Rybalka Angelausflug.
Samozachwat russ. für selbständige, unlizenzierte Einnahme von Territorien oder Gebäuden.
Sandaliki russ., verniedlichend für Sandalen.
Sanitarny den russ. für »Sanitätstag«. Kann für Revision, Reinigung oder Rauschfolgen verwendet werden.
Sarafany russ. für ärmellose Sommerkleider.
Schopa russ. für Po (derb).
Schutka russ. für Scherz.
Schweinereime Anspielung auf den Song *Deine Reime sind Schweine* (2008) von DJ Koze.
Sews Abk. für Sewastopol.
Sewakrim Die Krim, auf die sich diese Stadt erstreckt.
Siege engl. für Belagerung.
Sozuniversum Abk. für »sozialistisches Universum«.
Studienstiftler Mitglied der Studienstiftung, eines Fonds zur Begabtenförderung in Deutschland und in der Schweiz.
Taaanetschka Tanetschka, informelle Rufform von »Tatjana«.
Taburetki russ. für Hocker.
Taschaus Stadt in Turkmenistan.
Tatlin Wladimir Tatlin (1885–1953), russ.-sowjet. avantgardistischer Künstler, berühmt für seine Gemälde, Reliefs und seinen Entwurf eines Monuments der Dritten Internationale.
Trollibusik pol. unkorrekt für ein Fahrzeug des öffentlichen Verkehrs.
Tschufut-Kale Festungsstadt bei Bachtschissaraj.
Tusowka russ. (umgangssprachlich) für »Abhängen«, Netzwerk.
Ursierung von ursus (lat. Bär); Wortspiel mit »Usurpierung«.
Waschgrafik Gemeint ist der Waschküchenplan, wobei »grafik« das russ. Wort für Wochen- bzw. Stundenplan ist und »wasch« auf Russ. »euer« bedeutet. In Schweizer Mietshäusern sind Gemeinschaftswaschmaschinen verbreitet, deren Gebrauch einzelnen Personen nur an bestimmten Tagen zur Verfügung steht. Die strikte Einhaltung des Waschküchenplans ist ein Teil (und Symbol) des Schweizer Alltags.

Wodka, semetschki i tri poloski wörtlich »Wodka, Sonnenblumenkerne und drei Streifen«. Anspielung an den Song *Водка, семечки, хардбасс* (2019) von Hard Bass School.

Wopreki russ. für »trotz allem«, »ungeachtet von«.

WWP Wladimir Wladimirowitsch Putin, russ. Präsident seit 2000 (mit Unterbrechung von 2008 bis 2012).

Wyschywankastoff Stoff der Wyschywanki/Wyschiwanki, ostslawischer bestickter Trachtenblusen.

Yandexte *Yandexen* bezeichnet analog zu *googeln* die Benutzung der russischen Suchmaschine *Yandex*.

Zabegalowka russ. (umgangssprachlich) für Imbissbude.

Zammera Abk. für »zamestitel mera« (von fr. Maire), hier stellvertretende Bürgermeisterin.

Zapekanka Ostslawischer Quarkauflauf.

Zarenkurgan Ein Kurgan ist ein aufgeschütteter Grabhügel in Osteuropa und Vorderasien, von der Jungsteinzeit bis in die Antike angelegt, mancherorts bis ins Mittelalter. Hier für Zaren, wahrscheinlich eine historische Fiktion.

Zigi schweiz. (umgangssprachlich) für Zigarette.

Znacht schweiz. für Abendessen.

Zwangdrang Zustand aus innerem Zwang und äußerem Drang oder umgekehrt.

Zwizdali russ.-ukr. (umgangssprachlich) für Strafe.

Zwölfgeschosser Hochhaus mit 12 Etagen.

Anmerkungen

1 Zur komplizierten rechtlichen Lage vgl. Merkel, Reinhard (2014), »Kühle Ironie der Geschichte«, Frankfurter Allgemeine Zeitung, 8. April 2014, https://www.faz.net/aktuell/feuilleton/debatten/die-krim-und-das-voelkerrecht-kuehle-ironie-der-geschichte-12884464.html?printPagedArticle=true#pageIndex_2 (17.8.2022), Geistlinger, Michael: »Der Beitritt der Republik Krim zur Russländischen Föderation aus der Warte des Selbstbestimmungsrechts der Völker«, Archiv des Völkerrechts, 52.2 (2014), 175–204.

2 Chersonskij, Boris: »Pljus sevastopologizacija vsego Kryma…« [»Plus die Sewastopologisierung der gesamten Krim«], 17.3.2016, https://www.liveinternet.ru/users/4798140/post386843683/ (4.8.2021).

3 Sid hat zusammen mit Gennadi Katsov eine Anthologie mit Gedichten herausgegeben, die der Krim gewidmet sind: *Naškrym* (Moskau und New York, 2014). Verfasst haben die Texte internationale Autoren und Autorinnen auf der ganzen Welt, nicht nur auf der Krim. Ihr Titel kehrt die patriotische Losung »Krim nasch« (»die Krim gehört uns«) um in »unsere Krim«.

4 Szczerek, Ziemowit: *Mordor kommt und frisst uns auf*, aus d. Poln. v. Thomas Weiler, Dresden u. Leipzig 2017, 152.

5 Ebd., 153.

6 Katchanovski, Ivan: »The Buried Maidan Massacre and Its Misrepresentation by the West«, https://consortiumnews.com/2019/04/22/the-buried-maidan-massacre-and-its-misrepresentation-by-the-west/, 22.4.2019 (4.8.2021).

7 Johnson, Chalmers: *Der Selbstmord der amerikanischen Demokratie*, aus d. Amer. v. Hans Freundl u. Thomas Pfeiffer, München 2003, insbes. 387–427.

8 Katchanovski, Ivan: Facebookpost, 2.7.2021. Vgl. auch seinen Artikel "The far right, the Euromaidan, and the Maidan massacre in Ukraine", *Journal of Labor and Society*, March 2020, 23 (1), 5–29.

9 Martynova, Olga: »Kalte Schokolade. Vier Tage mit Walter Benjamin in Moskau«, *FAZ*, 2.5.2020, 18.

10 Schlögel, Karl: *Das sowjetische Jahrhundert: Archäologie einer untergegangenen Welt*, München 2017, 319.

11 Ders.: *Entscheidung in Kiew. Ukrainische Lektionen*, München 2015, 144.

12 Siehe dazu die z. B. Arbeiten von und mit Sabine Hänsgen: https://www.sabine-haensgen.de/veroeffentlichungen.html (4. 8. 2021).

13 SCHMID, ULRICH M.: »Chruschtschews Geschenk«, NZZ, 20. 4. 2014, https://www.nzz.ch/feuilleton/chruschtschews-geschenk-ld.1016767 (14. 6. 2020).

14 Vgl. das Interview von Andrej Stantarovič mit Ivan Katchanovski, »Tot, kto streljal na Majdane, sprovociroval vojnu na Donbasse« [»Wer auf dem Madjan geschossen hat, hat den Krieg im Donnas provoziert«], *Apostrof*, 4. 12. 2016, https://apostrophe.ua/article/politics/government/2016-12-04/ivan-kachanovskiy-tot-kto-strelyal-na-maydane-sprovotsiroval-voynu-na-donbasse/8637 (4. 8. 2021).

15 SCHWARTZ, MATTHIAS: »Der ›Diener des Volkes‹. Wolodymyr Selenskyjs Präsidentschaft in der Ukraine«, https://www.zflprojekte.de/zfl-blog/2020/05/29/matthias-schwartz-der-diener-des-volkes-wolodymyr-selenskyjs-praesidentschaft-in-der-ukraine/ (4. 8. 2021).

16 Dieser Post von Fedor Peschkow in der Facebookgruppe *Krymoustrojstvo* (https://www.facebook.com/groups/crimealife/?ref=nf_target&fref=nf) vom 10. 8. 2019 wurde entfernt.

17 Vgl. ihre beiden Anthologien namens *Poluostrov*, Moskva 1997 und 2022.

18 POLJAKOV, ANDREJ: »Poėt v provincii« [»Dichter in der Provinz«], *Oktjabr* '12 (2008), https://magazines.gorky.media/october/2008/12/poet-v-provinczii.html (4. 8. 2021).

19 Adolphe de Custine: *Russische Schatten. Prophetische Briefe aus dem Jahre 1839*, aus d. Franz. v. Adolph Diezmann, Nördlingen 1985.

20 SZCZEREK: *Mordor*, 137.

21 Ebd., 142.

22 Z. B. STEITLEITNER, JÖRG: *Sewastopol Sekond Hend. Unsachliche Beobachtungen an hochhackigen Stakselfrauen, Wodka und Tataren*, Feldkirchen-Westerham 2009.

23 MARTYNOVA, OLGA: »Der goldene Apfel der Zwietracht. Krim-Tagebuch 2017«, in: dies., *Über die Dummheit der Stunde. Essays*, Frankfurt a. M. 2018, 241–292.

24 KINSKY, ESTHER/MARTIN CHALMERS: *Karadag Oktober 13: Aufzeichnungen von der kalten Krim*, Berlin 2015.

25 MARTYNOVA: *Dummheit der Stunde*, 152.

26 VELMINSKI, WLADIMIR: *Diagnose: Krim. Kunst und Gewandtheit der Politik. Zu Besuch bei russischen Künstlern im Ausland*, Berlin 2014, 23.

27 Ebd., 43.

28 Ebd., 55f.

29 Ebd., 19f.

30 Ebd., 21.

31 »›Svoim ironičeskim pal'cem ja tknul v nekie točki‹: Pavel Pepperštejn pro Krym« [»Mit meinem ironischen Finger habe ich einige Punkte berührt«],

Interview von Il'ja Azar, 31. 3. 2014, https://daily.afisha.ru/archive/gorod/people/svoim-ironicheskim-palcem-ya-tknul-v-nekie-tochki-pavel-pep-pershteyn-pro-krym/ (4. 8. 2021).

32 Ebd.

33 Szczerek: *Mordor*, 165–166.

34 Puschkin 1824 an seinen Freund Delwig, in: Keil, Rolf-Dietrich: *Alexander Puschkin. Ein Dichterleben*, Frankfurt a. M. u. Leipig 2001, 110f.

35 Schlögel: *Das sowjetische Jahrhundert*, 300.

36 Hacioğlu, Nerdun: »Ukrayna parçalanırsa, Türkiye'nin Kırım hakkı doğar« [»Wenn die Ukraine geteilt wird, hätte die Türkei ein Recht auf die Krim«], 29. 1. 2014, https://www.hurriyet.com.tr/dunya/ukrayna-parcalanirsa-turkiye-nin-kirim-hakki-dogar-25693129 (4. 8. 2021).

37 Insbesondere: Igor' Sid: »Mifopoėtičeskie praktiki i ich artefakty. Opyty postsovetskogo perioda« [»Mythopoetische Praktiken und ihre Artefakte. Postsowjetische Erfahrungen«], in: ders. *Geopoėtika. Punktir k teorii putešestvij* [»*Geopoetik. Versuch einer Theorie der Reisen*«], Sankt-Peterburg 2017, 282–299, 284; 290.

38 Ebd., 296.

39 Vgl. mein Interview mit Sid: »Instrumente für eine neue Anthropologie«, *Nachgefragt. Novinki im Gespräch mit Autor_innen aus Osteuropa*, hg. v. Susi K. Frank u. a., Norderstedt 2016, 233–241, 236.

40 Insbesondere Sid, Igor'/Ekaterina Dajs (Hg.): *Vvedenie v geopoėtiku. Odinočnye ėkspedicii v okeane smyslov* [*Einführung in die Geopoetik. Expeditionen im Ozean der Bedeutungen*], Moskva 2013.

41 Hofmann: »Instrumente«, 236f.

42 Vgl. https://web.archive.org/web/20081021032501/http:/liter.net/=/Zhadan/ist-kult.htm/ (18. 2. 2022)

43 Marszałek, Magdalena/Sylvia Sasse: »›Antonyč's Geist‹. Interview mit Jurij Andruchovyč«, *Nachgefragt*, 15–21, 18.

44 Hofmann: »Instrumente«, 237f.

45 Sidorenko, Igor': »Ukraine und Russland: Synergie der Ressentiments«, in: *Gefühle im Krieg. Imaginäre und affektive Dimensionen des Ukraine-Konflikts*, hg. v. Roman Dubasevych u. Matthias Schwartz, Berlin 2019, 116– 156, 123.

46 Ders.: »Durch den Mythos gefiltert«, *TAZ*, 8. 3. 2014, https://taz.de/!382803/ (4. 8. 2021).

47 Sidorenko: »Ukraine und Russland«, 149.

48 Ebd., 151–152.

49 Azarova, Natalija: *Razzavjazyvanie* [*Entverbindung*], Moskau 2014, 15.

50 Sid, Igor: »Krym: predčuvstvie novoj mifologii. Bosporskij forum kak popytka k vozroždeniju tavričeskogo mifogeneza« [»Krim: Vorgefühl einer neuen Mythologie. Das Bosporusforum versucht die Wiedergeburt der

taurischen Mythosgenese«, Originalpublikation 1993], in: Ders., *Geopoėtika. Punktir k teorii putešestvij*, 13–24, 21.

51 Ebd.

52 Gëtte, Genriëtta/Molotkov, Georgij: *Kolonizacija juga rossijskoj imperii v XVIII-XIX vekach* [*Kolonisierung des Südens des Russischen Imperiums*], Köln 2014, 94–102.

53 Vgl. Riegel, Hans Peter: *Beuys – die Biographie*, Zürich 2018.

54 Ryklin, Michail: »Der Künstler in der Kunstkammer und in der Welt«, in: *Sergej Bugaev Afrika. Crimania – Ikonen, Monumente, Mazafaka*, hg. v. Peter Noever u. MAK, Ostfildern bei Stuttgart 1995, 161–166, 166.

55 Leiderman, Yuri: »Geopoetik – Geschichte als Ornament. Ein Gespräch von Heinz Schütz«, *Kunstforum International* (2010), Bd. 203–6, https://www.kunstforum.de/artikel/geopoetik-geschichte-als-ornament/ (4.8.2021).

56 The contemporary art festival in Sevastopol, *The Balaklava Odyssey*, https://www.facebook.com/media/set/?set=a.153534801345503&type=3 (4.8.2021).

57 Šapiro, Jan: »Sevastoponimičeskoe« [»Sewastoponymisches«], *Sevastopol'skaja gazeta*, 14.6.2018, http://webcache.googleusercontent.com/search?q=cache:OlPR1be4yokJ:blog.sevastopol.press/2018/06/blog-post_0.html+&cd=1&hl=ru&ct=clnk&gl=ua (4.8.2021).

58 Szczerek: *Mordor*, 143.

59 Ebd., 150.

60 Flückiger, Paul: »Blockierte Krim«, *NZZ*, 30.12.2014, https://www.nzz.ch/international/europa/blockierte-krim-1.18453020, (4.8.2021); Wechlin, Daniel, »Die Krimtataren im Griff der Repression«, *NZZ*, 7.7.2014, https://www.nzz.ch/international/die-krimtataren-im-griff-der-repression-ld.840071?trco=19001541-05-18-0001-0005-009741-00000000&s_kwcid=AL%216521%213%21517772756059%21%21%21g%21%21&gclid=CjwKCAiAg6yRBhBNEiwAeVyL0A-OHBjGCAEwOu3xYKowA571ClWps5t2c36pRF69hBwxhfvJRrCz9RoCzGoQAvD_BwE (4.8.2021).

61 Löffler, Sigrid: »Ein scharfes Bild des Ukraine-Konflikts«, https://www.deutschlandfunkkultur.de/andrej-kurkow-graue-bienen-ein-scharfes-bild-des-ukraine.950.de.html?dram:article_id=455198; 1.8.2019 (4.8.2021).

62 Schmidt, Friedrich: »Gleichschaltung auf der Krim«, *FAZ*, 6.9.2015, https://www.faz.net/aktuell/politik/ausland/ukrainische-tataren-gleichschaltung-auf-der-krim-13778561.html (4.8.2021).

63 »Crimea: In the Dark: The silencing of dissent«, 14.12.2016, https://www.amnestyusa.org/reports/crimea-in-the-dark-the-silencing-of-dissent/ (4.8.2021).

64 Vgl. z.B. Goncharenko, Roman: »Krimtataren im Visier Russlands«, 21.4.2016, https://www.dw.com/de/krimtataren-im-visier-russlands/a-19201865 (3.8.2021) und Schaller, Zélie: »Friedfertiger Tanz der Tataren«, 3/2018, https://www.eine-welt.ch/de/2018/ausgabe-3/friedfertiger-tanz-der-tataren (3.8.2021).

65 Jobst, Kerstin: »Die russische Krim«, *dekoder*, 15.3.2019, https://crimea.dekoder.org/russische-krim (4.8.2021).

66 Martynova, Olga: »Der goldene Apfel der Zwietracht. Krim-Tagebuch 2017«, in: dies., *Über die Dummheit der Stunde. Essays*, Frankfurt a. M. 2018, 241–292, 243f.

67 Müller, Christian: »Viele junge Tataren packen die ihnen gebotene Chance«, *NachDenkSeiten*, 13.8.2019, https://www.nachdenkseiten.de/?p=54117 (4.8.2021).

68 Küstner, Moritz/Greta Uehling: »Die Krimtataren«, *dekoder*, 18.3.2019, https://crimea.dekoder.org/krimtataren (4.8.2021).

69 Clasen, Bernhard: »Leeres Fernsehstudio«, *TAZ*, 26.2.2020, https://taz.de/Fernsehen-der-Krimtataren-in-Kiew/!5664405/ (4.8.2021).

70 Il'čenko, Sergej: »Dast Allach, gosudarstvennost' krymskich tatar budet« [»Mit Allahs Hilfe erhalten die Krimtataren Eigenstaatlichkeit«], 12.7.2013, https://svpressa.ru/society/article/70875/?fbclid=IwAR0CQSK-V0X3Mn8DNjdjepJxL6MymTTawL4ahIgwW9Y mqJU4ih1FT67-X-ZE, (4.8.2021). Zur Militarisierung eines politischen Islams vgl. auch krimtatarische Stimmen wie von Ajder Ismailov, Stellvertreter des Mufti: https://www.youtube.com/watch?v=hBmt-wzWTFA&fbclid=IwAR2Mghlv5gRjH5kf_gvhdulAMiFbQhFrGosDSeG5l1_Stfv_IDBB1OMQu7c, 12.11.2013 (4.8.2021).

71 Keil: *Puschkin*, 110f.

72 Meldung »So kann man eine jahrhundertealte Moschee auch zerstören«, *FAZ*, 19.2.2018, https://www.faz.net/aktuell/feuilleton/kurze-kulturmeldungen-im-ueberblick-15450321.html (4.8.2021).

73 Martynova: »Der goldene Apfel der Zwietracht«, 253–254.

74 Sid, Igor': *Kovarnye krymcy. (Vosem' s polovinoj poėm)* [»Die tückischen Krimtschanen. Achteinhalb Poeme«], Moskva 2011.

FSC
www.fsc.org
MIX
Papier | Fördert gute Waldnutzung
FSC® C083411

Zeitfracht Medien GmbH
Ferdinand-Jühlke-Straße 7
99095 Erfurt, Deutschland
produktsicherheit@kolibri360.de

Druck:
CPI Druckdienstleistungen GmbH
im Auftrag der
Zeitfracht Medien GmbH
Ein Unternehmen der Zeitfracht - Gruppe
Ferdinand-Jühlke-Str. 7
99095 Erfurt